中国近代史学文献丛刊

王　东　李孝迁／主编

国家出版基金项目
NATIONAL PUBLICATION FOUNDATION

历史综合法

［俄］噶邦福／著

马少甫／译

上海古籍出版社

2018 年度国家出版基金资助项目

上海高校服务国家重大战略出版工程

上海市教育委员会科研创新计划重大项目
"重构中国：中国现代史学的知识谱系（1901-1949）"
（2017-01-07-00-05-E00029）

噶邦福（1891—1983）

丛刊缘起

学术的发展离不开新史料、新视野和新方法，而新史料则尤为关键。就史学而言，世人尝谓无史料便无史学。王国维曾说："古来新学问之起，大都由于新发现。"无独有偶，陈寅恪亦以为"一时代之学术，必有其新材料与新问题"，取用此材料，以研求问题，则为此时代学术之新潮流；顺此潮流者，谓之预流，否则谓之未入流。王、陈二氏所言，实为至论。抚今追昔，中国史学之发达，每每与新史料的发现有着内在联系。举凡学术领域之开拓、学术热点之生成，乃至学术风气之转移、研究方法之创新，往往均缘起于新史料之发现。职是之故，丛刊之编辑，即旨在为中国近代史学史学科向纵深推进，提供丰富的史料支持。

当下的数字化技术为发掘新史料提供了捷径。晚近以来大量文献数据库的推陈出新，中西文报刊图书资料的影印和数字化，各地图书馆、档案馆开放程度的提高，近代学人文集、书信、日记不断影印整理出版，凡此种种，都注定这个时代将是一个史料大发现的时代。我们有幸处在一个图书资讯极度发达的年代，当不负时代赋予我们的绝好机遇，做出更好的研究业绩。

以往研究中国近代史学，大多关注史家生平及其著作，所用材料以正式出版的书籍和期刊文献为主，研究主题和视野均有很大的局限。如果放宽学术视野，把史学作为整个社会、政治、思潮的有机组成部分，互相联络，那么研究中国近代史学所凭借的资料将甚为丰富，且对其也有更为立体动态的观察，而不仅就史论史。令人遗憾的是，近代史学文献资料尚未有系统全面的搜集和整理，从而成为学科发展的瓶颈之一。适值数字化时代，我们有志于从事这项为人作嫁衣裳的事业，推出《中国近代史学文献丛刊》，计划陆续出版各种文献资料，以飨学界同仁。

　　丛刊收录文献的原则：其一"详人所略，略人所详"，丛刊以发掘新史料为主，尤其是中西文报刊以及档案资料；其二"应有尽有，应无尽无"，丛刊并非常见文献的大杂烩，在文献搜集的广度和深度上，力求涸泽而渔，为研究者提供一份全新的资料，使之具有长久的学术价值。我们立志让丛刊成为相关研究者的案头必备。

　　这项资料整理工作，涉及面极广，非凭一手一足之力，亦非一朝一夕之功，便可期而成，必待众缘，发挥集体作业的优势，方能集腋成裘，形成规模。华东师范大学历史学系，在史学理论与史学史研究领域有着长久深厚的学术传统，素为海内外所共识。我们有责任，也有雄心和耐心为本学科的发展贡献绵薄之力。在当下的学术评价机制中，这些努力或许不被认可，然为学术自身计，不较一时得失，同仁仍勉力为之。

　　欢迎学界同道的批评！

前　言

　　《历史综合法》(*Methods of Historical Synthesis*，下文简称《历史综合法》) 是俄国学者噶邦福 (Иван Иванович Гапанович，Jvan Jvanovich Gapanovich，1891—1983) 撰写的一部史学理论著作。但长期以来，学界对作者噶邦福的生平与学术成就述及甚少，而对该书的内容也鲜有论述。[①] 鉴于此，下文拟对作者的个人生平、学术成就，[②]以及《历史综合法》的主要内容做一简要梳理。

一

　　1891 年，噶邦福出生在俄国圣彼得堡的一个政府职员家庭。其父在当地的警察局任职。少年时代的噶邦福受到了良好的教育，并对历史发生了浓厚的兴趣。从 1901—1909 年间，噶邦福就读于当地教学质量甚好的彼得八中。其间，受历史老师的影响，他阅读了大量历史书籍。他沉迷于司各特的历史小说，并通读了俄国史家克柳切夫斯基编写的大部头《俄国史教程》。由于对历史的兴趣，1909 年噶邦福中学毕

[①] 国内有关噶邦福的介绍多集中在其任教清华期间，且多为印象记和回忆记述。较早的记述见于《清华暑期周刊》1935 年第 10 卷第 7、8 期合刊中的《教授印象记：噶邦福》(见李孝迁、任虎编校：《中国近代史学家记》，上海古籍出版社，2017 年，第 188—189 页) 一文；何兆武：《上学记》"几个难忘的人"一节中，对噶邦福做了专门的忆述并提及《历史综合法》(见氏著：《上学记》，三联书店，2006 年，第 164—167 页)；齐世荣在《记 20 世纪 40 年代清华大学历史系的几位外国教授》(见氏著：《齐世荣文集》，首都师大出版社，2018 年，第 308 页) 一文中也有忆及。

[②] 下文有关噶邦福生平和学术成就的相关材料主要来自热尔那科夫：《噶邦福教授》(Жернаков. Иван Иванович Гапанович，梅里布恩斯克大学出版社，1971 年) 和米哈伊尔·科瓦廖夫：《从圣彼得堡到堪培拉：噶邦福教授的生平与学术成就》(Михаил Ковалев，От Петербурга до Канберры: жизнь и научные труды профессора И. И. Гапановича，下简称"从圣彼得堡到堪培拉")，载《斯拉夫与东北亚文化研究》(*Acta Slavica Iaponica*) 第 34 期，2013 年)，其中生平取材于前书，而学术成就选自后者，为行文方便，下文出自此二材料者不再一一出注。

业后,申请入读圣彼得大学历史与语言学系。

  噶邦福就读于圣彼得堡大学历史与语言学系时,正是该系大师云集的时代。当时,拉波—丹尼列夫斯基、罗斯托夫采夫、图拉耶夫、普拉斯托诺夫等史学大家任教于该系。噶氏追随这些史家学习,受到了良好的学术训练。大学期间的噶邦福对史学理论产生了兴趣,他参加了拉波—丹尼列夫斯基和罗斯托夫采夫举办的史学理论研修班。在拉波—丹尼列夫斯基的熏陶下,他思考历史与史学的相关理论问题,而史学理论也成了噶氏终生的研究兴趣所在。毫无疑问,大学时代良好的学术训练,为噶邦福日后的学术研究打下了坚实的基础。

  1914年第一次世界大战爆发后,就读于圣彼得堡大学法律系(噶氏1913年在历史与语言学系毕业后,申请在该校法律系继续学习)的噶邦福应征入伍。在战争期间,他先后转战于波兰、罗马尼亚等地,参加了许多重大的战役,并逐步提升为一名下级军官。十月革命后,俄国退出大战,噶氏也回到家乡圣彼得堡。但不久由于其他原因去了远东地区。

  1918—1926年间,噶邦福在远东度过了八年。1918—1921年间,噶氏迁居堪察加。在堪察加期间,他积极参加当时的社会、政治活动。1920年远东共和国成立时,噶邦福当选为堪察加代表会议主席,而且被任命为符拉迪沃斯托克的的全权代表。噶氏拒绝担任主席,而是于1921年秋回到了家乡。1922年,在彼得堡短暂停留后的噶邦福迁往符拉迪沃斯托克。在以后的六年中,他任职于鄂霍次克堪察加边疆委员会。其间他曾与同事组织一家收购阿穆尔地区黄金的公司,但公司于1925年倒闭。

  在远东地区生活期间,噶邦福对当地土著居民的生活产生了兴趣。在堪察加时,他曾沿堪察加半岛的西岸做过两次学术旅行,收集了丰富的民族学材料。在符拉迪沃斯托克时,他很快融入了当地知识分子的圈子,与当地许多杰出的旅行家、民族学和人类学家成为朋友,并参加了朋友们组织的有关当地通古斯族群的考察。

  远东地区八年的生活,是噶邦福学术研究生涯的起步时期。以上述学术旅行和考察所收集的资料为基础,他开始研究当地土著居民的历史、社会和文化生活。1924 年,他在《远东经济生活》上发表了自己的第一篇学术论文:《堪察加的驯鹿业及饲养》(*Reindeer Industry and Reindeer Breeding*)。1926 年,他先后发表了《堪察加:自然、人口、经济》(*Kamchatka, Population, Economy*)和《堪察加土著民的文化经济因素》(*Kamchatka's Native Population as a Cultural and Economic Factor*)。俄罗斯地理协会因此将他吸收为会员,而东北亚大陆族群也成为他后来学术研究的主要领域之一。

　　1926 年,噶邦福迁居中国。当年夏季,他在哈尔滨稍作停留后,便去了上海。在友人的帮助下,他在上海一所学校找到了一份外语教师的教职。这个时期,噶氏对欧洲殖民主义对亚太地区的影响产生了兴趣。为此,他于 1928 年移居菲律宾做实地调查。在菲律宾时,噶邦福利用自己的西班牙语优势,掌握了大量有关欧洲在东南亚地区的殖民活动资料,也考察了当地华人华侨的生活。1930 年,由于生活所迫,他又返回上海。

　　在上海和菲律宾的五年间,噶邦福撰写的学术论文主要分为两类:一类关于东北亚大陆的土著民问题,主要有《太平洋的民族问题》(*The Pacific Problem in the Ethnological Aspect*)、《阿姆贡河流域的通古斯、涅吉达尔人及其未来》(*The Amgun Tungus and Negidely and Their Future*)、《鄂霍次克沿海南岸的通古斯部落》(*The Tungus Tribes South Okhotsk Shore*)、《堪察加科里亚克人的人种学重要问题》(*The Main Problem of the Koriaks of Kamchatka Ethnography*)、《白令海峡的人种学问题》(*The Ethnological Problem of Beringov Strait*);另一类则关于欧洲殖民主义及其对殖民地的影响,主要有《菲律宾的华侨》(*The Chinese in the Philippine*)、《菲律宾人的西班牙遗产》(*Spanish Legacy in the Philippines*)、《俄国在阿穆尔河的扩张》(*Russian Expansion on the Amur*)。

　　1931 年,在时任清华大学历史系主任蒋廷黻的举荐下,噶邦福受聘于该校历史系。同年 8 月,噶邦福入职清华。1937 年夏,随着华北事变的爆发,噶氏平静的清华园生活被戛然打断。接着,他随清华一起南迁,先到达长沙。由于日军对华南地区进攻加剧,后又随校迁到昆明。到达昆明后,噶邦福任教于战时联办的西南联大历史系,1945 年战争结束返回北京,继续执教于清华大学历史系。1949 年后,噶氏被调整到北京大学教授俄罗斯语言文学,直到 1953 年离开中国。

据相关材料,噶邦福在清华大学和西南联大期间,主要讲授希腊史、罗马史和俄国史等课程。他留给学生的印象是"对于学生非常和善。遇有不解的问题,他常常要想尽办法查尽材料,向你用极其迂缓的英语说个明白","总之,噶先生是最实事求是的学者。恳切、真实,让你信服他的理论"。① 深得学生好评。

在华长达 22 年的大学教学(特别是任教清华大学)期间,噶邦福迎来了学术事业的蓬勃发展时期。他的学术代表作便完成于这个阶段。

有关东北亚族群主要有二卷本专著《东北亚的俄国人》(*Russian in Northeastern Asia*) 和《堪察加科里亚克人》(*The Koriaks of Kamchatka*)、《南美人类的亚洲起源》(*The Asiatic Origin of South American Man*) 两篇论文。其中《东北亚的俄国人》着重探究了一系列有关该地区古代与近代的殖民问题。书中研究了堪察达尔人和楚科奇人的基本生存状况、传统产业的现状及转化、人口发展的制约因素,并在此基础上认为只有对传统经济秩序、土著居民的生活方式和传统持有谨慎的态度,才能在经济和生态之间达到平衡。在《南美人类的亚洲起源》中,他研究了欧亚东北部和北美洲的民族在文化层面的相互关系,以及欧亚大陆边缘地带古亚洲族属的文化特征,进而得出南美与北美大陆原住民的源头不同,南美大陆原住民应当和太平洋岛屿的古代族属有关的结论。

这期间,噶氏也发表了有关俄国史及俄国在亚太地区殖民扩张的代表性论著,主要有《两次革命:俄国和法国》(*Two Revolutions Compared: Russia and France Compared*)、《满洲的中俄关系:1892—1906》(*Sino-Russia Relations in Manchuria, 1892—1906*)。在《两次革命:俄国和法国》中,作者认为两次革命有共同的原因,即土地问题的严重性;法国的热月政变的局面也同 1928 年后的苏联政局相似。但与法国革命不同的是,俄国革命的特点是 1928 年后没有产生伟

---

① 《教授印象记:噶邦福》。

大的政治家。尽管苏联内部大规模破坏，经历漫长而痛苦的经济复苏，都没有促成新的社会力量和团体。因此，斯大林的政策实质上完全放弃了列宁的原则，他并不是列宁的真正继承人，并预言斯大林会败坏革命的名声并摧毁革命。《满洲的中俄关系：1892—1906》是苏联史学家罗曼诺夫《俄国在满洲》的英文述要，但论文不仅仅是对原书简单的介绍，而是经过对该书的思考，提出了如何认识俄国在远东扩张的问题。

这个时段噶邦福出版的史学理论的著述主要有《俄国境外的俄罗斯历史编纂学》(*Russian Historiography Outside Russia*)和《历史综合法》(*Methods of Historical Synthesis*)。前书属于史学史研究领域，致力于分析海外的俄国历史研究。他将海外俄国历史研究分为三个阶段，重点分析海外俄国知识分子以及英、法俄国史研究中，俄国形象的演化。该书1946年被翻译成法文，受到法国俄国史研究专家的高度评价。时至今日，该书仍是海外俄国研究的唯一综合尝试。《历史综合法》属于史学方法论著作，下文将专做讨论。

1953年后，噶邦福移居澳大利亚。其间，他先后在堪培拉大学和澳大利亚国立大学任教，直至1964年退休。退休后的噶邦福从堪培拉迁往悉尼，于1982年去世。

在澳大利亚任教期间，噶氏主要讲授俄罗斯语言与文学，也开设过18、19世纪俄国社会和思想、俄国在东亚的殖民政策等专题课程。噶邦福在澳大利亚时期的学术研究成果并不是很多。他在澳大利亚的杂志上也经常发表文章，但大多是回忆性和传记性的作品。据他的同事们回忆，噶氏曾编写过俄国文学讲义，以及有关欧洲重商主义时期的殖民扩张的专著，但都未出版。而且目前也找不到这些著述的下落。

噶邦福的一生，正如米哈伊尔·科瓦廖夫所言："为研究俄国的远东事务、亚太地区的民族问题、史学方法论方面做出了重要的贡献。应当承认，他的研究潜能没有得充分的挖掘，这与艰苦的移民之路和重大的历史变革都不无关系。但我们可以满怀信心地说，噶邦福在俄国侨民思想史上留下了浓墨重彩的一笔，并将俄国某些学术传统带到了中国和澳大利亚大地。"

二

　　如前所述,噶邦福对史学理论的兴趣始于大学时期,其时,他参加了拉波—丹尼列夫斯基组织的史学理论进修班。据《历史综合法》后记,"本书开始撰写于亚洲爆发的一场战争,出版于欧洲正在爆发的一场战争",[①]写作时间当在 1937—1939 年间。因此,本书实际上是噶氏二十多年在史学理论方面思考的结晶。

　　至于撰写本书的原因,与作者对史学的认识以及当时的史学研究状况有关。作者认为,"历史科学和任何科学一样,是一个概念体系;但这个体系倾向于尽可能接近过去的真实,通过综合的形象来再现过去",因为"史学的最终目标是将历史事实作为一个过程来把握"。但当时的史学界对此前在浪漫主义和实证主义史学中流行的历史哲学不再相信,认为这类综合只是一种模糊的认识。与此同时,厌倦历史哲学之类综合的史学研究越来越走向专业化,学科分类的细化使得从事史学研究的学者对综合缺乏热情。但在作者看来,当时的史学趋势"并不意味着史家必须放弃他对普遍崇高的追求"。[②]因此,作者试图通过以一定的逻辑原则为基础,讨论历史综合法。

　　那么,历史综合的含义是什么呢? 作者认为他所讨论的历史综合"既不同于把全部历史归结为伟大人物的朴素现实主义(naive realism),也有别于从环境、因素、群众、观念中推导出历史的形而上学的自然主义(metaphysical naturalism)"。[③] 这是一种批判现实主义;因此把握历史事实是历史综合的主要目标和困难所在。他接受了李凯尔特的历史认识论,认为历史学与普遍性的自然科学完全不同,历史学是一门个体化的文化科学。历史事实不仅是单一的或不可重复的,而且是具有创造力的或有价值的。因此,历史综合的主要目标是通过不同于简单实在论和实证主义的方法,建构历史事实。

[①]　噶邦福:《历史综合法》(Jvan Jvanovich Gapanovich, *Methods of Historical Synthesis*),商务印书馆,1940 年,第 179 页。
[②]　《历史综合法》,第 1—2 页。
[③]　噶邦福:《历史综合法》,第 1 页。

在《历史综合法》中,作者根据历史个体的复杂程度,将历史个体分为四类：历史事实(包括历史人物,作者认为历史人物在方法论上也属于复杂的历史事实);历史群体;历史复合体,包括文化、国家、民族;历史整体,即整个人类的普遍史。然后依次具体讨论如何建构四类历史个体,①从中可以看出历史综合的基本特征。概而言之,历史综合包括三个方面：历史综合对象的选择,历史综合的主要目标以及方法。

历史综合碰到的第一个问题便是综合对象的选择。因为史家在历史综合中面对的是无数 复杂多变的历史事实、人物和群体,如果史家要处理全部历史个体,显然根本无法把握。因此历史综合中的"选择是不可避免的,史家事实上也在实践选择"。而如何做到最客观的选择,是"历史科学逻辑价值所依赖的最重要的问题"。

那么作者认为什么是选择历史个体的标准呢? 这便是"历史个体结果产生的有效性"。② 具体来说,对于历史事实而言,是事实产生的结果出现的频度;对于历史人物来说,根据他对所处环境的影响的性质和程度,判断他的活动是否具有历史意义;历史群体是某些人有共同的利益并且一起行动,而只有这个群体的行动具有历史意义,也即产生了深远的影响,才可以成为历史综合的选择对象。简言之,历史综合个体的选择标准是其所产生的影响(也即历史意义)。

根据上述标准选择了综合对象,那么接下来便面临着综合的另一个问题,即综合的目标,这也是《历史综合法》一书讨论的重点。作者认为,历史综合的目标有两个,"一方面,历史涉及大量的个体,它们都以自己独特的方式对创造性的工作做出贡献,这是历史过程的本质。另一方面,尽管历史具有这种多样性,但它也显示出某些倾向,这些倾向似乎形成了整体特征,并在人类创造活动中得以显现"。也即重构历史个体并力图发现历史的整体特征。

"把握历史事实是历史综合的首要目标和主要困难所在"。因为历史事实是单一的不可重复的,以独特的方式对创造性工作做出贡献,所以必须要把握历史个体的独特性。而要体现个体的独特性,便要把握

---

① 噶邦福：《历史综合法》,第6—7页。
② 噶邦福：《历史综合法》,第9页。

个体所具有的统一性和动态性。

作者认为,任何历史个体都具有内在的统一性。统一性是个体内部各种因素的结合,它决定了个体自身的独特性。在统一性的各要素中,起主导作用的是精神性因素。历史事实是物质、人类行为动机和特定环境的统一体;人类的行为动机是最主要的因素。历史人物是环境、人物性格、内在自我的多重统一体;他的性格是最重要的,甚至超过了心智。历史群体是某些有共同利益的人一起行动与环境作用的统一体;维系历史群体表面上是某些制度和习俗,但真正决定群体成员行为的是"群体特有的心理特征"。[①] 作为历史复合体文化的统一性原则并不外于特定文化而存在于生命本身之中,文化展现自身的背后具有精神实质的因素;而更大的历史复合体民族国家在行使权力时,不仅受到民族文化的推动,而且受国家的精神性因素——国家理性的支配。

历史个体的统一性也决定了其动态性。历史个体的各要素在精神性因素的驱动下,互相依存又互相作用,这决定了历史个体不断转换、变化的动态特征,而这一特征在历史群体和历史复合体中尤为明显。任何历史群体都处于不同的空间和时间,于是在空间上便出现了中心与边缘、主导和被动,以及群体内主流群体和亚群体之间的差异;而群体在时间上也会发生变化,因为群体一旦展开一场社会变革运动,就会经历模仿、固定、改革、分解以至最后消亡的阶段。至于文化,变化是其最主要的特征,它的转变基于一个共同的心理背景,每个阶段都不同于其他阶段。国家的政治、社会、经济生活形式都有变化;改革和革命是国家主要的动态特征。[②] 尽管历史个体是动态的,但都是依照自身特有的轨迹,更不是线性进化的。

历史综合的另一个目标如上文所述,即"发现历史的整体特征"。此处的所谓整体,实即历史个体的整体性,因为历史的存在是个体的;而历史的整体特征就是历史个体诸要素之间,以及个体与个体之间相互关联、相互依存的关系。属于历史的解释层面。而历史解释有两个主要特征。

---

① 噶邦福:《历史综合法》,第 6 页。
② 噶邦福:《历史综合法》,第 139 页。

　　其一是不充分因果关系。作者认为,历史学的本质特征决定它是一门解释性的科学。应用于自然科学的因果律和历史科学的因果原则,二者是有区别的。历史上和任何地方一样,无因便无果,这一原则应充分适用于历史事实中。但历史的联系,或相互关系是一种特殊的类型:此处的因果关系必须理解为是非常个体化的存在。历史现象从它们的性质方面来看,是个体的事实,因此不受因果等价原则的干扰,史家也有资格在某些地方找到不充分的因果关系。

　　其二是偶然性因素的制约。因为偶然性在社会的发展中起着巨大的作用,它涵盖了大量的事实:偶发性事件、具体的个人行为、由于时代原因而产生的集体倾向、在某种意义上甚至是地理和种族的状况。历史科学本身的价值在很大程度上取决于对历史过程中必然性与偶然性关系的客观正确认识。[1]

　　因此,作者认为,作为解释性学科的历史学,在工作的各个阶段,特别是在综合操作的阶段中,经常研究的不是确定性的而仅仅是可能性的事情。但现实生活中的可能性虽然与数学概念的概率不同,但却占有主导地位,可能性对人类行为的意义是巨大的。人类事务的预见是基于可能性而非确定性。在这个意义上,他指出历史的进程并不仅仅是一系列绝无仅有的偶然现象;其中存在着不同环境中观察到的一些规律性;历史科学认为人类事务中存在这样的规律性,并通过比较和统计的方法对这些相关的规律性形成概括。[2] 也即历史解释的目的是概括人类事务中存在的可能性的规律性,进而影响人类的行为。

　　综上看来,历史综合的目标是建构独特的历史个体并对其相互联系进行解释。但历史综合的个体都是以往的过去,史家无法直接观察。即使过往的事实留有文献和实物资料,然而,在大多数情况下,这些证据都很缺乏,史家掌握的只是他人精神活动的拼凑物而并非历史当事人的心理本身,故而他必须具备对陌生心灵的一种洞察力。无论是再现事实本身,还是深入到事实间的联系之中,许多工作都是靠直觉和预测完成的,因此想象的成分在这里不可或缺。[3] 总之,直觉能力是史家

① 噶邦福:《历史综合法》,第 46 页。
② 噶邦福:《历史综合法》,第 170 页。
③ 噶邦福:《历史综合法》,第 17 页。

成败与否的必要条件。

在《历史综合法》中,作者指出直觉在历史综合中有多种功能。直觉可以洞察陌生人的心灵,理解别人的行为动机,他必须能够对其他时代的心智、别人的行为动机有亲切的体认,他对过去的解释才不会偏离真实。史家还可以利用对群体功能的心理洞察来完成群体内真实的人类活动,并通过直觉把握历史群体的节奏;史家从各种迹象甚至凭直觉就可以把握,也可以感知渗透到文化现象中的支配性基调。因此,直觉既可以把握历史当事人的心灵、事物之间的内在联系,以及历史复合体的统一性节奏。

但这种直觉并不是每个人都可以拥有的。因为要想让自己进入他人的精神之中,史家必须具有直觉天赋,所有配得上史家这个称号的都具备这种天赋;然而,伟大的史家并不多——为什么? 因为普通的直觉回答这样一个问题:在恺撒或拿破仑所处的境况下,我自己应该怎么做? 但这并不重要;重要的是知道:恺撒或拿破仑本人的心理;创造性的直觉可以很好地理解它,但这是一种罕见的天赋。[1]

三

在《历史综合法》中,作者在讨论历史因果关系探究时,认为史家的民族主义、政党理念和宗教信仰这些主观主义倾向,都会影响真相的探求。他批评浪漫主义史学对民族主义形成的推动作用,也反对实证主义企图制订据的进化法则,从而绝对规范社会生活的妄想;强烈谴责当时纳粹德国和苏联,把历史作为宣传和强化意识形态工具的史学现象。坚持史学的"工作实质仍是对真理的求索",因为"真相(这里的真相要放在历史主义的语境中理解)经得起时间的考验,幻觉将会消失"。[2]这似乎造成了一种印象,即认为作者的治史理念只是为了寻找历史的真相,是为历史而历史的治学方法。实际上,作者对上述史学现象的批评与历史综合法的理念一脉相承。他认为"史学的效用必须与史学工

---

[1] 噶邦福:《历史综合法》,第158页。
[2] 噶邦福:《历史综合法》,第171页。

作本身的主要目标相一致,而不应为了外在的或重要的目的牺牲后者",也就是主张寻求历史事实的真相,反对以先入为主之见去建构、解释历史。换言之,坚持史学研究要恪守学术研究规范。

但作者并不否认史学的效用,恰好相反,他指出"如果学究气的史家坚持认为他的工作完全是无私的,否则便徒劳无益,那么他根本就无法在我们艰难的生活条件下生存"。[①] 认为史学研究、也即历史综合并不排除其社会功用。

作者认为,史学的效用在于审视和发展传统。传统是经过暗示和存留心理机制文化积淀下来的历史经验,但传统已渗透到社会习俗中,成为社会的约束力。传统的作用可以防止人们跳跃到未来,但也不能使人盲目固守过去。但传统既有永恒的,也有短暂的。而史学的作用恰好是对持批判的态度审视传统,结合现实,鼎故革新,以此来发展传统。

在此基础上,作者认为尽管《历史综合法》中希望根据个体意义重建历史,"但这个原则并不意味着过去和现在所有的人类事务,只是一场混乱;事实上,历史的进程并不仅仅是一系列绝无仅有的偶然现象;而且,其中存在习俗和惯例,也即在不同环境中观察到的一些规律性"。因此,作者希望概括这些规律性,进而使人们朝着"我们的'意识形态'(即改造社会的方案)靠拢"。也即使得史家的经验同样变为传统,渗透到社会习俗中,成为社会新的约束力。因此,作者认为史学对社会主要服务"既不是过去的复活,也不是对现在的解释,而是人类重生的最有力工具"。[②]

那么,在《历史综合法》中,作者找到的历史规律和意识形态是什么呢? 这便是文化周期论和近代民族主义国家。

在《历史综合法》中,作者从李凯尔特的价值相对性出发,认为对人类整体的综合是无法实现的,因为不存在全人类认同的价值,而所谓的普遍价值只是某种价值的放大,西方中心论便是明显例证。在此基础上,他认为"世界存在着不同的人类,它们依照自身的发展周期彼此独

---

① 噶邦福:《历史综合法》,第 172 页。
② 噶邦福:《历史综合法》,第 174 页。

立又相互关联地运行,但这种运行总是个体化的"。这便是斯宾格勒的文化周期理论。他认为斯宾格勒正确地坚持任何文化周期的个体性,试图解读任何文化展现自身的"符号"。而对历史现象精神本质的探索,与现代史学的发展趋势相一致。[1] 这种探究比寻求历史过程的普遍法则或历史整体的建构更有成效。但他不认同斯宾格勒的文化宿命论,因为没找到文化周期重生的创造力,于是他转向了斯普朗格的"代际更替"说。"代际更替"说认为,当所有的文化领域和阶段在实现其生命形式(lebensform)时,存在一种类似收缩和舒张的交替。这种交替不应从过去的进化论者的方式机械地设想;这是一个创造性的过程,在这个过程中,确定的只是形式而不是本质。作者认为,与斯宾格勒的"四个季节"相比,他的理论更好地揭示了"文化"与"文明"之间奇妙的区别。[2] 因此,作者认为斯普朗格的思想开辟了一条以现实为基础的历史分期之路;这表明,在文化的起起落落中,可以观察到历史的某种节奏。于是,作者在斯宾格勒的个体周期性和斯普朗格的代际更替说中,解决了个体文化发展的合理性。

对社会共同体的问题,作者认同近代的民族国家。他拒斥理性运动以来,以自然法为基础的功能化国家观念,认为奉行功能化国家理念的政府只是形式上的民主。他信奉国家权力说,承认国家权力的合理性,以及绝对权力国家下的社会分层。在他看来,国家就是"为数不多的统治阶级,这个阶级部分依靠武力,部分依靠更多被统治的大多数人的认同,来维持自己的权力"。他认为历史上诸如城邦、古代帝国、蛮族王国、封建国家、君主专制、议会制、极权主义这些国家形式,都有其自身的原则和合理性。他接受了迈内克的国家理性说,承认国家权力下的政治家不仅受"权力意志",而且也受道德原则的驱使,二者证明了权力的合理性。[3]

对于近代以来兴起的民族国家,他认为民族是服从于国家的,因为"民族是爱国者根据自己的理想而建立起来的持久的政治交往和文化发展的产物",也即民族只是一种历史的建构。他认识到近代以来民族

---

[1]　噶邦福:《历史综合法》,第123页。
[2]　噶邦福:《历史综合法》,第140页。
[3]　噶邦福:《历史综合法》,第121页。

国家形成后的意义,指出民族与国家结合后,民族主义政策、传统和情感相结合而产生的民族观念,狂热并强力地推动了国家的扩张,进一步走向了对帝国的追求。他认同民族主义国家的这种武力征服行为,主张民族主义的扩张在理论上没有限度,因为背后隐藏着民族经济利益。在这个意义上,他认为国与国之间的关系实际是经济利益之争,永远处在平衡和与斗争之间。而战争是解决争端的最主要形式,因为不论精神和道德的统一性,在政治上仍然是分裂的,战争仍将是人类永恒的命运。[①] 因此,民族主义国家为追求经济利益而发动的扩张战争,是无法消除的社会现象。

在作者那里,文化周期和民族国家二者是相辅相成的。文化周期是是独特的历史个体,其中的代际更替使得其具有内在的动力,从而避免了宿命的衰亡。但周期性的文化只是精神上的存在,它需要依附的载体(即民族国家)。而近代民族国家形成后,尽管受国家理性的支配,但民族国家内部缺乏精神上的凝聚力。将具有周期性的独特文化融注入民族国家,文化找到了依附体,民族国家增强了凝聚力,二者结合便形成了具有独特文化而自身又富有创造力的民族国家。这种结合,可以看作是作者在批判现实的基础之上形成的发展传统、改造现实的方案。

要理解噶邦福的意识形态,需回到作者当时所处的具体情境中。一战后,欧洲出现了一系列社会问题,反映在对民主制度和现代文明幻想的破灭中,由是出现了一股批判理性和现代性的思潮。许多史学家和思想家认为,在现代社会中丧失了所有的集体感,民主政治导致了群氓运动,摧毁了所有的文化价值观。对现代性的批判,关键在于对理性思维的攻击。人们认为根本不存在所谓的普遍性。于是,一股西方文明衰落的悲观情绪浮起,西方文明的未来成了人们关切的问题。随之各种形式改造社会的方案纷纷出台。

噶邦福本人曾参加过一战,目睹了战争的惨烈。西方文明造成的灾难自然引起了他的反思。他所构建的文化周期说和推崇的民族国家,可以看作是救治当时西方社会弊病的方案,也是当时社会思潮的个

[①] 噶邦福:《历史综合法》,第 126—131 页。

人反映。但噶邦福所提出的方案,具有强烈的民族主义观念,崇尚国家权力,信仰国家理性,对民族扩张战争带来的荣耀仍然是他的精神财富。对于近代工业化带来的社会经济变化,则显然不甚了然。他认为工业社会的国内社会与经济问题的首要解决办法是扩张主义的对外政策。这实质上是对启蒙运动以来古典思想的反动。

噶氏这一拯救西方文明衰落的方案其实在《历史综合法》写作之前就已形成。在1937年发表的《古代和现代问题》中,他将现代西方社会和古罗马帝国做了比较后,根据俄国学者尼古拉·丹尼列夫斯基(N.Y.Danilevsky)在《俄国与欧洲》(*Europe and Russia*)中的文化周期理论,指出西方文明已经走向衰落。他认为当时欧洲社会对神秘主义和东方宗教的浓厚兴趣,以及神智学情绪的出现,显现了西欧和晚期罗马帝国一样,渴望融合东方智慧来拯救当时的文化危机。在噶氏提出的改变社会的方案中,他推崇具有独特文化的民族国家,其中便含有"东方"的影子。如所周知,近代以来,西欧在启蒙运动后走上了民主政治的道路;而东欧受启蒙运动的影响较弱,拿破仑战争催生了近代东欧民族主义国家的形成,浓烈的民族国家意识渗透到社会生活中。因此,噶氏的意识形态实际上是在一战后西欧文化衰落的呼声中,东欧民族主义文化拯救西方衰落的表征。

在《历史综合法》的"后记"中,噶邦福援引俄裔美籍社会学家索罗金的文化类型说,认为文化存在观念的和感性的两种交替的形式。观念的文化形式基于超自然的价值观,这类社会中,不会因为价值观而产生冲突;观念文化形式的结构是"家族主义",倾向于和谐和友爱;其中,个体被群体所遮蔽,一切都融合在某种普遍的统一体中。感性的文化形式建立在物质价值观(权力、财富、力量)的基础上,物质是有形的,人们为分配这些物质而斗争。感性文化型社会是"契约"社会,它的核心是个人与个人的利益,它的状态是一种永久性的冲突。他认为现代西方文化是感性文化,过分追求物质文化,因此将会被追求精神的观念文化所取代。[①] 噶氏此处所说的观念和感性文化的差异,实际上是近代以来欧洲东西文化的差异。由此可以看出,噶氏的意识形态实际上与

---

① 噶邦福:《历史综合法》,第181页。

他对索罗金两种文化形式的认识相一致,实质上反映了他思想深处的俄罗斯民族文化情结。

四

从前述《历史综合法》的主要特点来看,噶邦福主张在历史建构中,把握历史个体的统一性和动态性,注重精神性要素在历史个体的主导作用,史家的直觉是历史综合不可或缺的条件。不难看出,噶氏的治史方法实际上秉承了历史主义史学的治史理念。

但是,这一方法存在着内在的矛盾,即史家的主观认识与历史本身的客观性之间的矛盾。因为,一方面,历史综合法的目的是寻求历史个体的真相,而探寻真相的基础又建立在史家的直觉天赋上。这便引发了一个问题:通过直觉,到底能否理解事物的真相? 我们知道,所谓直觉就是通过个人想象力展开心灵重演或移情体验,但区分主体自身的偏见和对象的真实性的标准是很难界定的。由此便可能导致借直觉之名,而将史家自己的认识当作对历史的客观认识。

在历史认识对象的选择上,噶氏将有效性也即历史意义作为选择的标准。但此处的问题是:历史个体的有效性和历史意义的标准是什么? 也即如何确定有效性和历史意义的标准。噶氏认为有效性就是事实结果的频度,也即其对来产生影响的程度。他以美洲的发现为例:尽管哥伦布之前北欧维京人也去过美洲,但维京人对美洲的发现对美国的发展没产生影响,就不属于史家的研究范畴。如果维京人对美国后来的发展没产生影响,却对航海技术产生了影响,其实还可以纳入航海史研究的范畴。因为史家对影响或历史意义的判别标准因人而异,从影响或历史意义的标准选择历史研究对象,就会导致一些史学趋势。史家从自身判断标准选择研究对象,导致史学研究的分散性或繁琐化。而政治情结浓厚的史家便会偏向于政治史研究,甚或有噶氏所谴责的史学沦为政治宣传工具的现象。这些矛盾是噶氏历史综合法的矛盾,也是历史主义史学无法克服的矛盾。

一战以后,历史主义史学曾经盛行的德国学界开始从理论上检视历史主义史学,历史主义史学在德国史学界渐趋式微。二战摧毁了德国历史主义所由产生的制度,导致了对历史主义观点的批判性考察。随着德国历史主义史家的相继去世,历史主义史学逐渐退到史学界的边缘。这或许也是秉承历史主义治史理念的《历史综合法》甚少为人关注且名不彰显的原因。尽管如此,《历史综合法》仍有一定的意义和影响。

从近代史学的发展历程来看,《历史综合法》是对历史主义方法论的系统总结。历史主义是兴起于18世纪的史学思潮。在这一思潮的影响之下,产生了许多杰出的史学论著。但20世纪50年代之前,从理论的视角对其讨论甚少。1882年出版的德罗伊森的《历史知识理论大纲》当是历史主义最早的理论性探讨。[①] 该书涉及方法论方面,其中主要是关于史料的收集、整理的方法,也有关于"解释"的讨论。该书从作者的教学大纲整理而来,内容似乎过于简要。德罗伊森之后,检视历史主义的是迈克尔的《历史主义的兴起》(1936年),该书主要从学术史的视角做纵向研究,没有专门讨论方法论。《历史综合法》分别讨论了不同类别历史个体的建构方法,集中体现了历史主义史学的治史理念,因此,是一本较早的历史主义史学方法论作品。

另一方面,《历史综合法》不仅总结了此前历史主义的治史方法,而且对史学研究方法本身,也做了进一步的推进。在书中,作者将自然科学和社会科学的相关研究方法引入史学研究领域,如在讨论历史人物性格复杂性时,认为生物学、行为学、精神病理学、变态心理学的研究方法,有助于深入洞察人物的性格,实际是对史学研究中,如何运用心理学方法的尝试;在历史因果的讨论中,引入自然科学中"假设"的运用方法;有关历史群体的讨论中,为了具体确定其个体特征,较为详细地介绍了比较法和统计法,并对在史学研究中如何运用这两种方法做了详细的讨论。20世纪初,历史学在研究方法上开始逐步借鉴社会科学和自然科学的研究方法,开始走出了以史料实证为主要研究方法的传统史学,这一趋势在二战后蔚为风尚。《历史综合法》主张借鉴其他学科的研究方法,不仅顺应了这一潮流,而且对这些方法在史学中运用的理

---

① 参见[德]德罗伊森著,胡昌智译:《历史知识理论》,北京大学出版社,2006年,第28—59页。

论思考,对史学的跨学科研究无疑做了有益的尝试。

《历史综合法》在中国近代史学发展历程中也占有一定的地位,并产生了影响。

该书是近代中国出版的第一部自成体系的史学理论著作。近代以来,伴随着西学东渐的浪潮,西方史学理论也传入中国学界。在《历史综合法》之前的二三十年代,相继出版了不少史学理论方面的书籍。但这类史学理论方法大多为西方史学理论著作的介绍或转述,缺乏原创性。因此,成书、并出版于中国的《历史综合法》,应为中国近代史学史上第一部自成体系的史学理论著作。

《历史综合法》推进了西方史学理论的传播。《历史综合法》本身就是一部较为前沿的史学理论著作,而且其中介绍了同时代西方较为前沿的史学家及其理论,除集中介绍了德国历史主义史学家及其史学成就外,还涉及柏格森、亨利·贝尔、马克斯·韦伯、克罗齐、吕西安·费弗尔等学者的学术思想。

《历史综合法》提供了有关近代学术史上较少注意的材料。作者在讨论文化周期理论时,援引中国史家雷海宗的文化分期说论证,并简要介绍了雷海宗的中国文化三周二期说。[1] 这一方面在英文世界扩大了雷氏的学术影响,另一方面对于研究雷海宗的学术思想也不无史料价值。此外,书中还提及冯友兰的比较哲学研究。[2] 这些反映了民国学界中外交融的一瞥。

《历史综合法》出版时为英文,由于文字和其他方面的原因,使得该书的阅读群体范围较小。

据金应熙先生回忆,许地山先生三四十年代在香港大学讲授史学方法时,便以该书为教材。[3] 当代史家何兆武先生自称,他对史学理论的兴趣便是来自噶邦福老师。[4]

本书正文翻译底本为1940年商务印书馆本。为了较为全面地反

---

[1]　噶邦福:《历史综合法》,第152页。
[2]　噶邦福:《历史综合法》,第146页。
[3]　金应熙:《50年前的港大中文系与中文学会》,见氏著:《金应熙史学论文集》(近现代史卷),广东人民出版社,2006年,第310页。
[4]　何兆武:《上学记》,第189页。

映作者的学术成就,收录了噶邦福在中国期间发表的五篇论文(其中两篇为书评)。作者在原文中为了表述准确,引用了法文、德文等概念和材料,译文中都用括弧保留了原文。由于写作习惯或其他原因,作者在脚注中较多使用了"前揭书"的标注方式,使得读者不易看清同一作者的不同著述名称;但为了保持原貌,译者对原注未作改动。

本书在翻译过程中得到中国社会科学院历史研究所胡志宏老师的大力帮助。译者在翻译中,碰到了许多难以解决的问题,于是求助胡老师,胡老师概然允诺帮忙。译文初稿完成寄阅胡老师,她逐字逐句阅读了全文,并提出了诸多具体入微的修改意见。译文的最后完成,获益于胡老师帮助甚多。付梓之际,谨向胡老师致以最诚挚的谢意!感谢胡老师对后学的关怀和帮助。

本书的翻译,实由李孝迁教授动议。在翻译过程中,孝迁教授提供了全部底本和相关材料,并对译文提出了修改意见。多年以来,孝迁教授于我鞭策、鼓励有加,铭感之至。在翻译过程中,上海师范大学阮洁卿博士提供了法语方面的帮助,华东师范大学张菊平博士、陕西师范大学周厚琴老师给予了俄语方面的帮助,曾晓红女士细致认真的审阅使本书避免了很多文字方面的错误,谨致谢忱。

由于译者水平有限,错误和不妥之处恳请专家读者不吝批评指正。

马少甫

2020 年 11 月 18 日于榆林学院

序　言

我之所以试图撰写这部关于历史综合方法的著述,是因为迄今为止,就我的知识范围所及,尚未看到对这一重要问题的系统讨论。哲学家、逻辑学家、社会学家曾讨论过与该主题相关的问题,史家就更不必说了。但我们需要的是从逻辑的角度,对作为历史综合的基础原则,对从某些前提推导出来并应用于历史材料的方法,以及由此得到的结果的有效性,进行全面的研究。

根据目前史学研究的状况,坚持某种历史解释而拒斥其他的解释,是不可能的。史学研究的现代趋向是调和浪漫主义(romanticism)与实证主义(positivism)。职业史家认为,个体化(individualizing)和普遍化(generalizing)这两种历史认识论都是合理的;新旧史学之间的斗争仍在进行。此外,历史科学的某些矛盾也许是难以克服的,难道不应该如此看待吗? 然而,有一个认识似乎是正确的:历史书写正从幼稚的现实主义,历经形而上的自然主义(metaphysical naturalism),走向批判现实主义——这是一种由外向内的趋势。历史现实主义与历史精神化(spiritualization of history)——这是当代史学的两个突出的标志。这种趋势导致了另一个结果。现代思想家坚持历史进程的动态性,而我们今天的经验也有力地证实了这一点。历史建构不可对此掉以轻心;历史建构不能将历史看作一条平静而又缓慢流淌、终将流向一个神圣目标的小溪,而应将其视作一个强有力的人类行为的过程,其中充满了矛盾和痛苦。

基于逻辑原则的史学方法,本质上取决于历史题材本身的性质。史学方法的运用有时很简单,职业史家常不经意间加以运用;然而,即使在这种情况下,那些规则也需被明确地界定并建立其逻辑,史学方法论的这种功能将有助于历史科学的进步。但情况并非总是那么乐观；当下，在民族、政治或个人偏见的影响下，一些史家并不能严格遵守史学方法的规则，而那些未经充分训练的撰写者（以及历史业余爱好者）却直接无视史学方法的存在。因此，现在比以往任何时候都更需要对史学方法、特别是历史综合法的相关问题展开讨论，因为其中存在诸多不确定性。

在此需要特别指出的是，史家必须摆脱无所不知的自信态度。我们比老一辈史家知道更多有关历史的事实，老一辈史家对历史的解释也常常是可疑的或有争议的；但我们必须认识到，历史假设的范围很广，历史自身的非理性因素也无法消除，简言之，提醒人们历史学意味着探究性而非确定性，这将大有裨益。

再赘言一点。此处讨论的历史综合法，并不是一套与史学实践工作关联不大的抽象的概念体系。这些方法并非向壁虚造，而是在历史科学中经过实践并真实存在的，当前的工作仅是按照逻辑顺序，从最简单的操作到最复杂的操作检视它们。然而需要指出的是，在这一特定的领域里，人们似应超越伯伦汉（E. Bernheim）和瑟诺博司（Ch. Seignobos）的经典戒律，无论他们的教科书优点何在，至少在三十到五十年以来一直在出版印行。自那时起，史家的整体视角拓宽了，他们对历史自身的洞察力也在进一步深化，这些在本书中必须加以阐述。

噶邦福

目　录

第一章　历史综合法的相关问题

历史综合的定义和研究状况，
必要性和可能性

当史家从原始材料中搜集到史料，经过充分的理解和严格的考订之后，他便需着手其工作的第二部分，即历史事实（historical reality）的重构。史家所记录的事实并非彼此孤立，无论这些事实多么微不足道，是其所研究的过去中不可分割的元素，而历史科学与任何一门科学一样，目的便是系统地重构事实。因此，从事史学方法研究的学者们要区分史源考证（quellenkunde）和事实的综合。正如最近出版的一部关于史学方法论著的作者斐德尔（A. Feder）所言，这种综合尽管有些偏颇，但却具有系统性，其目的是要发现史实的意义（detung），找到它们的外在和内在的联系，并对其展开阐释（dastellung）。[①]

在为数不多的（尤其是英语）有关史学方法论的著作中，对这一重要课题关注度不够，而且对问题本身的解释也不充分。以伯伦汉、朗格诺瓦（Langlois）和瑟诺博司合著的较老权威手册为例，其中对 Auffassung 和 opérations sythètiques，即理解和综合操作，分别做了论述；伯伦汉的定义意味着对史实的解释，但不是将它们组合为一个历史科学所必需的系统。诚然，他也讨论了史实的再现、组合以及阐释，但这只是综合的一部分，且并不是最重要的。同样，瑟诺博司所提及的综合也不同于历史事实的重构，因为这种重构是对历史事实进行因果考察，而这种考察既是综合的，

---

① 斐德尔（A. Feder）：《历史研究法教科书》（*Lehrbuch der Geschichtlichen Methode*），雷根斯堡，1924 年第 3 版，第 286 页。

又是分析的。①

这个问题本身的术语并不固定,它随着史学方法论著作者的国籍而变动,其中德国人和俄国人使用的术语最为恰当。如是,德国方法论学家把史实的 zusammenhang,即相互依赖性,作为历史研究的主要对象[鲍尔(W. Bauer),斐德尔];俄国人详细阐述了他们称作的历史建构[拉波—丹尼列夫斯基(Lappo-Danilevsky)],法国人则更喜欢用"synthèse historique",即"历史综合"这个词[亨利·贝尔(Ber, Henri See)];最后,英国作家简单地称作"历史书写"[文森(J. M. Vincent),弗领(F. M. Fling)]。"历史建构"可能是最正确的说法,但它在某种程度上并不常见,而"历史书写"则是一个过于简化的名称;因此,在我们的讨论中将选择历史综合这个术语,保留它已经提及的不足之处。

正如人们可能看到的那样,这一主题的术语没有被详细阐述,问题的范围没有被确定,在方法论著作中对历史综合方法的讨论自然也远非全面。此处我们可以观察两个例证,如亨利·贝尔那类专题性著作不够系统,而且在讨论历史综合的一般性原则时,恰当地说,只给方法保留了极少或者根本没有空间;②而通论性的著作,如斐德尔的《历史研究法教科书》把注意力集中在"quellenkunde"(史源学)和 quellenkritik(史料考证)的方法上(分别占了 200 和 50 页),而这些方法目前已被详尽地阐述过,但对我们所关心的问题却流于表面,对方法本身的问题关注甚少。

拉波—丹尼列夫斯基关于史学方法的专著或许与此不同,不幸的是,由于俄国革命和这位杰出学者的去世,该著述没有完成,他是一位伟大的俄国史专家,也是一位杰出的方法论学家。本书的作者必须表达对已故老师的谢意。③

如果"历史综合是什么"的问题本身不够清楚,对它的研究仍不够

① 伯伦汉(E. Bernheim):《史学方法论》(*Lehrbuch der Historiechen Methode*),1908 年(第 5、6版);朗格诺瓦、瑟诺博司(V. Langlois and Ch. Seignobos):《史学原论》(*An Introduction to the Study of History*,法文英译本),1899 年。法文本后来再版,但没变动。

② 亨利·贝尔(H. Berr):《历史综合》(*La Synlhèse en Historie*),巴黎,1911 年。此外,该书对综合的界定并不是非常清晰。

③ 拉波—丹尼列夫斯基(Lappo-Danilevsky):《史学方法论》(*Methodology of History*,俄文本),卷一、卷二,彼得堡,1910 年、1913 年,卷一包含史学理论,卷二关于史料考证。

系统,那么似乎有必要更多地考虑一下它的必要性和可能性,进而确定重构历史事实的操作范围。

贝尔正确地指出,历史综合这个问题非常重要,也许比历史考证更为重要:当收集、验证、分析材料时,史家必须依赖"原始材料",因为过去的事实不可以直接观察,但重要的还不是原始材料而是事实;史家必须以科学的形式将历史事实的内容作为一个过程来把握——这是他的最终目标。某一时段内的历史事实是鲜活而又连贯的,史家必须以同样的面貌再现它;通过剖析探究,历史事实变得死气沉沉,而史家的任务就是把它重构为某个整体、体系和复合体。历史科学和任何科学一样,是一个概念体系,但这个体系倾向于尽可能接近过去的真实,通过综合的形象来再现过去;此外,这种综合可能并不像某些史家仍然坚持的那样是一种艺术的重建,而是一种科学的重建,它通过逻辑方法完成,并每时每刻受到逻辑的制约。

除了这些方法论的原因,历史综合的必要性还需考虑目前的技术特征,这些技术特征理所当然地证实了它的必要性:这便是目前科学工作的组织。从事某一领域的专家必须知道前人所做的工作:被考证过的史料、已记录的事实(或没有记录的事实)、曾被设定的假设,特别是他必须知道他所研究的过去的"某一部分"是如何依照事实而被重构的。因此,在我们这个时代,对局部或更大的综合的尝试成倍增加;其力求回顾先前的工作,并批判性地审视这些工作,揭示其中存在的不足,并为日后的研究指明方向。历史协会的大小会议、当代历史期刊的特点,呈现出同样的趋势。因此,通过组织史家集体协作撰写的综合性著述,后来频频出版的取代原有的著作,这些论著确实促进了史学研究的发展。

然而,如果说历史综合从理论和实践上来看都不可或缺,那么这一综合的可能性究竟有多大,这仍是个问题;在现代史学中,存在反对、或至少使它变得困难的倾向。历史综合的范围必须涵盖越来越大的复合体,其限度是历史整体,是作为整体的人类的历史(至少在逻辑上)。这类综合在前一段时间,以"历史哲学"(philosophy of history)或"社会学的历史"(history as sociology)的名义,在浪漫主义(romanticism)和实证主义(positivism)史学中曾很流行;目前,没有人相信类似的模糊概括。现代社会学作为一门实证科学,其研究范围极为有限,至于哲学史上的实证主义研究则被彻底否定;斯宾格勒(O. Spengler)的尝试几乎是独一无二的,这可能只是德国的现象,它在战后得到了回应(尽管写于 1918 年)。

另一方面,历史研究变得越来越专业化:随着考古学的发展,新的领域已经开辟,特别是关于古代东方,但只有训练有素的专家才能胜任这类考察;在近代史领域,政治、社会、经济、宗教史等分支领域也只为专家保留;而这些专家们更喜欢研究细节,对于综合却敬而远之。

这种情况尽管对于历史综合的推进不是很有利,但或许也不能看作是正常的状态。如果作为先验的历史哲学已经失败,这并不意味着史家必须放弃他对普遍崇高的追求,就像亨利·塞(H. Sée)所说的那样:他必须构想"宏大的整体"(vast ensembles)[1],并在整体的要素之间找到联系。实际上,并不存在只愿做打字员的史家,也没有置历史"解释"而不顾的史家。如何解决这个问题是一回事;或许这样或那样的解决方法也不能令人满意,但这些方法对历史研究却并非无用。亨利·塞同样是位著名的法国经济史专家,并不倾向于形而上学的"文字游戏"(logomachy),因为历史哲学可能会退化为此类游戏,但他仍然认识到综合在历史学中的必要性——只是因为我们的科学越来越专业化。

历史综合工作的目标和范围

历史综合在多大程度上切实可行,取决于它的最终目标的设定。人们可以看到,理论家们对这一概念的意义并不一致,他们承认它的几种形式是可能的,如贝尔区分了"博学"的综合和"重构"的综合。[2] 这是一个原则问题,不需要讨论;只要说明这里将坚持哪一项原则就够了。科学的普遍化被称为自然规律,而且是精确的公式,但这类规律和公式很难被当作历史研究的目标。规律的实质是什么,这个概念在方

---

[1] 亨利·贝尔:《历史科学的哲学》(*Science et Philosophie de Historie*),巴黎,1924 年,第 94 页。
[2] 参见《社会科学大百科全书》(*The Encyclopedia of the Social Science*)中收录亨利·贝尔的论文,卷八,第 359—362 页。

法论上有多合理，即使在自然科学中也受到质疑；当应用到历史研究中，它变得相当模糊。史学是一门非常古老的科学；而且它并没有任何像现代物理学和化学所引以为傲的一般性结论；所谓的历史规律，是由一些理论家建构起来的，并没有受到史家的重视，对这门科学的发展也没有产生任何影响。

历史学作为一门科学，其逻辑特征决定了产生这种状况的根本原因。正如梅耶松（E. Meyerson）所指出的，科学不仅倾向于揭示"事物"之间的数学关系，而且倾向于解释事物是如何形成的；科学的兴趣不仅在于制定自然规律，而且在于解释事实。梅耶松在借鉴现代物理、化学理论的基础上指出，这种通过"建构实在的形象"来解释的方法，甚至在自然科学中也起着重要的作用；更为重要的是，历史学必须是一门解释的科学。[①] 事实上，历史学早已存在，其之所以成为这样一门科学并非偶然，而是因为史家凭直觉理解了它的逻辑。对事实的解释可能永远不会完成，由于事实在数量和质量上可能永远不会枯竭；每个综合都包含大量的事实，并尽可能消除"非理性"，但最终的综合仍然是一种始终追求、从未实现的科学理想。这种历史综合观与历史事实本身一样是动态的，既说明了它的必要性，也说明了它的艰巨性。

正如贝尔所指出的，历史的综合倾向于理清复杂的因果关系，发现一般性要素；从上面的角度来看，这种说法只是局部正确。综合对于历史意味着更多。一方面，历史涉及大量的个体，它们都以自己独特的方式对创造性的工作做出贡献，而创造性工作是历史过程的本质。另一方面，尽管历史具有这种多样性，但它也显示出某些倾向，这些倾向似乎形成了一个整体特征，并在人类创造活动中得以体现。正如俄国方法论学家比兹利（P. M. Bitzilli）所强调的那样，历史综合是一个新概念，既不同于把全部历史归结为伟大人物的朴素现实主义（naive realism），也不同于从环境、因素、群众、观念中推导出历史的形而上学的自然主义（metaphysical naturalism）。这是一种批判现实主义；因此把握历史事实是历史综合的主要目标和困难所在。在当代史学讨论中，沃斯勒

---

① 梅耶松（E. Meyerson）：《科学中的解释》（*De L'explication dans les Science*），巴黎，1921 年第 1 版，第 33 页。

(K. Vossler)、特勒尔奇（T. Troeltsch）、狄尔泰（W. Dilthey）、克罗齐
(B. Croce.)就已提出了这一极富前瞻性的概念。

现在,带着这个主导思想,让我们看看综合工作究竟如何进行：从
历史事实出发,因为对事实的解释已是一项综合操作,以历史整体结
束,历史整体是综合操作的逻辑极限。因此,综合的工作包括重构：
(1) 历史事实,无论简单的和复杂的；而历史人物在方法论上也可以视
为一个非常复杂的事实；(2) 历史群体,这可能要用各种方法来建构,
首先通过简单的描述,然后运用统计和比较方法；(3) 历史复合体,它
或多或少具有延伸性,即在空间上表现为文化体系,在时间上表现为历
史"序列"；也可以是更大的复合体,如一段历史、一个历史群体；(4) 历
史整体,它暂时至少可以通过各种形式的历史综合法建构,如由贝尔所
讨论的那些综合法。

在所有这些操作中,那些与建构历史群体或历史复合体有关的操
作是最重要的,因为史家实际上主要研究历史群体和复合体：仅仅再
现事实是一项微不足道的任务,而对一个宏大整体的解释却又太过于
雄心勃勃。因此,目前的工作将主要关注重构历史群体和历史复合体。

如前所述,历史综合的基础是对事实之间因果关系的解释。惟其
如此,历史因果关系的问题也必须在此处加以讨论,并且必须阐述史学
实践中探究因果的方法,如确定因素、原因及偶然性；由于有时不可能
揭示复杂事实的原因,特别是无法厘清导致某种情况的各种因素的组
合,所以史家必须求助于一种假设,因此也必须考虑假设在历史研究中
的运用。正如人们所认为的那样,历史研究中的因果探究和假设的运
用,也具有分析的性质,但它们显然属于历史建构的范畴。将因果探究
和假设的运用与历史综合法中最常见的操作,即历史群体的建构,联系
起来讨论,这是有益的。在一部关于历史综合法的著述中,应该为史学
作品形式上的规则保留一定的篇幅。在总结这项研究时,似乎有必要
讨论史学的效用问题。

第二章 历史事实及其分类

历史事实的再现与物质的、心理的、情境的解释

历史综合的出发点是对历史事实的科学建构；事实上，这不仅是对事实的陈述，而是建构，因为历史综合只有经过某些思维活动，才有可能，而这些思维活动的第一步便是再现某一事实。历史事实是个体与其所处环境相互作用的结果；[①]历史事实可能是简单的，也可能是复杂的，这取决于在特定环境中行动的个体的数量，以及行为的性质。苏格拉底（Socrates）的自杀发生在公元前 399 年雅典是个体事实；拿破仑（Napoleon）的滑铁卢战役也是个体事实，但参加的人多，持续时间也不短。再来看看苏格拉底自杀的情况，这个事实比某些罗马士兵杀死阿基米德（Archimedes）的行为更为复杂。无论一个历史事实的性质如何，它都不会被史家所感知，而是由他所建构。为此目的，首先必须再现这一事实。

历史事实与自然界的事实不同，更不可能在实验室的特殊条件下观察到；即使是心理学家的境遇也比史家好。事情发生过一次，只留下一些痕迹，甚至一点痕迹也没有。这些痕迹或许是实物，或许是文字记录，这都无关紧要；事实通过材料被间接地观察到。考古学家更接近事实本身，因为他观察到它的遗迹，而史家则离它很远，因为他处理的大多只是事实在档案中的反映。但还不止于此：一个考古对象可能与一

---

① 这是伯伦汉的定义，他认为事实的标志是"个人愿望"和"明确的目标"（见氏著前揭书，第 17 页）。他还补充说，历史研究的是作为社会人的行为。

个较大的事件有关,这个事件便有可能相当准确地再现,而有关这个事件周围环境的历史证据可能是相当稀少的。伊文思爵士(Sir Arthur Evans)在克里特岛的宫殿发现了家具的碎片,自然显示那里曾经发生过火灾;有关"恐怖的约翰"(John the Terrible)建立所谓特辖区(Oprichnina)的证据不足,致使俄国史家克柳切夫斯基(V. O. Kluchevsky)和普拉托诺夫(S. F. Platonov)在对这一机构建立的动机上,看法各异。

因此,对历史事实的认识总是残缺不全:可以肯定的是,史家无法看出其背后的动机,他对最简单的事实的了解也是不充分的。事实需要再现,这显然需要一定的脑力劳动和一些想象力。这就是为什么史家如果想更深入地探究过去,人们建议到他们所研究的地方看看。正如歌德(W. Goethe)所言:"要想了解诗人就要进入诗人。"("Wer den Dichter will verstechen, muss ins Land des Dichtérs gehen.")某些现场研究可能有助于对过去的再现,但这并非史家工作的关键;直觉能力是他成败与否的必要条件(cóniditio sine qua non)。古朗治(N. D. Fustel de Coulanges)试图禁止这种能力是徒劳的;他想把自己仅仅限制在文本中,但实际上想象力才是他的主要才能。这是他的优点也是局限性,当他的想象力过分时,就像游荡在古董城一样。

史家必须全面地再现历史事实,为了达到这一目的,需要斐德尔所说的对历史事实进行三重解释:物质的、心理的、情境的。[①] 首先要构想事实发生的环境;其次是事实发生背后的人类动机;第三便是这一事实与同一环境中其他事实之间的联系。因此,事实被构想为:是一件事物或一个事件本身,是具有心理特征的人类行为,是历史事实的一部分。

对研究对象的物质解释揭示了它由什么构成或用于什么,正如考古发掘所证明的那样,这并不是一件容易的事情。尽管如此,物质对象是一个太简单的事实。如果史家处理一个更复杂的事实,比如说拉辛(Racine)的悲剧,他必须考虑到 17 世纪法国悲剧作为一种艺术作品需要什么以及它的社会功能(在宫廷生活中是什么)。至于更为复杂的事件(一场战斗或一场叛乱),史家必须再现它们发生的环境,以便尽可能

---

① 斐德尔前揭书,第 330 页。

接近事实。为此,史家将利用特定事件之前和之后的其他事实的知识,这些信息可以从不同来源获得。因此,孤立的事实是一种科学的抽象,而史家在这种建构之初,必须将历史事实视为某种连贯的事物,用柏格森(H. Bergson)的话来说,可以将其比作电影;史家的观念在本质上是动态的。

每一个历史事实,无论是宏大的还是简单的,都是人类的行为,背后都有某些动机,而史家的职责就是揭示这些动机:这就是对事实的心理解释。在解释过程中,史家有时处于比较有利的条件,即当他所引用的资料来源含有明确的信息,能够说明这些或那些历史人物的行为动机;不过,即使在这种情况下,也需要谨慎:在某些资料中发现的心理特征可能与事实相去甚远,或者是完全错误的。这就是古代史家以及模仿他们的文艺复兴时期的史家喜欢在他们的作品中插入的"演讲"(speech);这些演讲往往与其说代表了历史人物的心理,不如说是作家自身的心理分析,或多或少有事实意义。

然而在大多数情况下,这些证据都很缺乏,史家掌握的只是他人精神活动的拼凑物而并非历史当事人的心理本身,故而他必须具备对陌生心灵的一种洞察力。对于这样一种洞察力,心理学对他帮助甚微、甚至几乎没有。正如李凯尔特(H. Rickert)所正确指出的那样:历史心理学与心理学的抽象理论毫无关系,而且心理学的那些抽象理论目前也没有很大的发展。[1] 这种"心理"是个体的、客观的、鲜活的,不幸的是其鲜为人知,尽管它具有重大的实践意义。有影响力的新老政治领袖[如俾斯麦(Bismarck),墨索里尼(Mussolini)]显然知道他们的人民的心理,无论是个体的还是集体的,当然他们也不是从一本心理学手册中学到的。诚然,现代心理学(社会心理学、变态心理学)与李凯尔特认为的旧科学不同;迄今为止,心理学从历史中学到的远远多于对历史的贡献。

因此,史家要想从心理的角度认识一个事实,首先必须从内省的方法着手;他的个人经历越丰富,他对事实的理解就越深刻。格罗特(G. Grote)和蒙森(Th. Mommsen)积极参与了他们国家的政治生活,

---

[1]　李凯尔特(H. Rickert):《自然科学概念形成的界限》(*Die Grenzen der Naturwissenschaftlichen Bergriffsbidung*),图宾根,1929年(第5版),第490、493页。

他们比其他任何史家都更能感受到古希腊、罗马政治问题的紧迫性和尖锐性,从而能使他们对伯里克利(Pericles)或恺撒(Caesar)活动的描写更加生动。时下,历史研究如此专业化,对史家来说,实践经验只能是一种奢望而已;然而,如果不缺乏这种经验,可以增强作者对历史人物行为的洞察力。可是有一个历史研究领域,至少实际上不需要任何经验,这便是由普通史家撰写的军事史。令人好奇的是,一个从来没有参加过战争,而且对军事艺术没有任何理论知识的人,会对恺撒或拿破仑的作品做出严厉的批判。有许多关于世界大战的类似著作,其中充满了事后诸葛亮式的智慧。

当军事专家撰写战争史时,却呈现出一种怪异的现象。与历史学的其他分支学科不同,这类战争史完全无视这一历史现象的心里背景;这种情况之所以发生,是因为那些对战争史实际意义感兴趣的专家仅仅关注军事技艺的历史——这完全是两回事。与之相反,正如作为军事研究权威的戈洛文(N. N. Golovin)最近所说明的那样,战争的心理方面应该是其研究最重要的部分。[①] 没有它,战争将永远是未知的——"伟大的未知"(La Grande Inconnu)——不仅仅对门外汉如此,而且对于那些撰写战争史的将军们也如此。戈洛文力图开创这门新科学,但材料几乎不存在或者很分散。人们不应在指挥官及其参谋的正式命令和部署中,而应在实际作战人员——士兵和军官——的证词中寻找材料。

然而,除了某些方面的理论知识或实践经验外,史家本人还必须具备更多的东西——对他人心理经验的同情的理解,他人的心理经验可能与史家的截然不同。过去离我们越远,这种理解就越困难;如果过分强调任何时候的人都是相似的,史家只会简单化、甚至歪曲事实。作为一个有启发性的例子,我们可以参考波克罗夫斯基(M. N. Pokrovsky)历史学派;首先,他们的经济人(homo economicus)在任何历史时期和世界上任何地方都被看作是相同的;更有甚者,从"阶级斗争"(class struggle)的角度来讨论整个历史,发现的只是阶级对立和社会仇恨;更

---

① 戈洛文(G. G. Golovin):《战争的科学》(*The Science of War*,俄文本),巴黎,1938 年,第 82—86、92、93 页。

糟糕的是,他们只是试图"揭露"人类行为的邪恶动机。这不是对过去的真实描述,而是对历史事实的一种抽象、简化和扭曲——现在苏联正受到批判,这种历史观一度在那很流行。无论如何,一个正常的史家在研究别人的心理时,必须摆脱一种自以为是的态度,并且应该意识到他对久远过去的独特精神的内省是有局限的。

历史事实在时空下的组合, 根据材料和重要性的史实分类

在实际的解释中,史家将某些事实理解为一个真正的统一体,它假定了初步的操作,即对事实进行分组和归类。历史事实除了其心理背景外,还有两个重要的特征:它在时间和空间中的固定位置,这构成了所谓的历史"坐标"。因此,这些事实最基本的组合是按时间和地理顺序排列。前一种操作比后一种操作更困难,因为史料往往不提及某一事实的日期,而总是指出它的位置,在日常生活中可能会观察到同样的习惯。因此,当新的事实的日期尚未确定时,史家的首要任务就是把它纳入同样的事实中去。有时新的事实与其他已知的事件的联系是如此紧密,这便有可能十分精确地计算出它的日期;有时或许只能确定它之前和之后两个点;有时甚至这样一个近似的日期也证明是不可能的。这种情况经常发生在考古实践中,在挖掘中发现的物体在发现一层之后便确定了其年代;例如,爱琴海文明分为早、中、晚米诺斯文明,其划分对应于土壤的下、中、上层。当考古学家想知道某个物体与哪个地方有关时,他的境遇比史家好。如前所述,在书面资料中,地理指示也足够准确。

按时间顺序确定一些事实的年代并将它们按地理进行排列之后,史家开始依照时间和空间对它们进行分组归类。正确的事实组合不仅是史家在逻辑上,而且也是在历史科学进程中所完成的第一次综合性操作。编年史是史学的第一种形式,编年史的作者虽然直观但正确地认识到史料编年的重要性,而且他们对这种方法的运用非常严格:他们每年都简要而准确地记录事件。现代史家在研究神圣罗马帝国和中

世纪教皇制度的历史时,也做过类似的准备工作,如按时间顺序排列的《状令登记簿》(Regesta),即皇帝和教皇颁布的法令和宪章的汇集。这种《状令登记簿》很久以前就由伯梅尔(J. F. Bohemer)和雅费博士(Ph. Jaffé)分别为帝国和教皇所出版。[①]

　　这种事实编排并非仅是记录,而是进一步推动了事实之间相互联系的探究,史家可以把发生在同一时间、不同地方的同类史实相结合,于是便形成一个同步表;他也可把在同一地点、不同时间发生的同类事实结合起来,便有了一个所谓的共题表。通过对同步表的检视,史家可以对一组事实背后的共同成因得出某些推论,如世界大战结束时,法国军队的骚乱可能是由于士兵的战斗力消耗殆尽;当审视一个共题表时,他可以发现某一地区某个正在形成的趋势,如在同一战争期间,俄国许多城市发生的罢工次数显示,该国的经济生活由于战争而遭到破坏。

　　现在,当事实按时间和空间归类后,史家开始另一项工作:根据材料及其重要性对其进行分类。根据史实的社会心理特征,将个体在环境下的不同行为分类,它们分别是:政治、社会、经济、文化等。无须赘言,在这一阶段史家不必假冒已对材料做了严格而详尽的分类,他目前的类目仅具有技术上的意义,且只为他的初始目标——审查他所掌握的事实而服务,这些事实或许会很多。史家只有完全掌握了材料,才能对其进行充分的分类;因此,在其工作过程中,当对事实的意义做了更深入的辨析时,便创设了一个初始意想不到的新分类,并取消了那个仍没有事实内容的旧分类。

　　在瑟诺博司的书中,人们可以找到对历史事实的详细分类,这可能对初步的定位是有用的。[②] 然而,人们不能把这个列表中的类和亚类看作是分布历史材料的独立的盒子:历史是生命而不是橱柜的抽屉,它的真实存在是有机而又不可分割的。这似乎很简单,但必须提一下,因为在瑟诺博司的影响下,许多普通的作品都是这样毫无生气的处理材料。

　　在对事实进行分类之后,史家转而按照这些事实在特定归类中的

---

① 伯伦汉前揭书,第 549—554 页。
② 朗格诺瓦、瑟诺博司:《史学原论》,第 232—238 页。

重要性进行排列。他考虑整体研究的重点,哪些事实与之相关,并据此将其放在相应的位置。作为一项技术规则,对于事实的分组,建议可以使用卡片,每个卡片对应一个事实:这样做有助于审查所有的事实,并能以不同的方式将它们组合起来。这些规则在瑟诺博司的著作中已有详述。

根据相互关联的程度对事实加以编排,绝不会像传统历史学中有时发生的那种图式化。把事实分为政治的、社会的、经济的、文化的,并分别依次加以阐述,关注政治而很少关注社会的、经济的、文化生活的,这便是瑟诺博司最喜欢的方案,这个方案体现在他的许多概述中,被他的许多门徒所吸纳。对于史家来说,这种方法是非常舒适的,因为它免除了思考历史事实的任务,而历史事实可能比这种方法的追随者所设想的要反复无常得多。法国人自己也有一种对立的反应,如吕西安·费弗尔(L. Febvre)在《回顾与综合》(*Revue de Synthèse*)中,便反对这种"衣柜历史"(histoire a la commode)。

这种图化式有时被认为是选择事实最客观的方法。否则,史家如何在不陷入自身的先入之见或偏见的前提下,区分重要的和无关紧要的事实? 或许,像某些追寻客观主义的理论家所提议的那样,他必须记录所有的事实。从逻辑和实践上讲,这一提法纯属无稽之谈;任何一门科学都以"思想简约"(economization of thoughts)为原则,力图简化变化多端的事实。历史事实不可胜数,它们的特征也是多种多样。如果历史整体果真是"全部事实",则根本无法把握。因此,选择是不可避免的,史家事实上也在实践选择。现在问题出现了,由于人的介入而失去了完全客观性,特别是在社会科学领域,那么,如何才能以最客观的方式完成这项工作呢? 这是整个历史科学逻辑价值(the logical value)所依赖的最重要的问题。

似乎存在这样一个确定历史意义的标准:它是某些事实出现频率的结果,即事实结果产生的有效性。正如爱德华·迈耶(E. Meyer)所说:"历史是有效的或曾经有效的(wirksam)。"[①]此处他指的既不是历

---

① 爱德华·迈耶(E. Meyer):《历史理论和方法》(*Zur Theorie und Methodik der Geschichte*),哈雷,1910 年。

史材料,也不是历史叙述,而是历史生命本身具有的动态凝聚力的特征。从理论上讲,这是可以理解的:如果历史事实是个体行为对其环境所产生的作用,我们对这种相互作用的兴趣自然便集中在这种作用出现的频度上。举例来说:在哥伦布之前诺曼维京人便发现了美洲,但这个事实对历史来说并不重要;实际上,该事实对于地理科学或行为教育是有价值的,但对于美国及其发展和生活,没有带来任何后果,它不属于史家的领域。

然而在许多实践情况中,史家不必担心这个问题:有时他手头的资料太少了,他更多的需要是寻找事实,而不是选择事实。特别是在古代史方面,我们的信息中存在着令人遗憾的空白,而且似乎永远无法填补。

史学研究中的想象力

史家对事实进行解读、时空定位、分类时,不能把它们看作是一些碎片,而应看到它们的内在联系。要再现生命这一难以捉摸的整体实非易事:并非所有的事实都是已知的,它们的统一性也未必能被感知到。史家此时的处境就像考古学家,他看到的只是一些他想要修复的建筑物的遗迹。他必须猜测这些事实之间究竟存在着哪些联系,哪些联系已经破裂却有待揭示;显然,这样的工作需要一些基于占卜能力的脑力劳动,而伟大的史家确实拥有这种天赋。[①] "我是一个史家,"尼布尔(G. B. Niebuhr)在给朋友的信中写道,"因为我可以从不同的碎片中拼凑出一幅完整的画面,而且我知道缺失的部分在哪里,也知道如何去填补它们。"但他也明白一个史家利用自己的天赋所应承担的责任。

对历史联系的探讨涉及一个复杂的问题,即这种联系的性质。这将在后面讨论。现在,为了结束对历史事实的讨论,似乎有必要再说一句。无论是再现事实本身,还是深入到事实间的联系之中,许多工作都是靠直觉和预测来完成的,因此想象的成分在这里不可或缺。史家似

[①]　古奇(G. P. Gooch):《十九世纪的历史学与史家》(*History and Historian in the 19th Century*),伦敦,1913 年,第 19 页。

乎和艺术家以同样的方式工作；既然如此，他的作品是艺术还是科学？一些浪漫主义史家特别强调历史书写的艺术性；对于法国的米什莱（J. Michelet）和德国的吉赛布雷希特（W. Giesebrecht）来说，历史首先是"过去的复活"。

　　尽管有些如克罗齐这样杰出的现代史家仍然坚持历史是艺术的观点，但必须坚决摒弃；史家不是艺术家，而是和其他科学家相同。如果他能从他的想象力中获益，那并不是他可悲的特权：正如严谨的数学家庞加莱（H. Pioncaré）所指出的那样，博物学家也需要同样的能力去发现、构想有时比经验或计算更重要的假设，想象力只会有助于思考的过程。[①] 此外，在他的工作中，史家从未忘记他的最终目标是寻找真理（就像在任何科学中一样），而不是审美愉悦。因此，如果他仍然在利用自己的想象力，想象力就不断为他所控制；他希望尽可能接近真相，并持有这样一个标准，即他要估测自己对过去的重建在多大程度上是可靠的。可以说，他应该准确估量自己的推论；当他不确定时，他会说出什么是真相，什么是确定的（以及出于什么原因），什么只是可能性（在后一种情况下，如果可能的话也要注意可能性的程度）。还有一些情况，史家在尽了一切努力之后，虽然如此，也必须诚恳地说：不清楚（non liquet）；这样的认知比毫无根据的推测更有价值。

　　在这样的情况下，一位除了专业技能之外还具有丰富想象力的史家，决不会损害他的工作，远非如此；卡莱尔（Th. Carlyle）或库尔修斯（E. Curtitus）将永远被认为是真正的史家。相反，只会记录事实的史家，不管记录的事实有多少，仍将仅是史学中的德赖阿斯达斯博士（Dr. Dryasdust）。

---

① 庞加莱（H. Pioncaré）：《科学与假设》（*La Science er L'hypothèse*），巴黎，1902 年。

第三章　历史人物：古代传记

对人物性格的洞察及其方法

当史家研究在特定环境中，与无数变化有程度不等的联系的个体时，他所采用的方法与建构历史事实的方法相同。他考虑个体活动的外部环境，探究这些活动本身及与其他事实的联系，但他将注意力集中在活动的心理方面：他必须深入到相关个体的性格中。其中最重要的是心理问题，而解决这一问题需要一些特殊的方法，这便形成了事实建构与历史人格的综合再现之间的差别。人格的综合再现不仅在量的方面较为复杂，因为要考虑很多事实；而且在质的方面更为复杂，因为需要对性格有深入的理解。

随着心理学家涉入历史研究领域，以及心理学方法的进步，史家获得了许多应对这项艰巨任务的手段。现代心理学，尤其是其特殊的分支学科，可能对史家有用，尽管人们不能忘记，所有这些知识不能代替他自己对别人性格的洞察。现代心理学将为历史研究指明方向，深化史家的理解，有时帮助史家提出新的假设（如历史上的病理特征案例）。

首先，个体性格的形成可能比老一辈史家所认为的要早得多；虽然遗传机制尚未被生物学所澄清，但精神品质的代代相传却是不容否认的，而且在一个家庭中，事实上有时相当明显。实际上，史家所需的相关必要资料少得可怜，任何遗传理论都不会给他带来多少益处。尽管如此，有时甚至在古代史中，这样的信息还是存在的：正如拉迪特（G. Radet）在《亚历山大大帝》（*Alexandre le Grand*）一书中所指出的那样，有关亚历山大大帝（Alexander the Great）的父母腓力普（Philip）

和奥林匹亚斯(Olympias)的性格,可以更好地解释他们儿子性格的复杂性。近代以来的历史为这种研究提供了更多的资源。意大利文艺复兴时期的一些杰出人物留下了优秀的自传,这些自传为研究遗传对作家的影响提供了宝贵的资料。[1] 当代许多革命领袖的生活为众人所周知,类似的探究可以更多地解释他们的许多行为。俄国的历史可能为这样的研究提供了有益的例证,然而由于明显的政治原因,现在某些国家禁止这类研究。难道只有俄国是这样吗?

就历史意义而言,"历史创造者"的性格甚至比他们的心智更为重要。对于史家来说,个体最重要的标志是他作为历史的创造者,在一定程度上影响了他的环境;但历史上有很多事例表明,在大多数重要的历史事件中,不是某些个体的教育或意图,而是他的道德习惯和激情(不一定很强)在起作用。对所谓"人类性格"的研究不是最近才开始的,但在旧的古典心理学演绎方法的影响下,17—18 世纪有关"性格"的著作显得它过于抽象,对其主题处理得比人类的实际性格要简单得多。现在,缘于现代心理学的归纳实在论,人们对人类行为有了更好的理解;然而性格科学,或密尔(J. S. Mill)所说的"行为学",仍处于起步阶段,无法为史家提供多少帮助。[2]

变态心理学(abnormal psychology)对历史科学更富借鉴意义。事实上,我们很难判断所知道的历史人物属于正常人或非正常人,因为不可能对那些人做直接的病理观察,而对他们的了解只是基于他人那些不准确的、甚或含有敌意的证词。但精神病学家至少会指明某些伟人复杂性格中的一些关键之处,否则它们就会逃过非专业人士的视野。神秘的"恐怖的约翰"便是这种情况,除了俄国的史家,俄国的精神病学家也探讨过他的性格;因此,人们对他精神上的不平衡有了更好的理解,他的政策在某种程度上反映了这一点。但从总体上看,根据瓦里舍夫斯基(K. Waliszewski)的观点,他的政策并不是不合理的。这样的

---

① 正如洪堡(W. Humboldt)所言,史家越是深入到别人的心灵,他的事业就越成功(伯伦汉前揭书,第632页)。
② 有关性格的科学,参见罗巴克(A. A. Roback):《性格心理学》(*The Psychology of Character*),第二版,纽约,1928 年;斯普朗格(E. Spranger):《生命类型》(*Lebensformen*),第七版,哈雷,1930 年,其中对性格的图式化类型的阐述,提及这些问题。

人很特别：治国之道和精神错乱的罕见组合；而精神错乱往往伴随着低效率，在这种情况下，精神病理学使史家的解释更加准确。历史上并没有那么多天才；享有普遍认可的人的名单不会太长。但历史的创造者很多，其中有些人在某些方面偏离了正常的心智水平。[①]

在日常生活中，特别是在战争和革命之后，"病态性格"的现象非常普遍，这些性格（歇斯底里、精神错乱、"精神亢奋"、癫痫）已为精神科医生所熟知，由于其发生的频度，没有理由认为在过去中不可能观察到这类现象，史家必须考虑到这种可能性。

通过生物学、行为学、精神病理学的研究方法，史家对性格的洞察力得以深化；然而根据这些探究，仍有一些个体行为不能得到合理的解释，有的行为超出了人本身的控制；路易十四（Louis XIV）患有溃疡、拿破仑在滑铁卢那天生病了，这些或许是这些人重要决策的一个原因。尽管这种偶然的历史因素表面上看来微不足道，但也不能完全忽视。笑话"克利奥帕特拉的鼻子"（Cleopatra's nose）及其对恺撒的影响，与其说是明智的判断，不如说是诙谐的言辞。

从这个角度看，一个人在历史上无论声名显赫或是默默无闻，或多或少可以被看作是复杂的事实；实际上，他的性格是遗传的、个体的（或多或少正常的）、偶然的等多种属性的组合——不是机械的组合；它存在于有生命的性格中，因此具有特殊而鲜明的特征，必须通过特殊的心理学方法加以研究。

何谓历史的人？

然而，史家并不是不加区分地关注所有的历史人物，只有那些其活动具有历史意义的人物才受到重视——我们称之为"历史人物"。对历史人物的兴趣可以追溯到历史编纂学的开端，更不必说古代东方编年史了，著名的希腊罗马史家们最重要的工作便是描述人物的活动。当希罗多德（Herodotus）开始创作他的"缪斯"时，希望"希腊人和异邦人那

---

① 拉斯韦尔（H. D. Lasswell）从这个角度讨论政治家的类型，见氏著：《精神病理学与政治学》（*Psychopathology and Politics*），芝加哥，1930 年。

些值得赞叹的丰功伟绩不致失去他们的光彩"；同样，塔西佗（Tacitus）在他的《编年史》（Annals）和《历史》（Histories）中预设的目的是"使功德不被人遗忘，使恶言恶语被后人理解。"文艺复兴时期的史家们不但仿效这些杰出的榜样，其中有的还成为研究性格的杰出学者。事实上，18 世纪的史家们延续了同样的传统，但收效甚微，因为受当时占主导地位的抽象心理学的影响，他们对性格的理解非常肤浅。只是在最近，史家的兴趣才从个人转向人民，如浪漫主义史学；或转向群众，如实证主义史学。这两种变化的意义是一样的：从个体转向一般。从卡莱尔的例子中可以看出这种新的兴趣的深入性；他是英国最伟大的历史肖像画家，早年打算只撰写无以计数的无名氏们的传记。[1]

随着"经济解释"进入历史学，有人特别强调群众的重要性，这很快引起了人们的反应。20 世纪前夕，历史中普遍因素和个体因素的重要性问题备受关注；特别是在俄国，由马克思主义者和民粹主义者（Populists）支持的两种观点之间引发了激烈的争论，他们也代表不同的政治党派——顺便说一句，这说明了他们的辩论热情，以及公众对讨论的兴趣。马克思主义的杰出领袖是普列汉诺夫（G. Plekhanov），他们的"一元论历史观"没有给个人留下空间；与之相反，"俄国主观主义社会学学派"强调"批判性地思考个人"在社会进步中的作用。"俄国主观主义社会学学派"的学说在俄国有许多有力的倡导者，其中包括声名狼藉的作家米哈伊洛夫斯基（N. K. Mikhailovsky）和一些著名的史家，如纳·加雷埃夫（N. I. Kareiev）。

就历史知识本身而言，这种争论委实徒劳无益：人们或许在其中看到类似于中世纪经院哲学家鸡生蛋、蛋生鸡式的争论。如果历史的主题是个人与其环境、特别是社会环境之间的相互作用，那么关于环境与个人孰先孰后的问题就没有理论意义：这两个概念是相关的而非绝对的。这种争论在实践上也并不重要。即使在列宁的国家俄国，个人的影响也必将被承认，目前苏联史家正在反对辩证法的抽象教条。

布雷西格（K. Breysig）最近从更现实的角度再度讨论了该问题，

---

① 见古奇前揭书中有关卡莱尔的章节；巴恩斯（H. E. Barnes）：《历史著作史》（A History of Historical Writing），诺曼，1938 年，第 180 页。

他认为个人引领社会前进,而社会只确保了他的成功。一场伟大的运动实际上是由上层人发起,下一级领袖宣传,当群众接受了,就可能演变成一场"革命"。[1]

如是,历史人物的问题变得更加复杂;不仅要考虑某个历史人物的多重属性(环境、性格、内在自我),而且更要考虑他对所处环境的影响的性质和程度。这种组合的独创性决定了它的历史意义。这种观念使得史家对人物的研究更加客观;对个人的评价(科学的、道德的、美学的)在这里仅具有次要的意义。一个人成为历史是因为他做了什么,而不是因为他是谁;史学不仅涉及任何杰出的个人,更为关注对过去有相当影响的"行为者"。这是一个必须坚持的重要观点,因为史家有时由于忽视某个"有趣的"人而受到指责;有趣(对谁来说——读者还是批评家?)没有意义重要——所以他与历史无关。

姑举一例,路易十六既没有作为政治家的可贵品质,也没有做人的道德勇气;他的性格特点是多种因素的组合,但恰好是这个组合对法国革命的发展起了推动作用;故而他的活动对 1789 年的革命进程具有"原发性"重要意义。

历 史 与 传 记

如果史家希望研究的不是特定环境下个人的行为,而是个人本身、特别是他的个性,那么这类主题的研究方法就不适合史家,这属于人物传记的编纂。传记作家的兴趣在于人而不在于"行为者",越是脱离历史人物的事迹,这种兴趣就越具有传记性;这类叙述需要与史家不同的特殊方法。诚然,恺撒、拿破仑等伟人的"传记"与"历史"不谋而合:时代与人物在此处紧密相连;在这种情况下,除了个人以及私人生活外,留给传记作家书写的余地甚少。但有的人貌似并非历史上的英雄,可他的个性却引人注目,也会引起传记作家的注意。此外,除了标准划一的机器之外,人人皆有个性,都值得展开心理研究。从现行传记来看,

---

[1] 布雷西格(K. Breysig):《历史的形成》(*Vom Geschichtlichen Werden*),第 1—3 卷,斯图加特,1925—1928 年;有关俄国的思想家,参见赫克(J. Hecker):《俄国社会学》(*Russian Sociology*,其中第二部分第二章述及米哈伊洛夫斯基),纽约,1934 年。

单纯的传记只是个性的书写。[①]

古代主要传记作家及其作品的特征，它的影响及反动

传记作为一种文学形式与史学同时产生，最早的传记大师便是希腊罗马时期的史家。虽然他们使用了一些特殊的方法来刻画人物，但这些方法与现代传记作家的方法有很大不同；那时历史与传记并没有明显的区别，一些古代传记作家也是著名的史学家，他们所描绘的人物是历史的创造者——因此，混淆历史和传记这两种写作方法是不可避免的。古代传记在很大程度上影响了现代传记的发展，但现代传记的写作特点可以回溯到晚近时期。因此，在讨论方法之前，我们不妨以该流派的著名代表人物色诺芬（Xenophon）、普鲁塔克（Plutarch）、塔西佗（Tacitus）、苏埃托尼乌斯（Suetonius）为例，先对希腊—罗马传记做一考察。

不过，首先我想谈谈这些传记作家的特点。显然，对于这些作家的个人性格并非没有兴趣。色诺芬在《回忆录》（*Memorabilia*）中留下了一幅苏格拉底的画像，他已经明白传记的首要任务是提供真相。这对于另一幅已由柏拉图（Plato）完成的苏格拉底的画像来说，不是件小事，无论柏拉图的作品的哲学价值有多大，但色诺芬的作品更好地表达了苏格拉底真实的性格特征。这幅画像或许过于简单化，但这种简单化并非色诺芬特有的缺陷，而是古代传记的总体特征。此外，色诺芬刻画的苏格拉底是一位如此富有人性的、纯粹的、雅典时代的人物，并值得人们信赖。在狄更生（G. L. Dickinson）《希腊人的生活观》（*The Greek View of Life*）中，这幅画像被看作是普通雅典公民所具有的特征。

普鲁塔克的《希腊罗马名人传》（*Parallel Lives*）名气太大，以至不能详述其传记的优点。可以这样说，古代传记的方法在普鲁塔克的作

[①] 塞耶（R. T. Thayer）在《传记的艺术》（*The Art of Biography*，1920 年）中对传记的特点做了简短而精要的论述。

品中日臻完善,他所刻画的人物基本完全符合人类自我的特征;尽管这一方法有其局限性,后文对此将有述及。然而,他是一位哲学家而不是史家,他喜欢将笔下的英雄人物道德化;当代的许多传记作家也承继了这一倾向,以至损害了他们的作品:有时他们笔下的人物充满了如此多的美德,以至看起来是圣像而非画像。

与普鲁塔克不同,一位外省的哲学家——塔西佗,是位实践家,人们或许期待他的兴趣是对人的行为而不是灵魂的关注。但他作为伟大的史家在展现其岳父阿古利可拉(Agricola)时,证明他也是位出色的传记作家。那不是一幅罗马家长或优秀的行省长官的典型画像,而是一幅人的画像,完全表现了传主的个性,人们甚至能感受到其所生活的道德氛围。此处,一部真实传记首要的、也是难度最大的条件得以实现。

现代人对苏埃托尼乌斯(Suetonius)作为史家的评价并不高,他的《恺撒传》(*Lives of the Caesars*)从内容到方法都受到了批评。但作为传记,尽管其单纯朴素,但具有很高的价值。他的传记展现了罗马帝国伟大人物的个性,但并不一定具有启发性。个性是多面的,伟大人物也不是没有一些琐屑细微的特征。因为读者想了解有关名人的全部真相,这些琐屑的特征就必须保存下来。传记并不是颂歌。[1]

现在,让我们来看看古代传记的突出特点。首先,它主要对伟人和他们的高尚行为感兴趣,旨在为后人树立崇高的榜样。在构思如是特征的作品中,外在表现比隐藏在人的灵魂中的东西更重要,这些特征就好比刻在了石头上。这些传记为古代读者所激赏,因为他们实际上需要一个坚实的基础来解决自身的道德问题,至少他们渴望了解这些问题是如何在他人的生活中得以解决。与最近的一些观点相反,普鲁塔克并没有撒谎,他的"不朽的人物"具有生命的真实性;而他的那些可怜的,尤其是当代的模仿者们却没有这样做,他们只能创作出充满美德的作品,以至于这种完人的真实存在令人质疑。

因此,古代传记作家构想的性格理念与现代作家不同。那些传记

---

① 约翰斯顿(J. C. Johnston):《传记:性格的文学》(*Biography, the Literature of Personality*),纽约,1927 年,第 32—43 页。更多的论述参见利奥(F. Leo):《罗马文学史》(*Die Griechisch-römische Biographie Nach Iherer Lilerarischen Form*),1901 年。

作家并没有歪曲真相，而那时的真相似乎并没有我们这个时代这么复杂。古代的性格是由学者简单地建构出来的，无论无意识的性质如何，其在现代心理分析中所起的重要作用在古代传记中都看不到。古代的性格是一根不是美德便是恶习的坚实柱子，但这样的人并不存在；历史人物的性格包含了许多特质，这些特质只会被吸引到某个中心，即真实的自我（但并非总是如此：在某种病态状况下，这种平衡或许会被打破）。

　　生命的概念认为人要面对永久的变化，古代传记作家当然也意识到了这一点。但当他们尽最大努力描述这种变化的外在表现时，却不怀疑主人公的内在性格也在变化，而这些变化有时是有节奏的，有时是突然的。以亚历山大大帝为例，他有能量突然爆发的偏好；没有注意到他的这一个性活力的画像是不完整的，但当代人描述他的性格时涉及这一点。威克（U. Wilcker）或拉迪特最近出版的这位伟大国王的传记，其构思并不像普鲁塔克那样简单。

　　虽然古代作家柏拉图强调，人的灵魂像是由黑白两匹马，分头拖向人性的最高处和最低处，但古代传记呈现的"性格"像一个坚固的统一体，一切都是明澈的，没有任何怀疑的余地。然而，人的灵魂包含着多重元素，它是组合的而非统一的；有时它缺乏统一性，以至一人似乎表现出两种性格。古代甚至现代的传记作家都不了解这种惊人的多样性；只是在晚近，伟大的俄国作家陀思妥耶夫斯基（Dostoievsky）才发现了它。[①]

　　综上所述，古代传记的风格是人物性格描述的英雄主义，非复杂性，固定性，其对这一文学体裁后来的发展产生了重大影响。这一风格在文艺复兴时期的作家中非常盛行，在17—18世纪的古典心理学中也很流行。在接下来的一个世纪里，它的衰落尤为明显，尤其是维多利亚时代的传记。作为对这类准确但毫无生气的现代传记的一种反动，斯特雷奇（L. Strachey）、莫罗斯（A. Maurois）、路德维希（E. Ludwig）拒绝接受新旧传记作家的准则，他们的目标是真实地传递人物性格。但完成这一任务实非易事，正如莫罗斯所说："真理如磐石般坚定，性格似

---

① 莫罗斯（A. Maurois）：《传记的特征》（*Aspests of Biography*），纽约，1929年，第27—35页。

彩虹般轻盈。"①

　　这类传记是最近才出现的,而大师并不多见,尽管发现有很多模仿者(他们的作品并不比传统传记作家的作品好)。然而必须指出的是,现代传记作家的方法无论多么新颖,也并非完全没有先行者。性格的特点即使没有被理解,至少也早有猜测,而 19 世纪之前的欧洲传记已经偏离了古代的范例。人们更多地强调某个人的个性,而不是他的行为;被选作传记研究的人不一定是大臣、将军、领袖,也可能是诗人、画家;即使是在社会或文化上无足轻重、但性格复杂的人也能吸引传记作者的注意。因此,与古代传记相比,现代传记的发展趋势已经由外向内,例如,英国可以夸耀自己最好的传记作家是博斯威尔(J. Bosswell),但那是在 18 世纪。

---

① 莫罗斯前揭书,第 38 页。

第四章　历史人物：近代传记

探求真相，材料来源及考证

新人物传记最具代表性的作家当推斯特雷奇、莫罗斯和路德维希，让我们主要根据他们的写作风格来讨论近代传记的特点。斯特雷奇在《维多利亚时期的杰出人物》(*Eminent and Victorians*)和《维多利亚女王》(*Queen Victoria*)中向读者展示了他的写作方式，而他之所以选择这些题材，是由于他总体上强烈反对维多利亚时代的传记写作风格；莫罗斯可能也反对维多利亚时代的传记，他的传记转向了同时代的《迪斯累利》(*Disraeli*)和《爱德华七世》(*Edward VII*)；在现代作家中，路德维希的写作方法最值得怀疑，他没有把自己局限于某一时代或国家；他不仅是俾斯麦，而且也是拿破仑，同时也是许多性格迥异人物的传记作者，由于作品中充满了情感而缺乏准确性，这或许损坏了他的作品。

近代传记作家强调，传记的首要目的是探求真相。但这是有关性格的真相，要找到它实非易事。正如在讨论古代传记时所言，这个真相并不像古代传记所揭示的那么简单。"它是行动、思想和情感的模糊混合体，常常自相矛盾，但又具有一种像似声乐音调类的统一性。"[1]此外，有两种特点鲜明的性格：外向型和内向型。根据荣格(C. C. Jung)的定义，可以细分为四种类型：思维、情感、感觉、直觉。描写人物性格的作家也必须考虑到人类心灵的这种多样性。如果传记作家只关心其

---

[1]　莫罗斯前揭书，第102页。有关性格科学的讨论，参见荣格(C. C. Jung)：《心理类型》(*Psychologische Typen*)，苏黎世，1921年。

作品的事实真相,对别人整体性格的明暗两面缺乏同情的理解,那么在其作品中什么都有可能发现——但除了人自身。

带着这样的目标,传记作者就不应该忽视生活中的琐碎细节,这些细节在行为活动中,比如对政治家而言,是无关紧要的,但对于一个具有人性弱点的真正的人却非常重要。有些性格因素可能是可笑的,有些行为特征是不讨人喜欢的,但如果传记作者想要描绘一个有功有过的鲜活的人,而不是一块捂得严严实实的纪念碑,那么他就不能掩盖这些性格特点。

在这类作品中,作者有时会面临一种并非取决于他个人意志的困难,这便是社会对某个英雄的态度,他的形象已成为传奇;人们不喜欢贬低他们所爱戴的英雄,更喜欢传奇的华盛顿而不是真实的华盛顿,确实存在这种深刻的社会原因。正如帕累托(V. Pareto)所坚持的那样,一些神话对于维护社会是必要的,而真相则对社会造成危害。这在实践中相当正确。但传记与这些考虑无关。传记的意义在于寻求真相,正如在任何其他科学中一样,如果没有达到这一目的,整部著作的意义便丧失了:如果不是一幅现实的图画,它就变成了一幅根本不存在的图画。如果科学家,比如说生物学家,揭示了某些人类的虚伪性所不喜欢的有关性的问题,他必须对此保持沉默吗?或者,如果化学家发现了一种新的、或许更危险的炸药,他的研究是否应该被禁止?如果传记中客观陈述的事实真相令人不快,那也并非传记作者的错误。

不过,还有一种情况似乎限制了传记作者的自由。作者们处理的不是自然界的事物而是人类,可能是我们同时代的人;死者的家属反对过多揭露自己的丈夫或是父亲,他们有家庭秘密而不愿公开,而他们也确实有这个权利。在这种情况下唯一的解决办法便是:类似的传记绝对不能写。此处,传记作家和史家的境遇相同,当国家出于重要的原因,比如军事原因,禁止使用档案文件时;世界上没有任何国家允许历史科学伪造那些文件。即使在我们这个时代,统治者和领导人不太害怕揭示真相,但需要的也仅仅是对历史的"合理解释"。

然而,传记作者发自内心地憎恨他的主人公,或者故意要破坏主人公的声望,这种情况并不多见;熟练的小报撰稿人可能这样做,有才华的传记作者从来也不会。对伟人持批判态度并不排除对他的同情，现代最好的传记作家也坚持这种同情的理解（sympathetic understanding）。当英雄的所有光辉和阴暗面都展露出来时，他不会因此而受到损害，尽管他有一些微小的缺点，但仍将因其崇高的功绩而伟大。

就目前而言，如果传记作者坚持不懈、勇敢地寻找真相，他是正确的，那么问题来了：他能从哪些渠道获得完成这一令人垂涎的目标所必需的资料？仅就最重要的来说，这些资料来源便是他自己的日记和信件，他自己或是同时代人的回忆录；所有这些记录都反映了他的个性，或许在他自己的日记中多些，在别人的回忆录中较少。然而，当所有这些信息宝藏都被用尽时，作者仍将难以把握主人公的真实性格。[①]这是因为那些表现性格的资料来源存在严重的缺陷。

日记似乎提供了关于个人生活最可靠的信息，但这只是乍看罢了。并不是所有引起传记作者兴趣的人都写过日记，例如，许多沙皇时代的大臣都给后代留下了记录，而其中最杰出的斯托雷平（Stolypin）除外；接下来，回忆录的作者很自然地把他们的注意力集中在，他们认为人生中最重要的阶段；因此，如果作家是政治家，读者就可以看到一个政治家，但没有机会看到一个人。更糟的是，特别是当下失败比成功更频繁，一个要为国家崩溃负责的部长，一位输了一场战役的将军，他们都试图在自己的回忆录中为其行为辩护，并谴责他人。战后的历史文献中充斥着根本不符合历史事实的这类著述；例如，让我们记住“战争罪”这个问题及参战国的解决办法。传记作家利用这类日记来描写第一次世界大战的著名人物，很可能会呈现出一幅相当虚假的画面。

因此，日记叙述事件的一般观点有时是片面的或错误的，当日记面对其他证据时，这个观点便有待进一步查证；但当一个完全诚实的作家还在装腔作势时，那又该怎么办呢？即使是在不打算被人看的日记中，也可能存在夸大之处，因为正如莫罗斯所言，“每个回忆者都是作者，不管他愿意与否”；[②]他在纸张上建立的自我成了一个独立的实体；回忆录的文学价值不仅没有提高反而降低了其传记价值，甚至可能将其彻

---

① 伯伦汉前揭书，第 492—494 页。更多的参见鲍尔（W. Bauer）：《历史研究导论》（*Einführung in das Studium der Geschichle*），其中分别地检视了不同的历史材料来源。
② 莫罗斯前揭书，第 83 页。

底摧毁。

　　作为传记资料来源,私人信件就更不可靠了。并不是说这样的材料必然是残缺不全的,它会导致对特定性格的错误认识:碰巧写信的人是一个伪君子或反复无常的人;根据他们的通信,重构拿破仑的大臣富歇(Fouché)或作为情人的拜伦(Byron)的真实性格是有风险的。即使在通常情况下,人们并不怀疑事实遭到歪曲,作为传记材料的信件也必须谨慎使用:至少它们是相互矛盾的,因为所有的人都不自觉地表现出自己与别人的不同之处。

　　还有最后一类传记的文献来源:同时代人的回忆录。一位睿智并且实际上理解并知晓历史人物的观察者,他所勾勒出的人物画像确实很有价值;但不幸的是,观察者并不总是能够胜任他的任务。相反,他同往常一样没有准备,不确切,甚至带有偏见,他的回忆录作为传记材料的价值就变得相当有限甚或可疑了。德皇威廉当然比任何人更能近距离地观察他并不喜欢的俾斯麦,但俾斯麦的性格在德皇的回忆录中又会是什么印象呢?

　　总而言之,正如莫罗斯总结道:"我们越接近事实,就越清楚地看到,对待传记不能像对待物理和化学那样。"[1]但这并不意味着不可或缺的科学方法不可能运用到传记中。此处无须讨论历史的科学性;传记与史学的关系在于,在如何探寻有关某些人性的完全真相上,传记作家并不亚于历史学者。尽管传记的材料存在明显的缺陷,但这项任务还是积极可行的。如果"人物性格"不被看作是神秘的实体,那么情况就不会像莫罗斯所想的那样令人失望。

　　传记作者所引用的心理学文献必须互相质对印证,以核实其准确性;它们必须经过历史考证,而历史考证方法已被详尽阐述并确实取得了成效。在实际生活中,我们也学会了如何判断证据的真伪;这种判断在司法审判中是必要的,而且正如人们所认为的,如果根据这种判断,某人有时会被判处重刑,那么这就相当好了。同样地,传记作者也会质疑目击证人,检视他所掌握的证据,并做出判断。对于这样一部作品,确实需要杰出的智慧和高度集中的注意力,而不只是一些现代传记作

---

① 莫罗斯前揭书,第96页。

家喜欢滥用的预测能力。[1] 运用考证方法，传记作家就能在特别神秘的领域取得成功。以吉涅伯特（Ch. Guignebert）对圣保罗皈依的研究为例，其中对很多方面做了解释：外部环境、保罗的本性（既是神学家，也是神秘主义者）、他的愿景本身。

传记的技巧及形式

　　传记的技巧问题备受争议，迄今还没定论。然而，正如约翰斯顿在他有关传记的通论中所指出的，传记作家们常常忽略了一些要点，而作为描述人物性格的作家，这些要点恰恰是他们所不可或缺的。

　　首先，原因如前所述，传记的范围虽然与历史的范围有关，但决不能与历史的范围相混淆，与卡莱尔所说的历史只是"无数传记的精华"正好相反。事实上，卡莱尔所有的作品都是出类拔萃的：一篇文章、一篇评论、一个生活故事或一段历史。但其他强调个人因素重要性的史家却并非如此。蒙森的《罗马史》（*Römische Geschichte*）或格林（J. R. Green）的《英国人民简史》（*A Short History of the English People*）本质上属于历史著作，而不是一系列的传记，即使也涉及恺撒或克伦威尔（Cromwell）这些人物。相反，卡莱尔的《法国大革命史》（*History of the French Revolution*）确实是一部"个人历史"，好像一部复杂的传记。传记性与历史性这两个要素之间的关系是画像本身与其背景间的关系，当前者占主导地位时，是一种传记性的呈现，当与后者局部重叠时，便属于历史性的处理。

　　但传记作者不能完全摆脱历史因素，因为传记的画面应该在一个明确的背景下投射。的确，他主要关心的是一个人的性格，但要完全了解这个性格，就必须明白传记的主人公与其所处时代的关系。一部完整的传记对传主与时代的关系要有多深的理解是另一个问题，因为理解的程度取决于作者，但无论如何要与他们的主要目的保持平衡。那些以"生活与时代"为主题的作家们并不总是能意识到这点，无论他们

---

[1]　有关"直接信息提供者"的真实性，参见伯伦汉前揭书，第506—514页；也可参见斐德尔前揭书，第254—260页。

是何等技艺娴熟的作家。如此说来,马森(W. Masson)的《弥尔顿及其时代》(*Life and Times of Milton*)是关于主人公范围广泛的生活和学术研究,但到底研究的是哪方面呢?该书与其说是弥尔顿本人的传记,不如说是一个英格兰清教徒的写照,他本人被这种背景遮蔽了。

尽管任何生命,除了枯燥乏味得如一台标准化的机器,都可以成为传记的主人公,但能否成功地描绘生命仍然有赖于传主的素材。如果作者在这些素材中发现了某些伟大的,能够唤起爱、同情和欢乐的人格魅力,那么撰写这样一部传记将是一项很有意义的工作,而且正如人们所合理期待的那样,对这样一种人生的描写将会更加令人满意。以苏格兰女王玛丽(Mary Queen)的一生为例:她之所以成为一部详赡传记的灵感源泉,倒不是因为她统治时的历史环境,而是因为她多事生涯中的浪漫因素。

由于传记作者对其材料的依赖,他便无法摆脱道德和美学的影响,于是他的作品的主要目的:重构真相(这一点绝不能忘记),便面临着危险。正如约翰斯顿所说,一部好传记无法回避的标准是回答这样一个问题:"这便是在同类中生活的那个人吗?"对人生故事中所有伦理的和艺术的考虑,都必须服从于这个首要目的。

然而,除了所有传记的通用目的外,它也有特殊目的,这取决于它的类型。这种特殊的目的将决定传记的范围、编排和材料选择。这种处理的范围在"告示式传记"和大部头的"生活与时代"之间变化,但在任何情况下,作者都必须事先清楚地界定他所从事工作的范围。一种形式的传记需要选取一组事实,而另一种形式则需要选取更多的事实,但即使在叙述最丰富的传记中,也需要取舍材料以避免混乱。

至于编排的处理上,老一辈传记作家特别强调严格按照时间顺序叙述。对于某些形式的传记,例如政治家的生平故事,他的性格和成就密切相关,这种方法非常适合;另一方面,在只涉及人生某些方面的散文类传记中,阐释人物性格非常重要,便不需要按照时间顺序展开。"解释性传记"的支持者甚至借用马克·吐温(M. Twain)的话语:"在你人生的任何一个特定时刻,都可以随心所欲地漫游你的一生。"

当传记材料过于丰富时,作者就面临着一项更大的任务:必须对其进行筛选。传记，正如任何科学著作一样，都以其统一性为特点，当某一特性能够具体化时，就较容易符合这一要求。但并非总是如此，有些人的生活中弥漫着一种主导的思想、激情和抱负，有能力的观察者才可能捕捉到它。这就是所谓传记的主旨方法；从亚历山大大帝充满激情的好奇心、或深受光之美影响的但丁（Dante）的事例中，我们可以看出它的作用。

除了传记作者的目标外，传记的处理也取决于作者所引用资料来源的性质。这些资料来源包括回忆录、日记、信件和对话，所有这些都具备成功地塑造人物性格的价值。然而，一些传记作家坚持某类资料来源的重要性；因此，博斯威尔依赖对话来显现塞缪尔·约翰逊（Samuel Johnson）的性格，而洛克哈特（J. B. Lockhart）则利用信件来揭示沃尔特·司各特（Walter Scott）的性格。

传记题材的多样性影响着传记的写作，人们认为需要对这类多样性的传记题材进行形式分类。[1] 当在传记文学中出现形式重叠时，这种尝试便会遇到一些困难；尽管如此，如约翰斯顿所指出的，这些题材仍然存在一些区别，他曾根据形式对一百种有代表性的传记做了一个分类列表。首先，用通俗的话来说，必须加以区分两个方面的传记——客观的和主观的：专门描写别人生活的作品是客观的，或者叫名副其实的传记，而那些只描写作者自己生活经历的写作是主观的，或者叫自传。第一类范围广泛，包括生活故事，或狭义的传记；主要记录作者参与公共事务的回忆录；将传记与对特定主题的思考结合在一起的传记类文章；对一个人物简洁描写的文学肖像；对名人匆匆一瞥的信件；与传记有关并与地理书相关的旅行记。第二组是关于自我生活的故事，或者狭义上的自传；尤其是记录私人生活的日记；深入一个人内心世界的忏悔录。

科学的与艺术的传记

作为结论，我们可以提出这样一个问题：强调直觉，只对个人感兴

---

[1]　约翰斯顿前揭书，第 270—278 页。

趣的传记,是属于艺术的还是科学的范畴? 对于这个争论不休的问题,有两个截然不同的答案。英国传记学者尼科尔森(H. Nicolson)对传记发展中的文学兴趣和科学兴趣做了区分;[1]传记原本是文学的一个分支,但现在它变得专业化和技术化,于是将会出现哲学、美学、社会学、医学类传记等;它们将描绘出一个人错综复杂的生活,而作品的文学成分将会减少。

这两种兴趣之间的分歧是很自然的,在哲学和科学的关系中也可观察到类似的现象,它们某些时候曾拥有共同的领域;但是现在,随着科学方法的进步,这种联系被打破了。这一发展并不会损坏传记,因为无知并不是传记作家所需要的唯一条件。"亲密生活"的现代作曲家、耸人听闻的传记作家、"浪漫情史"的作者,如果"更加科学地"架构他们的作品,他们(以及他们的读者)只会受益。因此,尼科尔森的发现并不令人失望。

不幸的是,不仅是这些可怜传记作家们,就连莫罗斯这样的传记大师也坚持他们作品的艺术性。他们的作品也确实如此,但这并不意味着传记作者不应该成为学者。把画家比作传记作家是有误导性的。有时"他的目标是描绘个体,而科学只关心普遍"被一再强调。这是一个陈旧而不正确的观点:天文学或地质学也涉及个体而非普遍,然而,它们并没有从科学降级为艺术。重点并不在此。科学家和艺术家都有相同的心智能力,他们创造性工作的心理机制是相似的,但他们各自作品的逻辑目的却完全不同:一个必须发现关于自然或人的真相,另一个需要去激发情感。绘画可能非常写实,它的技巧细致缜密,但它本质上是诉诸情感的。而传记作家的目标与此不同,他需要了解个体的真相,而艺术的展开设计会提高其作品的价值。不过,一个真正的科学家的作品也未必是丑陋和笨拙的,它或许具有内在之美。

[1]　尼科尔森:《英国传记的发展》(*The Development of English Biography*),伦敦,1930 年。

第五章　历史的联系：事实的解释

作为原因陈述的解释

当史家试图探究事实之间的内在联系，从而着手归类后的下一步操作时，这便意味着他要解释事实，正如"explain"这个词所暗示的："plain"是水平或清晰，而前缀"ex"则强调隐藏或模糊的东西——此处即指事实的内在联系。但问题是解释有多大的必要性？的确，史家们总是、现在仍在解释过去的事实，但是，在实证主义概念的影响下，一些理论家提出了另一个方向：历史作为一门科学，而不是作为事实的集合，必须找到支配历史现象的经验性规律。由于这些理论家自觉或不自觉地也把自然科学作为历史建构的模式，因此，需要确定解释在自然科学中的意义。自然科学并不禁绝解释，而且远非如此。正如梅耶松所言："规律不足以理解某一现象。当然，由于它能够预测并转换为行动，在科学中发挥着巨大的作用。但它并不能满足我们的思考能力，我们的思维在寻找超越它的解释（au delà）"。[1]

梅耶松转而以现代物理学和生物学为例，力图说明解释在这些科学领域是如何重要，"为什么"或"从何而来"类似的问题在这些领域中被频繁提出并热烈讨论。此外，与孔德（A. Cornte）关于科学的抽象概念相反，现代的医生对有关"产生的方式"（le mode de production）的研究特别感兴趣，例如事情真正是如何发生的。"如果我能做一个机械模型，我便能理解了"，著名的物理学家开尔文勋爵（Lord Kelvin）说。因此，解释性科学的存在是不可否认的，史家坚持对现实的解释是相当合理的。

---

[1]　梅耶松：《科学中的解释》，巴黎，1927年，第60页。

　　但梅耶松认为,对任何事物的解释都是将事实归结为其"原因"。"当观察到的现象的原因是已知的,它就被证明是可以解释的,这样思维就得以满足。"那么,原因本身是什么呢? 从最简单的意义上说,便是在时间上先于某一现象的事物;但这样的定义是不够的,我们还需要进一步考察因果之间的某种内在联系。

　　对史家来说,原因这个概念至关重要。的确,有时候人们建议史家只研究过去所发生的变化而不是别的;然而,这个要求很荒谬,因为"变化"假定某物被加入事物中,或某物从事物中消失,否则该事物将保持不变。于是乎寻求每个变化的原因成了不可避免的冲动。但正如梅耶松所强调的,要把问题完全弄清楚,结果必须被看作是从一个原因中推断出来的"逻辑结果";人们假定在两个时刻之间有某种必然的联系,否则事实就不会发生。至于这一目标能在多大程度上能够实现是另一个问题;特别是在历史上,客观的和主观的情况使研究上述意义上的原因探究特别困难。主要的障碍在于孔德所称的相互依存(consensus),或社会生活要素的相互依存;因此,某一变化不是某个元素,而是整个系统所经历的。但毫无疑问,这一观念在任何研究中都有所暗示:在我们的经验所陈述的事物的秩序背后,还存在着有待发现的逻辑必然性。①

　　甚至逻辑学家也承认这一点,出于对实证主义的同情,他们对"原因"这一概念本身就持敌对态度,认为它模糊且不明确,而"规律"这一概念明晰又精确。事实上,后一概念既不明晰也不精确,而且这些作者甚至也认识到,如果所有的规律都是已知的,那么世界将会被理解为一种戈布洛(E. Goblot)所谓的逻辑上的必然,从而背离了实证主义。因此,让我们再回到原因的陈述。

　　综上所述,需要重申的是史家对相互关系(zusammenhang)的坚持,以及由此而对原因的探究,并不损害他们的学术;在历史学这样的解释性科学中,这一过程是无法回避的。史家在实际工作中要处理某些特殊形式的因果关系,下文将对此展开讨论。

---

① 梅耶松前揭书,第 77 页。

因果关系的特殊形式，探究原因的
困难，史家的职责

　　(1) 首先，必须把近因和远因区别开来，因为后者在解释过程中不那么重要；更遥远的原因不能完全解释历史现象，即历史现象作为先前事实的必然结果。当要解释由许多原因引起的重大事件，如 1789 年的法国革命或 1917 年的俄国革命，这一点特别明显。法国大革命的近因是人民、特别是 18 世纪发展起来的，对旧政权的仇恨，以及 1789 年召开的三级会议，会议攻击王权并摧毁了封建等级制度。其他情况，诸如王室专制主义的增强，自由政治思想的发展，财政的混乱，所谓的封建反动等等，都是造成这场灾难更遥远的原因。因此，克鲁伯特金(P. Kropotkin)在其非常真实的《大革命》(La Grande Revolution)中认为，如果没有动机模糊的农民起义，革命便不可能发生。俄国革命在这方面更富有启示，因为它是一个当代事件，它的直接原因可能更容易理解。相反，致力于此的通论性著作含混不清地讨论了革命的"背景"，很少或根本没有注意世界大战对俄国的影响，而恰是这一点，加上早在 1917 年前俄国军队的分化，构成这一事件的近因，正如弗洛林斯基(M. T. Florinsky)在《俄罗斯帝国的终结》(The End of the Russian Revolution)中所展示的那样。事实上，或许还有其他原因导致了后来那场革命，但 1917发生的真正原因在于战争形势，正如马克思主义史学家波克罗夫斯基认为的那样：没有战争，俄国的专制制度可能会再延续五十年。

　　(2) 史家在解释因果关系时遇到的下一个问题是"充分和不充分的因果关系"。有些情况下，因果之间没有逻辑上的联系，相互之间是不可通约的，也就是说大的张力未必产生相当的结果，或者小的原因会导致大的结果，这便是"不充分因果关系"例证。此处，作为因果关系本质的逻辑必然性出了什么问题？首先，正如李凯尔特指出的，自然科学和历史科学中的因果关系是不同的；[①]其次，因果关系(causa equat efectum)原理可完全适用于定量现象，而不一定完全适合于定性现象。

---

① 李凯尔特：《自然科学概念形成的界限》，第 382、383 页。

显然,定量的等价性与逻辑的必然性是不一样的,而在解释定性的现象时,科学家只要能陈述这种必然性,他就满意了。自然科学如此,历史学更是如此。历史现象从它们的质性方面来看,是个体的事实,因此,不受因果等价原则的干扰,史家也有资格在某些地方找到不充分的因果关系。有句话叫"小因大果",这在物理或化学中毫无意义,但在历史学中却相当正确,它表达了意想不到结果的这类惊人事例:以哥伦布的新发现为例——不是一条通往印度,而是通往新世界的航线。此外,人们不应忘记,有时一种现象的所有原因并不都为人所知,人们很明显地看出这些原因对结果而言是不充分的,也不一定是真实的。

(3) 最后,在历史研究中,所谓的消极原因也起着重要作用。有时,为进一步解释事件,重要的是不仅要考虑在这些事件之前发生了什么,而且还要考虑在这些事件之前没有发生过什么。某些情况的在场或缺席可能会影响整体发展进程。例如,亚历山大大帝帝国的土崩瓦解主要是由于缺乏合法的继承权。由于领袖不在现场而导致大量民众的忧虑,或是关键时刻的失败,都属于同类现象,在历史上并不罕见。

在因果关系的探究中,史家面临着困难,这些困难部分取决于史料,部分取决于他自己的个性。在这个过程中,他经常求助于假设,如果史家的预测受科学的制约,这一方法便非常合理;他的境况并非特别不利,因为任何研究都会碰到类似的困难——在自然科学中也如此,因为假设的运用在那里非常广泛。实际上,当史家在研究某一特定性质的制度并处理其大量信息时,他更倾向于发现起因是什么;比较的方法也将有助于他提出一个适当的假设。但当他必须理清一个复杂事件的原因时,由于偶然因素也会介入其中,他的任务就变得极其艰巨。

其他的困难取决于史家的个性,这就是他的偏见,虽然有更体面的说法,如原则、信仰、观点等。当然,这种主观倾向必须尽量避免,但事实上它们在史家的著作中悄然出现,并在一定程度上产生了影响。这种主观倾向必然会发生,因为史家本身就受到他所处环境的影响。也许他有民族主义感情,也许他属于某个政党,也许他是某个宗教组织的活跃分子。从这些条件中产生的假设,增强了史家的主观性。用培根(F. Bacon)的话来说,即使是著名的学者也有他们的"市场和剧场的偶像"。还记得罗马法学派(Romanists)和日耳曼法学派(Germanists)关于中世纪制度背景的争论吗？或奥拉尔(A. Aulard)学派和他的对手有关泰纳(H. Taine)的关于法国大革命著作的讨论，以及新教和天主教史家对宗教改革的评价吗？这些都不是历史研究中的小问题，在所有这些问题中，所有这些问题都涉及国家、政治和宗教问题——而不是为了弄清真相。

甚至对某些英雄的个人同情也影响了史家的工作：如果尼布尔激赏西塞罗(Cicero)，蒙森就会贬损他。兰克(L. Von. Ranke)因其不偏不倚的判断受到称赞；不幸的是，正如甫埃太(E. Fueter)所指出的，即使这位著名的学者、公正的化身，也并不总是遵循这样的道路。[①] 尽管如此，历史学也并非特例；当看到人类的偏见是如此强烈，足以渗透到任何科学中的时候，史家可以自我安慰。于是，由于民族主义情绪高涨，现代人类学中关于北欧人作用的种族理论，特别是在欧洲国家中，仍然得以保留。这实际上是种可怜的安慰剂；然而，历史学或许应该被原谅——它与文学这门学科联系在一起太久了，无法像其他科学那样较长久地摆脱人类情感的影响。

但是，希望这种情况不会永远持续下去，希望对历史因果关系的探究只以事实和理性为基础，变得更加客观。历史作品中的个人色彩，如作者笼统或详尽的整体观点，对事件感性的或片面的估测，与历史研究的科学目的是不相容的。

但这还不是全部，史家面临着更大的危险。不仅是学者，任何有意识的人，即使从来没有读过一本哲学手册，仍然有他对世界和生活的理解，即他的世界观，这对历史研究的侵蚀是不可避免的。史家的确必须控制这种倾向，但如何控制呢？斐德尔知道它的危险性，急忙提出一个"正确的"哲学概念，实即意味着基督教的世界观。[②] 不幸的是，他进一步的解释只能使读者相信，"正确的世界观"可能会损害史家的客观性。此处他似乎认可了某些误解。斐德尔关于基督教(或其他)的观点，对任何人都适合；世界观对人类行动的意义毋庸置疑。但这种世界观的

---

① 甫埃太(E. Fueter)：《近代史学史》(*Geschichte der Neuen Historiographie*)，慕尼黑，1936年，第175、484页。
② 斐德尔前揭书，第345页。

评判标准是感性的而不是理性的，而且与科学毫无关系，因为科学依赖完全不同的基础。否则，为了一致性，其他的科学，不仅仅是历史，也必须以类似的方式来构建。这实际上是一个世纪前某些科学的要求；现在，科学解放了，为什么历史学还必须要得到它的认可呢？

此外，如果历史应该用一种正确的世界观来解释，那么，那么在苏联或纳粹德国，什么才是"正确的"世界观？这些史家在他们正确的哲学观念，即被现在政府所认可的哲学观念指导下，试图用一种先入为主的理论来解释任何历史现象；如果不这样解释，作品就会遭到猛烈的谴责，而不幸的作者也会被视为政治上的敌人。类似批评的结果可能是受害者被放逐甚至审判，这确实发生在苏联许多著名的史家身上。那些认为这样的描述言过其实的人可以看看波克罗夫斯基的史学著作，这是一种对他以前同事进行审判的真正的工具。[①] 这种方法固然有其内在的逻辑，但却不是一种值得推荐的历史研究方法。

无论政治宣传在现代环境下多么重要，都不能把历史研究与之等同；现在和以前一样，历史研究的基本原则仍然是西塞罗的座右铭："不折不扣地记载历史的真相。"(Ne quid falsi dicere audeat, ne quid veri non audeat historia)没有谎言，完全真相[《论演说家》(De Oratore, II, 15)]。要完成这项任务，需要做很多工作。由于官方大量的谎言困扰着史家，现在要完成这个任务几乎毫无希望。但是怎么办呢？如果这种态度是针对非科学的，而现在历史研究更重要的却是为了利益之争，那最好还是不要去写历史了。

史家决不能被他的观点所阻碍，他必须能够对其他时代的心智、别人的行为动机有亲切的体认，只有这样，他对过去的解释才不会偏离真实。在这方面，他的个人经验对他确实有帮助，我们必须强调这种能力(einleben)的必要性，因为我们很容易忘记它；可以理解，乐感有缺陷的人是无法欣赏音乐这类艺术作品的；但有类似宗教情感缺陷的人，仍然对宗教运动的起因、形式和"伪形式"做了权威的判断。格鲁普(O. Gruppe)便做了一个关键性的尝试，他是一名无神论者，编写了一

---

① 波克罗夫斯基(M. N. Pokrovsky)：《历史科学与阶级斗争》(Historical Science and Class Struggle，俄文本)，莫斯科，1933年。

部详尽的有关希腊宗教的论著，其中呈现了所有的一切，但除了希腊宗教的本质。

诚然，史家在探求因果关系时，碰到了许多障碍；但他并不能逃避这个责任。为此目的，必须设计各种方法的组合。梅耶松没有过多地论述历史解释的这些特点，他只强调其逻辑性；这是不够的，因为正如李凯尔特所说，应用于自然科学的因果律（kausalprinzip）和历史科学的因果原则，二者是有区别的。这一原则应充分适用于历史现实：历史上和任何地方一样，无因便无果。但历史的联系，或相互关系（zusammenhang）是一种特殊的类型："此处的因果关系必须理解为是非常个体化的存在。"①拿破仑一世逊位于 1814 年 4 月 4 日这个事实当然自始至终都是有条件的，但没有"因果规律"可以解释它。按照梅耶松的定义，因果关系更不是一种"盲目的必然性"。而且，这一系列事件也有其内在的联系，最终结果的必然性有待解释。

偶然性，定义及其重要性

但是，有一个因素制约着因果分析；这便是偶然性。正如贝尔在《历史综合》中所表明的，偶然性是一个有几种含义的模糊概念，其中最粗俗的含义是与因果解释相悖的一些事实。历史与偶然性这个含义无关；其所有的现象都是某些原因的结果，在这个意义上与自然现象并无不同：例如水在摄氏 100 度时煮沸是"必然的"，但拿破仑一世在俄国被击败也并不仅仅是一个"纯粹的偶然"（目前，众所周知，遥远的距离和俄罗斯寒冷的冬天并非造成这一现象的主要原因）。正如庞加莱所认为的那样，我们所说的偶然性可能只是我们缺乏知识，或者像李凯尔特所说的那样，我们把不重要的称作偶然性。从这个意义上说，偶然性证明是一个科学概念，史家至少应有条件地在他的工作过程中承认这个概念。但是，当这个条件消失了，也即当所有的因果关系都为人所知，或者当只考虑具有历史意义的事实时，这个概念就没有空间了。

这种解释虽然对历史科学非常关键，但却与历史实际不相符合；

---

① 李凯尔特：《自然科学概念形成的界限》，第 376 页。

偶然性因素不能被搁置于历史学的后院里,因为它具有客观意义,史家必须客观地对待它。这个问题已经被法国老一辈思想家库尔诺(A. Cournot)澄清了,他的原创性作品直到最近才受到人们的赏识。他指出,某些历史事件是从属于其他事件的,某些历史事件是各自独立的;在解释一个复杂的现象时,比如法国大革命,史家可以找到这个事件的普遍性原因,即使没有革命这些原因也起作用,同时也找出它的独特原因,这一点塑造了革命为什么会这样发生。史家的职责是理顺这种结合,以此理清什么是必然的,什么是偶然的。但后者的存在是如何可能的呢?库尔诺认为:"几个系列相互独立的原因和结果,它们同时交叉并产生某种现象……我们确定这是偶然性事件。"①这个实用的定义,与我们在令人困惑的历史发展中所能观察到的情况完全相符。

此处清楚地显示了拉孔布(P. Lacombe)所说的人在历史活动中的"三重封印":普遍的、暂时的和个体的,而个体与历史的本质密不可分,它是历史"偶然性"的原因。个人的行动不仅取决于时空条件,而且还取决于许多其他的条件,这些条件组合在一起便产生了一个历史事件。因此,偶然性侵入了历史领域以至损害了其科学的建构,由于要区分必然性和偶然性,解释事实的任务就变得极其复杂。

"运气"的成分在个人命运中尤为突出。这句话不仅适用于"大街上的普通人",因为他们的生活最具偶然性,而且也适用于伟人的生活。的确,在拿破仑的一生中,他曾多次受到命运的垂青;他成功了,因为他遇到了像巴拉斯(Barras)那样有影响力的人,相反,他可能不止一次遭遇失败,甚至像罗伯斯庇尔倒台那样而灭亡。拉孔布认为:"个人的性格和精神在一定程度上决定了他的命运;但在特定情况下遇到的其他人也起一定程度的作用。"②这种观点与人类的思维相抵触,此处试图根据天意或人的长处,把偶然性的作用降到最低。前者是一种超验的解释,它建立在一种史家无法控制的信仰之上;后者也不令人信服:确实有一些"不知名的弥尔顿",他们由于处境不利而无法施展其才华。

---

① 库尔诺(A. Cournot):《论科学和历史基本思想的连贯性》(*Consideration Sur la Marche des Événements Dans les Temps Moáernes*),巴黎,1872 年,第 1—4 页。
② 拉孔布(P. Lacombe):《论作为科学的历史学》(*De L'histoire Considerée Comme Science*),巴黎,1930 年,第 257 页。

在这个问题上，希腊人的观点比我们的更现实：他们给偶然性冠名以
女神堤喀(Tyche)，在希腊化世界里获得了充分的认可。

不仅杰出的个人，而且重大的历史危机，如革命，它们似乎自始至
终都受到先前发展的制约，但并非全无偶然性因素；瑟诺博司能够对这
个问题作出权威的判断，他认为19世纪最重要的三件事：1830年革
命、1848年革命和普法战争仅仅是"偶然事件"。

因此，偶然性在历史中范围很广；然而，至少在假设的情况下，难道
不可能假定在不同的社会和精神现象的发展中，存在着不同层次的必
然性(或偶然性)？由更迫切的动机所产生的事实也更具有确定性，因
此，经济事实比科学发明更容易得到详尽的解释，因为在科学发明中发
明家的个性太重要了。同样，制度史中的偶然性就没有战争史中的偶
然性那么多，因为关乎战争成败的原因太多，而且总是出乎意料地互相
交叉。如果可能，对不同层次的必然性的估计将是一个极为重要的问
题；历史科学本身的价值在很大程度上取决于对历史过程中必然性与
偶然性关系的客观正确认识。当我们忽略掉那些微不足道的偶然性，
逻辑在社会存在中的作用就会得到更好的体现，贝尔认为："世界最深
层的意义，只有逻辑因素可以解释。"①

---

① 亨利·贝尔：《在总体史的边缘》(*En Marge de L'hisloire Universelle*)，巴黎，1934年，第10页。

第六章　历史因素

原因、动机和条件

因素和事实是相互关联的概念，正如这个词本身所表明的（拉丁语中，因素作 qui fecit，即谁做），这里意味着原因和结果之间的关系，因此没有理由把因素的概念限定在普遍条件的陈述，即导致某些事件发生的普遍条件，有时人们认为这个概念只有这层意思。然而存在一种更不可取的，而且现在并不被认同的倾向，史家将某个复杂现象中的一些因素确定为这个现象的背景，即它的普遍条件，而忽视它的直接原因。比如说，在陈述基督教的起源时，考虑那些最普遍而又非常遥远的因素，诸如希腊哲学、犹太教以及帝国崇拜，而这样的现象只能由尽可能接近事件的个体因素组合来解释；否则，这些因素和事实就会脱节，援引这些因素就什么也解释不了。

因此，对于历史因素，首先要根据它们与事实本身的联系进行分类，然后再根据它们各自的特点分别加以分类。从这个角度出发，首先要区分作用因（causae efficientes）和目的因（causae finales），即直接产生某种物质效果的原因和决定人的行为的原因。第一类是物理原因，如城市的毁灭、人被谋杀等，第二类是迫使人行动的动机。试图重建一个事实的精神形象的史家，尤其要研究事实背后的动机。当他考虑看似物理事实时，如破坏或谋杀，他与其说是对这些事实的外部方面，不如说是对其背后的动机感兴趣：征服者或凶手的目的，而不是他们如何破坏或死亡，才是更重要的。

的确，有些地质现象会干扰历史的发展，如洪水或地震，这些都是纯粹的作用因；但是，史家并不经常观察猛烈的自然灾害，尽管这些自然灾害呈现出一定的规模，影响历史的进程，从而变得重要。生物学现象，如一个民族的营养或在某时段内人口的增长，也可能反映在历史的进程中。例如，中世纪饮食中香料的缺乏，或19世纪欧洲人口的增长，这些现象很重要。然而，如果史家试图用类似的因素来解释特定的历史事件，比如十字军东征或普法战争的起因，这样的解释将会更加玄奥而不明智。毕竟，由于人的活动是自然现象的一部分，史家必须考虑自然原因，但它们在人类活动中的作用比人为因素的作用更为有限。[①]

从作为目的因的人类动机来看，促使这些动机具体化而设计的方法是不同的。有些或许会被看作是次要动机，重要的是要知道它们在多大程度上促成了主要问题。一场战斗的结果或改革的效果，很大程度上分别取决于战前的部署或改革前的准备，这些促使史家讨论军事或政治领袖为了预期的成就、胜利、成功，所采取的措施是否充分。

这些生理上和心理上的原因，以及主要和次要的动机，都或多或少直接地带来一些影响。可以假定这些因素和事实之间存在着一种内在的凝聚力，史家的任务就是以最具体的方式追溯这种关系。为此目的采用什么方法将俟后讨论。除了这些因素之外还有一些因素，它们离事实较远，并不能直接形成这些事实，但能使事实有可能发生，这些都是历史条件。[②] 人类的一切活动，无论是集体的还是个人的，都在某种自然或人为（人所创造的）的环境中发生。众所周知，地理条件如毗陵的海洋，多山的村庄，良好的河流系统，肥沃的土壤，决定了一个民族的发展；同样，气候条件在一个国家的历史中也很重要："人文地理学"的创始人将这些影响视为对人类事务具有决定性的意义。然而绝不能忘记，在这种讨论中人类本身因素的作用也不容忽视：人类为了自己的利益能改变不利的自然条件，就像希腊人改变他们贫穷的小国，或罗马人在北非的沙漠中取得了成功那样。这些不是原因，而是人类发展的自然条件。人类社会，连同它所有的制度、思想和价值观，是一种人类制造的环境，环境使人类的行动成为可能，因此它必须被视为一个历史

---

① 冯特(W. Wundt)：《精神科学的逻辑》(*Logik der Geisteswissenschaften*)，斯图加特，1921年，第44、45页。

② 斐德尔前揭书，第301—305页。

事实的条件之一。史家,特别是从事近代史研究时,主要研究社会环境的影响,而自然环境的影响则仅在早期更为重要。一些民族学家坚持认为,所谓的适应环境并不排除人的行为对环境的作用;他在这方面的力量越来越大,而史家的兴趣就在于人的创造性劳动。

斐德尔还区分了条件(bedingungen)和机会(gelegenheiten):前者使某一事件的发生成为可能,后者只是促进事件的发生。两者之间并没有本质的区别;所有的条件都可能促进或阻碍一个事件的发生,而机会只是更有利的条件。因此,政府的软弱可能会加速革命,但不会产生革命;也许与一场不愉快的战争有关的其他因素,才是事实上的原因。

历史因素的分类: 拉孔布、博学的史家 (地理、民族、人口、社会、心理因素)、贝尔的分类

现在让我们来考虑一下历史因素的特殊性。从历史要素的特殊性出发,最初对历史因素的分类做过尝试的是拉孔布,他的关于作为科学的历史学的旧著最近已再版。在他看来,历史学作为一门科学,关注的是事实之间的相似性,而不是它们间的差异性,因此,历史学必须探寻普遍原因。人类作为历史研究的主要对象,必须从三重属性研究他的活动:普遍的、暂时的或个体的;任何历史事实都具有这"三重印记"。只有拉孔布通过其精神显现所考察的普遍的人,以及确实存在于时空中,暂时有所行动的人,才可以作为科学研究的因素;至于个体的人,他的活动是随意的,难以给予科学的解释。从这个意义上说,只有普遍的和暂时的人的活动才是真正的历史因素。[①]

那么,这些因素的本质是什么? 普遍的人具有某些他想要满足的需求。虽然人最根本的需要是精神上的,但在实践中可以视为迫使人们行动的外部力量,正如拉孔布所强调的那样,这些人始终固有的内在力量是历史中最重要的因素。这些需求有些比较迫切,有些不那么迫切,而它们的历史作用尤其取决于这种紧迫性。从这个角度出发,这些

---

① 拉孔布前揭书,第5—8、12、13页。

因素的排序如下：首先一类需要是衣、食、住（经济类）；对尊重的渴望和对轻蔑的恐惧也影响着人类的行为，它们是特殊的需要（honorifique）；人们希望满足性欲和繁衍的需要（生殖）；同情感，可能会转变成憎恶感，可能是这个序列的第二项，是许多制度的根源，其中首先是家庭（同情的需要）；这个序列的最后是艺术和科学，也就是说，它们的紧迫性最弱。为了证明他的历史因素理念的实用性，拉孔布回顾了历史上各种熟悉的制度，并试图把它们解释为这些基本需要的表现（第六章）。

同一群体的制度有共同之处，但它们的历史形式并不是一成不变的：这些变化是在外部环境的压力下，暂时的或历史的人的行动所造成的。史家必须研究这些环境，因为它们才能被科学方法所把握。这些环境尽管是外在的，然而当影响到人的心理时就会变得明显起来。历史的人在时空条件下，能够改变某些制度及其"形态"从而成为历史研究的对象；然而，他不仅被动地被诱导去行动，而且还主动寻求能激发他情感的东西；这便是财富、道德、智慧。因此，历史上的人或多或少是富有的、道德的、聪明的，这些因素构成了他的文明。① 首先是文明程度，然后是制度模式——这就是拉孔布研究历史因素的计划。顺便一说，此处他对标准作了一些有趣的评论，根据这些标准界定某个历史时期的文明程度，这些标准即财富、道德和智慧（第八章）。

这是基于自然主义的科学概念对历史因素的分类；历史学研究个体行为所产生的差异，它不再是一门"科学"，而通过介入偶然性来解释历史事件只是"博学家"的任务。不仅如此，即使是批判历史叙事的"新史学"学派，也不会接受这种简单化的历史，专业的史家也不会获益于这种分类，特别是，他不能用拉孔布的方式对待普遍的因素。如果说制度之所以存在，是因为它们背后有"需要"——这对史家来说毫无意义，用这种方法只能得出与同义反复相同的概括。要了解某种制度的特殊性质，史家不仅必须考虑这种制度的基本需要（这种解释没有什么意义），而且还必须考虑更复杂的动机，这种动机促成了制度的实际形式。此外，我们不可能把制度和事件之间的区别建立在假设后者是偶然产生的基础上；众所周知，在研究制度时仍然不能忽视个体因素。所以，

① 拉孔布前揭书，第 131、135 页。

恺撒的君主制和奥古斯都的元首政治都由共和国的衰落而导致,但在寻找一个新的政治模式时,却最终由这两位领袖的个人意志而定型,爱德华·迈耶很好地证明了这一点。

这些太笼统的因素——如拉孔布所说的"普遍的人"——史家不应过多地援用。史家更关心这位作者所说的"暂时的人",或者纯粹的历史因素。在上述的例子中,制度只不过是一种环境对人的作用(外部影响)和人对这种影响的反应(物质追求)。此处,必须用比拉孔布更具体的方式来检视历史因素。

为了实际的目的,需要一种更具经验性的分类,这在历史书写中确实存在,不管它有什么缺陷。这个分类从外部因素到内部因素。[①] 但并不是说前者比后者更重要,反之亦然。事实上,不能将它们看作是孤立的,它们是结合在一起的,优先讨论某些因素对历史研究并没有太大的促进作用。价值程度不等的假设形成了,同样有说服力的其他假设或许与之完全相反;到目前为止,某些国家的历史解释只有在警察的支持下才战胜了其他的解释——现代历史书写无疑是多元化的。

(一)属于第一类的历史因素,即那些与自然影响有关的。这些影响确实应该由史家来估测,但不是用巴克尔(H. Buckle)简化历史的方式;史家不应假定某些因素的影响,而应调查具体情况,以证明这种影响确实存在,如加德(A. Jardé)在《希腊民族的形成》(*La Formation du Peuple Grec*)所做的那样。否则,它将只是一本书的一个章节,而不是发展的一个环节,这种情况经常发生:只要参考大量以"地理环境"的图片庄严地开始的摘要就足够了。

在这些外部因素中,史家要尤其关注地表(岛民或山民的特点)、水的分布(河流和海洋文明)、气候条件(记住异国的历史)、自然资源——经济史上非常重要的一个因素(动植物在游牧民族生活中,以及矿产资源在资本主义发展中的作用)的影响。人类无法逃离这些作用的影响,但他自身作为一个动因,可以改变这些影响,也即人化的自然。地理因素并不是施加于人类的宿命;大自然赋予了人类可以利用的各种可能

---

① 伯伦汉把这些因素分为物理的、心理的(个人的和社会的)、文化的,并分别做了讨论(见氏著前揭书,第五章第 4 节)。

性。环境与其说是人类发展的原因，不如说是母体，在费弗尔看来，人类发展的根本原因在于人类自身及其本性。[1]

（二）仅次于地理影响的似乎是由民族因素造成的影响。它绝不能被理解为一种过时的或出乎意料的现代种族主义理论，也绝不能被理解为一种由冯特构建的、长期以来一直遭人怀疑的民族心理学（völkerpsychologies）。

皮塔德（E. Pittard）认为，如果环境、遗传等物理影响在民族起源中起作用，那么其功能是"史前的"，而且这种影响正在逐渐减少。保留民族的相同因素促成了民族的变化，而民族也远非固定不变。同样，一个民族或部落的民族特征与其说是历史的因素，不如说是一种受历史制约的现象，因此多里安人和约尼亚人之间的显著差异并不是天生的，而是由于历史环境在相当晚的时期形成的。然而在最早的时期，由于大规模的迁徙，这些民族曾杂处并混合，而这一过程以持续不断的力量进行着，因此，现在欧洲已经不可能说有"纯民族"了。

民族学因素的历史作用始于迁徙群体对定居民族冲击那一刻，从而产生了有时是民族的、有时是文化漂移。因此，不同民族之间的各种关系引起了史家的注意：征服、殖民、移民、欧化等等，都是"侵略"及其后果的改变。这里并不是说这一进程仅仅是由于暴力，也不是说这种现象与军事史有关。民族之间的任何互动都是可能的，并且确实存在，而且是和平的文化间的互动，而许多看似内部的变化，例如一个民族的崛起或衰亡，应该用类似的因素来解释。还记得罗马或西班牙帝国，这难道不是一种"蛮族化"吗？正如罗斯托夫采夫（M. J. Rostovtzeff）所指出的，这种蛮族化动摇了前者的基础；而如梅里曼（R. B. Merriman）所描述的，什么原因造成了西班牙的衰落？显然，民族因素在历史研究中很重要，但对它的正确解释（不是种族宿命论意义上的理解）是必要的。

一些人类学家认为，民族因素的作用取决于一个民族领土的扩大和人口本身的增长。然而，这些并不是这种均衡的唯一要素；人们对其所处环境的文化适应也具有重要意义，它可以抵消那些因素的不利影

---

[1]　亨利·贝尔在前揭书的第一部分第四章（尤其是第 69—73 页）中讨论了环境的作用。

响。这个例证便是数量虽少但充满活力的国家,它们能够抵御外来入侵,如荷兰反抗菲利普二世(Philip II),或波希米亚抗击德国的"东征"(drang nach osten)。根据摩尔根(J. de Morgan)的理论,在远古时代,似乎存在着流进流出的人类蓄水池,有着周期性的侵入和退却浪潮——一种民族间的互相渗透。这个观点也许可以很好地应用于现代社会,就像舒曼(F. L. Schumann)在国际关系领域所做的那样。即使在古代的迁徙中也必须考虑到心理因素[拉采尔(F. Ratzel)称之为"对空间的渴求"],现代的入侵更是如此,冒险精神在十字军东征或西班牙的大发现中都有所体现。

(三)史家可能会从另一个角度来考虑人类学材料,即当备受争议的人口因素介入时。人口的增加对历史发展的影响经常被强调,例如,古代世界的衰落便归因于这个因素。所以,海特兰(W. E. Heitland)在《罗马的命运》(The Roman Fate)一书中指出,这种衰落的主要原因是领导阶级的消失,因为他们未能繁衍后代。19世纪欧洲人口的空前增长对欧洲内外的许多发展(社会革命、殖民扩张)产生的影响也值得注意。尽管如此,关于这一因素重要性的最终判断必须暂停,因为也有可能表明,人口现象反过来也受到历史的制约。因此,俄国人口的巨大增长也许是由农村土地所有制的公社制度所促成,而法国中小型财产农民的分散则是该地区人口增长缓慢的原因。

人口增长是一个复杂的现象,其构成要素的变化彼此并不相似。这取决于出生率、死亡率和迁移率;欧洲人口的增长与19世纪上半叶的高出生率和下半叶的低死亡率有关,而海外移民在第一阶段很少,在第二阶段增长。史家不应忽视这些差异,而人口因素的问题也不应过于简单化。从历史的观点来研究人口,如布洛赫(J. Beloch)为希腊罗马世界、或凯瑟(E. Keyser)最近为德国所写的《人口史》(Bevölkerungsgeschichte)是人们所期望的,但由于材料缺乏,这类研究往往困难重重、甚至是不可能的;对欧洲来说,人口统计数据自19世纪以来才有,1823年以来有了《哥达年鉴》(Almanach de Gotha),1863年以来有了《政治家年鉴》(Statesmaris Year Book)。

(四)人类对自然环境主动和被动的适应,创造了人类社会,人类社会是人为的环境,而这个环境是第二类历史因素。社会创造物质产品、社会制度和文化价值,并据此区分历史因素。当历史地考察这些因素的影响时,不能抽象、而应尽可能具体地看待。这种具有特定时间(和空间)特征的因素组合,就是其历史环境(德语作 Umwelt)。泰纳将这一概念引入历史科学,并以其理性主义精神,将其用来分析导致1789 年革命的 18 世纪法国的环境因素。每一个体、群体、国家、人民都完全或部分地是其时代的产物,基于这一思想的方案卓有成效;但要理解这种环境的本质并不容易,历史作品中充满了对"时代精神"的重构,这种"时代精神"虽然用大写字母书写,但却只代表了作者自己的精神。

(五)自然环境和人为环境的因素与其说是历史现象的原因,不如说是历史现象的条件;史家更关注的是直接原因,即人类行为的各种动机,这些动机构成了第三类、也是最大的一类历史因素。这些因素具有心理学、精神病理学和心理生理学的性质。虽然史家的主要兴趣在于深入研究个人或群众的动机,即他们的意志,但也必须考虑他们的普遍心理,因为它影响着人类的行动;这种心理要用个体和社会心理学的方法来研究。实际上,史家只研究这种心理的某些因素,而这些因素往往与动机相纠缠,加强或削弱了动机。

至于说到心理因素,在感官领域中最重要的是激情和情感。并不是说它们必须特别强烈或盲目才能引起史家的注意。在历史发展中,有平静的情绪也有强烈的情感,任何一种同样有效;有持续的倾向也有盲目的情感,二者同样重要。[1] 与它们相比,智力似乎起着次要的作用:理论家们尤其是其中的教条主义者,罕有能在史学上取得成功的。当前,根据我们最近的经验,在历史唯物主义盛行之时,兰克一直坚持而后来不知为何批判的"理念"(此处没有形而上学的实体论的意味)或许不容否认:只要记住摧毁三个欧洲君主政体的革命理念,或当前法西斯主义与共产主义间的斗争,就足够了。然而,必须注意的是,这个"理念"并不是智力的脆弱创造物,它渗透到许多其他的动机中,心理的、社会的、物质的;它们以特殊的态度、符号和情感显示自身;它们有

---

① 有关这一重要主题的讨论,参见巴恩斯:《心理学与历史》(*Psychology and History*),1925 年。

血有肉,因此成为最强烈的原动力。

　　除了心理因素(包括变态心理)外,生理因素在历史上可能也很重要,但其影响无法追溯。像往常一样,这个问题只是笼统地讨论健康、疾病、衰老、疲劳等对人类行为的影响,而史家不能从中获益。然而,生理因素在生理学理论中变得更为重要。一个民族的营养、人类行为的腺体基础,将有助于史家更明智地解读过去的重要事件;梅毒、肾炎、消化不良、动脉硬化等疾病,也许是创造历史的许多行为的原因。

　　将历史因素分类为地理、民族、人口、社会、心理、生理等,完全是经验主义的,从历史综合的观点来看是有缺陷的。人们希望有一种更有条理的、不那么宽泛的分类,就像亨利·贝尔所提出的那样,他区分了社会发展中的三个基本界限:必然性、偶然性、逻辑性。① 社会存在着某些由制度满足的必然性;它们对应着不同的社会功能——政治的、司法的、道德的和经济的。但社会不会思考;智力、宗教和审美的发展取决于个人的能力,尽管这些能力也可能社会化并在制度中表现出来,尤其是在宗教方面。

　　偶然性在社会的发展中起着巨大的作用,它涵盖了大量的事实:偶然性事件、具体的个人行为、由于时代原因而产生的集体倾向、在某种意义上甚至是地理和民族的状况。逻辑因素也很重要;它是创造性的,因为它是一种存在的趋势,它推动着社会的内部和外部;德国哲学家以理念(Idea)的名义认识并滥用它;人们可以从反响、复兴、扩张、帝国主义等现象中找到它。

因果关系的建构及叙述

　　到目前为止,我们讨论的是关于因素的分类;现在让我们转向它们的建构——史家比任何地方都更容易使自己陷于危险之中的一项操作:为了解释一个事件,他必须找到一个真实而非虚构的、有意义的因素组合,这样的组合往往远离事实。在这里,历史环境这个概念确实很有帮助,因为其假定每一个体和制度都是这个环境的产物,它们的特征

① 亨利·贝尔前揭书,第7—11页。

不仅受到特定时代(unwelt)的而且也受到以往时代(vorwelt)的影响。没有史家会质疑这一原则的有效性,但必须通过具体的方法,把这一原则用到具体史料中。

正如李凯尔特所正确指出的那样,无论一种环境的影响是什么,它作为一种现实,与其他环境是不同的,正如任何一个人与其他人不同,他与特定环境的关系也具有特定的性质。当然,这不仅对任何当下的环境,而且对个体和过去之间的关系,也应以同样的方式来看待。李凯尔特认为,"历史将始终把现在的环境(unwelt)和过去的环境(vorwelt)看作个别的原因,其影响也必须分别研究"。[①] 当历史环境证明只是抽象概念,而不是历史因素的真实组合时,它就无法解释任何事情;在这种情况下,它只能表明史家所掌握的材料不足以理解一个复杂的现象。因此,史家所提到的"时代精神"或"民族精神",正如特勒尔奇已多次提到的,只不过是在表明他的无知。

因此,这些因素的组合必须符合事实;然而,它并不是一种已给定的现实,而是由史家来复制和构建的现实。为了完成这一任务,他采用分析和综合的双重操作:从一个复杂的现象 E(事件)出发,将其分解为 a、b、c……元素,并试图通过环境 C(原因)的影响来解释每个元素;在这里,他的确不能把这些影响作为一个整体来把握,但他重新发现这个环境 C 里的某些 α、β、γ……元素,分别与 a、b、c 有因果关系。还必须指出,有时他未能发现某些元素的这种特殊依赖性。经过这样的分析操作后,史家继续进行第二项任务:把元素 α、β、γ……建构成一个整体,他必须验证建构的真实性;在这种综合操作的结果中,有可能找不到某些因素,这种情况下,这些不存在的因素可能被认为是无效的。这种方法的一个很好的例子是贾西(O. Jaszy)的著作《哈布斯堡王朝的瓦解》(*The Dissolution of the Habsburg Monarchy*),他在书中理清了造成这场灾难的众多原因,将它们归到不同的类别及其因素中,并对每一类别的因素做了综合描述。

为了使某些因果关系更加直观,佛罗伦斯(P. Sargant-Florence)在其著作《经济学和政治学中的统计方法》(*The Stastistical Method in*

Economics and Political Science)中提出以系谱树的形式表示因果关系。在此,有些成员间的关系是嫡系并直接的(父母—孩子),这里有些是嫡系但间接的(祖父—孙子),有些是直接但不是嫡系的(表亲)。一个大家庭的系谱树显示的这一切,可以很好地用来构建一个复杂的社会事实的原因和结果,例如工业国家的失业问题(见第 181—183 页的表格)。确实,这是完全允许的,因为系谱树的成员之间也有因果关系。然而,在历史事实中观察到的因果关系与系谱树的因果关系并不相同。有些事实是由多种原因造成的,而儿子只有双亲;那么,一个族谱树的成员在不同地方的重现是非常罕见的,但在历史上,因果相互依存的情况却相当频繁。

　　正如佛罗伦斯所指出的,存在几种这样的相互依赖:(1) A 是 B 的原因,但 B 又产生了 A(本身的相互依赖);(2) 在 A 的结果链 B、C、D……中,出现了 A_1——这个结果可能是与 A 相比是累积的或补偿的(环境依赖);(3) A 是 B 的原因,C 是 B 的结果,但 C 是 A 的对立面(反依赖关系)——所有这些区别对史家来说都是必不可少的。在一项涉及许多似是而非的原因和结果的计划中,如失业的情况,必须把那些相互联系的(或—或)与补充的(和—和)区别开来——这对于个人来说很重要,他不会把纯粹的假设和确定的事实相混淆(见第 186 页表)。这样一幅画布,除了使我们的呈现更直观,有时还能使史家发现新情况中的新因素,否则这些因素可能会被他忽略。

第七章　历史假设

假设及其证明，在历史研究中的必要性及运用

大致说来，科学操作可以归结为"事实"和假设。事实或简单或复杂，有时复杂得像历史人物或人类群体；真正被给定或被假定为给定的事实的特征是它的固定结构；固定结构确实是构成科学的"材料"。这并不意味着，历史学所依据的事实的性质是不容置疑的；有时对历史事实的陈述只有一定程度的确定性，特别是关于历史因果关系；这里重要的是科学过程的最终产物，这便是史家重视"原始材料"的原因：他只能借此获得"确凿的"事实。

但有时科学家并没有那么明确的目标，当他提出理论、类比和假设时，故意悬置了最终的判断；此时他便踏上了假设的路途。正如逻辑学家席勒(F. C. S. Schiller)所言，假设有资格充任"处理原材料的工具，并且是科学发展的手段"。[1]

对事实本身而言，假设什么也不能确定，但它们必须有助于事实的确定，因此需要进行相应的检验。如果假设被其他事实所证实，并且就其本身而言，扩展了我们的知识，那么它们在科学上是适用的，我们称之为"正确的"；如果假设与某些事实相矛盾，就证明是"错误的"，而且不需要固执坚持，否则将妨碍进一步的探究。假设的价值与任何工具一样，取决于它们的效用。

假设在任何一门科学中都起着相当重要的作用，在历史科学中尤

---

[1]　席勒(F. C. S. Schiller)：《逻辑的运用》(*Logic for Use*)，伦敦，1929 年，第 386 页。

其如此。特别是对史家而言,他从不局限于仅仅记录事实,而是与任何科学家一样处于同样的境地。那种认为史家必须汇集所有的事实并对其展开探究的说法,属于无稽之谈,因为史家实际上只是选定与事实相关的那些事,不是全部事实;那些选定之外的事实,或许不会进入整个研究过程,而以后可能会发现新的重要事实。因此,事实与假设的相互作用在任何科学中都是不可避免的。

但问题是如何运用这一思维工具,而不至于陷入无用的推测中。这种风险,可以通过同时、或至少是连续地坚持几个假设来避免;科学家仔细思索出几个假设,必须在检查它们的确定性之后,在它们之间做出选择。实际上,这种可能性是有限的,而且在大多数情况下,当一个问题有争议时,会有两种对立的假设。这样一个过程似乎并不能充分保证结果的确定性,但实际上并非如此。一种假设可能很巧妙,因为它确实解释了一些数据,但同时又掩盖了其他数据;因此,假设的多样性是科学研究的优势,而不是局限性。正如席勒所总结的那样:"那些只从绝对的确定性出发才会起步的思想家……不可能、也不会有新的发现"。① 当史家研究西欧殖民地或农奴制的起源,或是中世纪封建制度或城市的开始时,如果他想从一个毫无疑问的起点出发,他便会处于这样的境况。

由此看来,假设的证明总是竞争性的,而不是一成不变的。选择在现有证据引出的几个假设中展开;但随着研究的进行,可能会发现改变或破坏这些证据的新的事实,而一个新的假设必须符合这些事实。我们不能指望这种含糊不清的情况会消失。绝对真理只是一种假设;事实的范围永远不会被穷尽,某些事实一定会持续地不一致,有些假设永远不会被证实。历史上一些争论不休的问题,如唯物主义或唯心主义,或个人在历史上的作用,都属于类似的假设。

因此,证据总是处于累积之中。研究始于不确定性,用数量有限的事实和尝试性的假设来解释它们。当证据在数量和质量上变得更加可靠时,假设就会变得更加明确并转向理论。当其中一个似乎比其他更有可能,因为证据的平衡对它有利,它会被认为是一个"真理"。在这方

---

① 席勒前揭书,第397页。

面需要指出的是,当一些证据似乎确实有缺陷,立刻并全部否定某些假设是不可取的;只要那些假设没有蒙蔽学者的眼睛,它们对科学的进步并不是完全无用的。一个错误的假设有时会起到有益的作用,例如德·罗西(J. B. de Rossi)关于基督教社区被罗马帝国以"穷人社区"的名义合法化的假设,或老一辈俄国史家[索洛维耶夫(S. M. Soloviev)]坚持宗族制度在古代俄国占主导地位的理论。正如后来所证明的那样,这些假设本身是错误的,仍然大大促进了相关问题研究的发展。需要再次重申的是,假设不是科学探究的产物而是工具,学者不应毫无必要地坚持某些假设。

有些史家对这个工具的使用相当谨慎;他们认为,历史的主题是如此复杂、模糊,史家不需要恶化自己的处境;他们希望以更开放的心态对待材料,只研究事实所教给他的东西。这是某些伟大的史家的态度,如古朗治坚持研究文献且只研究文献,并自诩不做任何解释;然而,这种态度是站不住脚的,正如古朗治自己所做的那样:不仅提出了假设,而且有些是片面的。①

史家在实践中求助于假设,假设的形成在他们的工作中是不可避免的。首先,像用海绵清理石板那样清理自己头脑的史家,在现实中并不存在;像往常一样,他向自己的主题进发,倾向于对事实进行某种解释,如果他能控制自己的偏好,这就足够了——但先入为主的理论频繁地使他对事实告诉他的内容视而不见,他被迫强行调整他的历史建构。因此,如果史家从某些假设出发,那就不必指责他;但当他对其中一个假设似乎有"亲子之爱"时,他的研究便会受到损害。

历史建构工作还会遇到其他的一些无法克服的困难,便只能求助于假设。历史事实是独一无二的;相似的事情可能发生,相同的事实永远不会发生。那么,如果事实本身不再重复,史家研究的只是对事实做一次或几次观察,正如史学批评所揭示的那样,这些观察远非精确;如现代史家[比尔德(Ch. Beard),贝克尔(L. Becker)]所指出,以及汤因比(A. J. Toynbee)最近在其广博的《历史研究》(*A Study of History*)中强调的那样,历史真理的有效性是相对的。就最好的情况而言,事实、

① 亨利·贝尔前揭书,第156页。

特别是一个复杂事实的某些细节,仍然是未知的,需要重新建构;就最坏的情况而言,有些事实根本就没被记录下来——因此,如何才能找到关于它们的"真相、全部真相"?史家在此时必然运用假设。

此外,史家对某一事实做心理学解释时,他假定了人物性格在任何时代和地点的同一性。诚然,古代人和现代人之间实际上在这方面存在着差别,但这种差别与其说是定性的而不如说是数量的。否则,如果古人的思想、感情和意志与我们有根本的不同,史家又如何能深入到他们的内心?然而,事实上他还是这么做了。艾伦·约翰逊(Allen Johnson)否认"人类本能或后天形成的意识过程发生了任何明显的变化",但他承认现在"人们的敏感度比以往任何时候都要高得多"。[①]

这里,他指的确实只是"历史时代"——人类发展的短暂一刻。但即使对这短暂一刻间个体在特定境遇里的心理状态,也很难提出一个完整的设定。为了把握这些区别,虽然史家对一个人的量化研究的结论可以再计算一次,但性格的确定不是再计算一次就行了;如前所言,洞察一位同时代杰出人物的性格,是传记作家难度最大的地方,而对个体的刻画,最终也不过是一个成功的假设——于是,同一个人的传记也会有所不同。

最后,史家又假定承认历史的连续性;当然,这种假设的必要性可能有争议,如柏格森在分析事实时认为事实是不连续的;从经验上讲,它仍然解释了许多历史事件。要重建事实上并没有给出而只是我们假定的连续性,假设的工作是必不可少的,它在解释过程中发挥着最重要的作用。特别是关于"历史群体"这个概念,概念本身就假定了要素之间的一种凝聚状态,这种凝聚力在许多情况下表现得相当明显;但在其他情况中,这种凝聚力必须被重新检视,一种假设会在工作刚刚开始甚或在结束时,都会介入进来。

因此,如果史家,依照兰克的风格,声明他只想展示"它真正的来龙去脉"(wie es eigntlich gewesen),他不能把自己局限于只记录事实,而且只要根据他的材料(简单的和复杂的事实,个体和群体特征)进行重

---

① 艾伦·约翰逊(Allen Johnson):《史家与历史证据》(*The Historian and Historical Evidence*),纽约,1926 年,第 152、153 页。

构、说明、解释,他总是诉诸假设;毕竟他不是一台没有人类情感的加法机,尽管情感虽然受控制,但仍然会干扰他的工作。

实际上,史家通过归纳和演绎的过程来建立他的假设。当史家遇到一个无法解释的情况时,他首先探究它的细节,这可能使他对所面临的问题有方向感,并有助于解决问题。这样他就能做出一些试探性的推论,在与具有类似条件的特定情况进行比较之后,就能对有关事实作出肯定的解释。经过这一归纳过程后,史家演绎式地控制他的结论,即试图通过一个刚刚形成的假设来解释已经知道的事实;如果假设站得住脚,就成为一个有效的假设,然后可能上升为一个"理论";如果检测失败,它将被抛弃,并被一个更合理的解释所取代。正如约翰逊所描述的,通过对修昔底德(Thucydides)工作方法的考察很好地阐释了这一双重过程。①

这个阐释很有启发性,因为它首先是对军事事件的编年叙述,即一种客观的叙述;其次,修昔底德本人被誉为客观性的典范。因此,从这样一部作品中自然只能期待"全部的真相"。而且,鉴于关于伯罗奔尼撒战争起因的看法不一,作者发现有必要提出自己尝试性的假说——雅典实力的增长——并通过与别的看法比较来证实它,因为那些看法不足以解释他所知道的事实。

史家熟悉的假设有几种形式。由于假设产生于怀疑,所以它随确定性而变化。猜想是假设的第一步;它基于某些考虑,可能被抛弃也可能被接受;它最常用于文本校勘。然后是一个合适或有效的假设,它更具确定性,但确定性程度最大的属于理论,因为淘汰了其他假设。然而我们必须记住,即使理论的意义也只是相对的,它的有效性也仅限于科学研究的现状;这便是许多实用主义史学理论的命运,它们已远去。另一方面,任何假设都不可能达到事实的可靠性,由于保尔(F. Baur)及其学派假定他们用假设重构的教会史便是客观存在的事实,因而陷入了恶性循环。

正面和反面推理

史家有时不仅要假设发生过什么,而且还要假设没发生过什么;因

---

① 约翰逊前揭书,第168—171页。

此，应当区分肯定的和否定的假设，它们分别由正面的和负面的推理形成。

如前所述，正面的推理以连续性原则为基础，这是社会科学不可或缺的；如果忽视社会各成分间公认的凝聚力，即互相作用，就不可能理解现代社会现象——而这正是研究社会的困难所在。我们可以公平地假定，原则也适用于过去的事实，这对历史科学是有利的。然而，由于历史文献的不足，这种连续性还存在着许多缺口，一些缺失的数据只能在假设的基础上展开重建。在这种情况下，虽然连续性不可或缺，特别是在史料支离破碎的古代史中，但史家特别容易陷入完全无用的虚构的脚手架中。

在一种甚或两种情况下，正面的推理是有帮助的。首先，当史家在上述思考过程中提出一个假设，他必须有一定的理由；他对过去的认识或在人际关系方面的实践经验在这里起作用。如果一个学者同时具备这两种品质就更好了：这样的财富使蒙森得以深入到罗马人的生活中。但反过来也有可能——当一个假设完全没有根据的时候；这便是保加利亚史学家泽诺夫（Tzenoff）最近对本民族的古代起源所做的推测，他认为罗马作家有关巴尔干半岛部落的所有材料，都是指保加利亚人。

史家在正面的推理中需要预防的第二方面，便是避免涉及孤立的细节。如果所讨论事实的某些特点与我们的假设相矛盾，那么假设就不符合目的，需要修改，甚至根本否决。瑟诺博司说："我们不是根据单一的症状，而是从一系列同时出现的症状中做出诊断。"[1]这种从孤立的事实、有时是事实的碎片中得出的草率结论，在史前史中比比皆是；此处的理由可能是考古文献的极度缺乏，这使得最微弱的暗示暂时看来是有价值的。

有一点对描述历史群体的特征很重要，那就是要知道这个群体内部并没发生过什么事情，例如在墨洛温王朝的统治下，人民没有定期的集会。对图尔斯的格列高利（Gregory of Tours）的证词这个案例进行反面推理的过程，便是基于默证（argumentum a silentio），然而在使用

---

① 朗格诺瓦、瑟诺博司：《史学原论》，第254—260页。

时必须采取一些预防措施。首先，默证本身不能说明普遍意义。很多重要的事无疑是发生过的，但没有被当时的文献记录下来，它们的沉默并不能证明什么。历史原材料的重心在于撰写者所认为重要的事物；特别是纪事和编年史中普遍存在政治史，而其中却鲜有社会运动；有关上层阶级的资料极其丰富，而除了叛乱之外，却很少能听到人民的声音。这种沉默可得出这样的结论：当时一切都是井然有序，没有人受到压迫，这未免过于天真；尽管如此，这类情况还是屡有发生，瑟诺博司认为"这便是普遍存在的古代美好诡辩论的起源"。

因此，只有当理由充分地认为我们所掌握的材料中提到了所有的事实，或某些事实因其重要性而没被有修史者遗忘时，这种证据才对一组确定的事实有效。图尔斯的格列高利在描述墨洛温王朝时，根本没有提及人民大会，而默证之所以在此处是有效的，是因为编年史撰写者的叙述很详尽，加之事实很重要，人们便可以合理地认为当时并不存在这样一个机构。

作为结论，必须重申：假设不是真理的陈述而是研究的工具，可以产生不同的结果；在工作时应特别注意如斐德尔所列举的，他提供了有缺陷的假设的实例（fehlerhaft）。[1] 这些建议是相当合理的，除了两个例外：他反对为解决一个问题同时提出几个假设，然而正如已经指出的，这是史家工作的一个特有的过程；另一种方法是在相反的、但又都有可能的两种假设之间，持有保留态度，这是思想懦弱的表现；在这种情况下，最好是在找到新的事实之前，不要发表意见。另一方面，人们坚持认为有必要估计假设的确定性，同时又必须不遗余力地用更多的事实来证实它。同样，关于某些未知的事实后果的假设（后来根本没有发生）确实很冒险；新的起因可能完全改变事件的进程。

---

[1]　斐德尔前揭书，第 293 页。

第八章　历史群体及其描述

概念和特征、充分的描述

历史综合最常见的操作是历史群体的建构。操控重大历史变化的人物并不多；作为时代化身的伟大领袖人物更为罕见，撰写他们的传记实际上与研究他们的时代是一回事。一个无论大小的群体则不然；从历史的角度看，不是群体成员的个性而是他们的共同行动才有意义，尽管群体并不排斥领袖人物，也必须考虑他们的作用。但这项研究的重心在于抓住包括领袖人物在内所有成员具有的某些共同特征。[①]

因此，群体概念假定某些人有共同的利益并且一起行动，如果这些行动具有历史意义，群体便产生了深远的影响。历史意义这一点非常重要；否则就无法区分历史群体和人类学意义的群体。人类群体很多，人种志学者或具有"文化情结"的普通人都研究过去的群体；但在许多情况下，具有历史意义的群体非常少。政党吸引史家的注意，是因为政党的行动能够影响整个民族的命运；历史著述中对绘画流派着墨不多，除非有关文艺复兴这些特殊时期；无论绘画流派的审美趣味如何，社会的大多数都不会为其所动。这并不反对拓宽史家的视野；问题在于：这些群体有社会意义吗？有些或许确实有。再举一例，发现古巴比伦存在鞋匠群体并不重要，但发现存在簿记员群体却非常重要，因为它暗示了高度发达的经济，这个群体就成为历史性的。

同样，历史研究所涵盖的群体也很多。这些群体可能是政治机构

[①] 有关群体和个体间关系的研究，参见杨格（K. Young）：《社会心理学》（*Social Psychology*），纽约，1930 年，第 3—4 章；也可参见福尔索姆（J. K. Folsom）：《社会心理学》（*Social Psychology*），纽约，1931 年，第 4—6 章。

或组织,如政党或俱乐部;维护社会秩序的阶层、阶级、工会、专业团体;追求共同利益的各种经济组织;教会机构、宗教团体;宗教机构;科学组织和学者团体(共享同一学说);文艺"流派";以及许多其他群体。大致说来,它们的共同之处表现在制度及习惯上,虽然这种区别不是绝对的;一种制度有时会变得非常松散(一种社会秩序),反之,一种习惯有时会变得相当僵化(一种风尚),这是很自然的,因为这个历史概念不是静态的而是动态的;历史群体总是受到各种变化的影响,这些变化既稳定又存在于不同群体成员之间。把握这些变化的节奏是史家最重要的任务之一,特别是当他研究革命或宗教运动时。感知到这种节奏的史家能够更好地理解一场革命的爆发,甚至能够在一场运动仍在继续的情况下,对它的未来做出一些预测。

而且,历史群体内部发生的变化,决不能与构成这些群体的人分开:因为人类群体不是抽象的实体,而是具有相当具体的性格。史家有时容易忽视这一点,因为某些历史概念变得如此司空见惯,以至于被认为是某个时期、某个文化体系或某个群体的特征——比如18世纪的启蒙运动、理性主义精神和法国哲学;在运用这些概念时,我们不能忘记这些只是特征,史家必须寻找它们背后真正的人,而不是从抽象概念中推断出人。为了说明类似的推论是多么无用,我们可以参考"俄罗斯精神";许多作家对待这个概念更确切地说是虐待它,而不是去关注俄罗斯人的真实存在。他们虚构了一个俄罗斯人的精神面貌,并通过这个虚构解释俄罗斯人过去或现在的生活现象;马萨里克(T. G. Masaryk)的作品《俄罗斯精神》(*Spirit of Russia*)如此具有洞察力,而且材料非常丰富,但他对俄罗斯精神所做的"中世纪特征"的假设,使这个研究的价值降低了。

当诸如帝国主义这样的概念成为通货时,这种滥用就特别危险。在解释历史事件和人类行为的动机时,没有一本现代历史手册不提到这一概念;对马克思主义史家来说,它被当作一种最重要的独立存在的现象,它是世界政治的根本。因此,整个概念变得相当模糊,经常提到的帝国主义殖民史的动态现实,成了一个抽象的概念。恰恰相反,帝国主义充满了活力;许多力量参与其中——商业利益、理想动机,许多人从属于"帝国主义"这个主人,如制造商、商人、造船商、银行家,此外他们还有自己的盟友,如外交家、将军、学者、传教士、作家。莫恩(P. T. Moon)在他的《帝国主义与世界政治》(*Imperalism and World Politics*)一书中做了引人入胜的分析,揭示了一个历史群体的成分是如此多元,而当它被抽象地对待时,却似乎是同质的。[1]

　　研究历史群体的第一步是对它的描述,而必须遵循某些形式和实质的要求,要从一个问题开始:如何描述一个群体,以及必须描述什么。任何历史描述(除非过于简单)都面临着一个困难:必须简短而准确,这两个要求是相互矛盾的。[2] 如果史家把他的注意力集中在整个群体的共同之处,这样的描述可能会非常简洁,但这种简洁将忽视历史群体的主要特征——群体和物种之间是有区别的。前者由个体组成,后者由单位组成,而基于一般概括的像自然科学对历史群体的定义是不充分的;群体不是一般而是集体的概念。鉴于此,确实需要对群体进行精确的描述,并注意群体成员的个体特征。

　　并不是所有的群体特征都具有重要的个体意义,而那些在现实中存在的特征已经足够多了;简洁性使画面毫无生气,而精确性又使得画面很笨拙,如何在二者之间保持平衡,这有赖于史家良好的判断。这项任务本身并不容易;糟糕的是,史家可能会非常下意识地陷入这些极端。更糟糕的是,普遍化的史家倾向于掩盖从史料中发现的重要细节,而个性化的史家则会创造出史料中找不到的独有特征。在这种情况下,不仅是不充分的建构损害了历史科学,而且是直接的伪证取代了真相。史家的实践充分证明,这种情况是可能发生的。

　　实证主义史家对历史群体的描述太刻板了。以著名的史家泰纳为例,他对法国雅各宾派的描述是一个适用于数学(因为简单化)的公式,但缺乏心理意义上的真相。"他指责雅各宾派——从类属意义上使用这个术语——把人看作自动机;但他自己描述的雅各宾派是纯粹的自

---

[1] 瓦尔都(J. Voklour)有力地指出社会的起源和终结、中心、整体是人类(见氏著:《社会科学的方法》(*Les Méthodes en Science Sociale*),巴黎,1927 年,第 234 页)。

[2] 斯帕尔(Spahr)、斯文森(Sphar and Swenson):《科学研究的方法及重要性》(*Methods and Status of Scientific Research*),纽约,1930 年,第 273—276 页(有关方案压缩的实用建议)。

动机,从未存在过的怪物。"[1]他们从卢梭(J. J. Rousseau)的头脑里蹦出来,什么都没学,什么也没忘——一个活生生的数学推理的例证;但在现实中,行为动机是多种多样的,不能用一个模式来涵盖。此外,这种简单化是通过武断使用档案文献实现的,省略了重要的事项,而突出了无关紧要的细节。

浪漫主义史家,如奥古斯汀·梯叶里(Augustin Thierry),则陷入另一个极端,他们的叙述充斥着无法证实的细节。在梯叶里看来,史家除了需要学识外,尤其需要想象力;历史不是影子的行进,而是活生生的人的斗争,只有通过想象,过去的场景才能变得生动起来;他所有作品都是这种"过去的复活"的样本。以《墨洛温王朝的记述》(Récitsdes Temps Mérovingens)为例,社会、派系、家庭都被描绘得栩栩如生,但有时梯叶里在追求精确的过程中做得太过了:他在描述中加入了一些在他所使用的编年史中都找不到的东西。

从技术上讲,为了对历史群体进行充分的描述,建议使用问卷调查确定群体必须考虑的特征,即哪些特征代表整个群体,并具体说明在特定环境中的位置,总之,这些特征具有历史意义。这样的调查问卷在工作过程中可能会有改变:史家在深入调查自己的研究群体时,会遇到一些并不是他的框架提供的现象,但这些现象无疑是重要的,反之,初步纳入调查问卷的某些题目被证明是多余的。问卷的成功编写有赖于史家对所选领域预先的认识,并试图在众多细节中为其定位;但其实际价值最终取决于史料本身的性质。对史家而言,图维尔(H. de Tourville)的《命名法》(Nomencluture)包括 25 个类别,又细分为 326 个元素,可能会有帮助,但当过多地扩展分类时,史家必须注意不要过分陷入经院哲学。[2]

建构历史群体时要警惕将古代历史近代化,把现代群体的特征运用到古代有些草率;费列罗(G. Ferrero)把早期罗马人比作布尔人,蒙森甚至把恺撒的将军比作拿破仑的元帅。费列罗的作品尤其大胆:恺

---

[1]　古奇在《十九世纪的历史学和史家》中提到了奥拉尔(A. Aulard)、舍雷尔(Scherer)和索勒尔(A. Sorel)对泰纳的批评(参见氏著前揭书,第 244、245 页)。

[2]　瓦尔都对图维尔的命名法做了详细的解释(见氏著前揭书,第 274—278 页)。

撒被塑造成坦慕尼(Tammany)式的老板,奥古斯都(Augustus)变成美国总统,这不止是缺乏准确性,而是奇思妙想的产物。

群体的描述：群体的制度和用途、
范围和持续时间、精神状况

现在我们可以转到问题的另一个方面:在历史群体的名义下,实际描述的是什么? 这种描述的材料是从哪里获得的? 一般说来,群体在制度和习惯上是固定的,并且有时是稳定、容易辨别的,史家从各种迹象甚至凭直觉就可以把握。在第一种情况下,史家转而研究约束一个社会群体的宪法、法律、规章、习俗,或研究一个宗教团体所接受的教条、教规、惯例;重要的是,此处的一些"制度"是稳定的,是由上级命令,为社会所接受的。可以说,史学家发现的特点是现成的,而他的主要任务就是适当地加以解释。然而在这里,正如瑟诺博司所指出的那样,必须区分制度上的与实际的特征,史家对后者特别有兴趣。[①] 在立宪史或教会史上,当官方组织只是为了掩盖背后的事实,或当它随着时间的推移而失去其本来意义,而真正的生活却以另一种模式建立起来时,这些特征之间的差异就时时可见;这便是拿破仑一世和拿破仑三世治下的法国宪法,代议制写在纸上,而实际上是专制的。史家必须考虑的并不是何为法律,而是它如何运作;他的观点与法学家或律师的不同。

历史群体组织形式的牢固或松散程度不等,存在许多过渡性形态:受普遍认可但不是规定习俗的约束;受普遍接受的而不是僵化的行为惯例的约束,受纯粹的但大范围传播的习俗的约束,甚至受偶尔发生的表现形式的约束;这里最重要的是,必须描述群体内真实的人类活动,而这全靠史家对群体功能的心理洞察来完成。

当历史群体的组成过于庞大(然后被细分为更小的部分),或仍然处于形成或解散的阶段,或其特征没有清楚地显现(秘密社会、神秘团体)时,特殊的困难就出现了。当这个群体范围过大,且概念包罗万象,它很容易变成一个模糊的概念,除非是虚构的。让我们记住僧侣、骑士、

---

① 朗格诺瓦、瑟诺博司:《史学原论》,第 242、268 页。

公民的形象是如何被简单化的，或中世纪早期和晚期的人类群体的特征是多么遵循习俗，其中把他们分别抽象化为"蛮族（Barbarenkraft）"或"现代人"的到来。

因此，亨利·皮朗（H. Pirene）极力反对蛮族给罗马社会带来复兴的观点，罗马社会在查理曼时代并没有遭到破坏。现代人的本质以及它的到来，实际上是文艺复兴时期的权威布兰迪（K. Brandi）和伯达赫（K. Burdach）之间的争论。如果这个群体仍然在变化或波动，对它的描述就会出现一些困难，应限定在其发展中观察到的一般趋势进行描述。对于任何一种秘密组织，史家必须特别谨慎，因为在这类研究中，很容易用自己的幻想代替艰苦的劳动，更不必说像在共济会事例中那样带有偏见。马丁（G. Martin）的《法兰西—共济会的革命和革命的准备》（*La Franc-maconnerie Francaise etla Préparation dela Revolution*）展示了这样一项研究是多么微妙，共济会影响的问题是如何引起争议的[与考钦（A. Cauchin）所持的观点相比，马丁的较为温和]。

如果史家在描述中世纪人的群体和类型时感到不自在，因为他们的心态与我们的格格不入（更不要说资料来源不足以进行全面的解释），那么即使在现代史上，也可能遇到类似的困难，如在现代批评中，在同一主题——文学或艺术流派——有多少人就会有多少观点。

如前所述，必须动态地研究历史群体；任何群体都处于不同的空间或时间；那么关于它的范围和持续的时间这一问题便提出来了。首先，有关范围，一个群体覆盖的面积或大或小，而群体内部的地理分布也不均匀。重要的是要知道它是如何分布的，中心在哪里，边缘在哪里；群体与其他群体相邻时，相邻群体的强弱对群体的进一步扩张具有重要意义；如果在这方面没有障碍，这个群体就可以自由扩张，便有可能开始一场殖民运动，给初始的群体带来很多后果。因此，在研究 17 世纪的美洲殖民地时，这些节点是不能忽视的：清教主义的中心在哪里（新英格兰）？如何到达山区边疆？与沿海居民的精神截然不同的"边疆精神"是什么？

其次，历史群体内部还存在另一种分化：重要的往往不是地理分布，而是成员各自的活动；每一个群体都有一个主导的少数和一个被动程度不等的多数,特别是在政党和宗教派别中。从这个角度来看,我们希望将领导者的观点(也许是非常崇高的),与追随者的利益(通常是物质的)展开比较,而且重要的是要知道,一方面,领导者的效率有多高,另一方面,群体的纪律有多严格。整个群体的成败取决于条件,这显然是史家感兴趣的问题。在一个高度专业化的群体中,比如一个科学或文学"派别",还有其他的突出特征,但主要的问题仍然是相同的:谁是其中主导和被动的因素,他们之间的相互作用是什么?

第三,占有某一区域或受共同利益维系的历史群体,可能是同质的或是异质的,特别是当历史群体很大的时候。在这种情况下,史家必须研究在这种环境中出现了哪些亚群体,它们的相互关系(可能是竞争或敌对的)如何,以及凝聚性的缺乏如何影响到整个群体。殖民史,尤其是西属美洲的殖民史,提供了一个极具启发性的例子:以查普曼(C. E. Chapman)对殖民地社会的描述为例,七个主要的社会等级和更远社会阶层彼此斜视,使殖民地政府(殖民时期的西属美洲)感到满意。即使一个很小的纯西班牙裔人群体,也并不是一个幸福的家庭。

历史群体容易在时间中发生变化,这决定了它的持续时间,史家从这个角度关注这些变化的顺序,并试图找出一些规律性;一场社会运动一旦开始,就会经历模仿、固定、改革、分解的阶段,并最终走向消亡——史家可以将此看作发展的方向;它特别适合短期的小群体。任何一个群体都依赖它的领袖,领袖最初只有少数同情者的支持;如此引入的习俗或习惯被社会拒绝或接受;宗教极端主义的情况是,其教义有时会遇到排斥(如摩尼派),接着会广泛传播,这对史家来说是一个错综复杂的问题;随着宗教或政治运动的发展,宗教教义和政治实践通过制度的形式固定下来,甚至得到国家当局的支持;宗教群体变成教会,政治圈子变成了政府政党。17世纪美国新教教派的发展遵循了这条路线,尤其是在新英格兰,教会得到国家的认同,并对自由思想者行使了强制的权力,而这些自由思想者恰好是这片殖民地的居民。

任何政治、社会制度,无论多么固化,当它由于制度中新的群体关系而变得危险的滞后,或面临必要的生活所需时,它仍然有能力改变,因此需要重新调整。调整可以通过改革来实现(不一定由政府完成)，否则这个群体就会瓦解，如发生在 15 世纪的中世纪僧侣制度。瓦解一旦开始，最终导致给定系统的完全消亡。看似永恒的重要制度，却受制于结构中不断出现的变化——在史家看来，没有什么是永恒的，一切都在流动。以中世纪为例，法国的农奴制坚如磐石，被视为神圣的制度；不过法国在相当早的时候，一种较为温和的形式，即"隶农"代替了"农奴"，而自由佃户也同时存在，且在十字军东征之后变得特别多，如亨利在其《中世纪法国的阶级及统治》(*Les Classesrurales Etle Régime Dormamialen France au Moyen Age*)所示。

现实中并不总存在这样的过程，它只是一种计划。发展过程推迟或加速、甚至中断，而特定群体所经历的变化可能相当多。这里有一点很重要，在这个群体中，某些时刻倾向于集中或解散的力量占了上风；但这两股力量之间的平衡不止一次被打破。研究一个庞大而持久的群体时，史家可以利用他在现代社会群体中的实践经验，例如成功夺取政权并成立政府的革命政党。这个政党的历史，对全面认识历史群体极富启发性。俄国共产党的历史就是引人注目的例子(因为它直接对观察者开放，而且有足够的信息)。苏联出版的官方版本用处不大；除了这段历史被歪曲成有利于现在苏联的独裁者之外，甚至更早的版本，实际上也代表了这个群体传统的而非真实的特征。更能说明问题的是一些党员的回忆，他们不再受官方纪律的约束，对个人偏见有所保留。苏瓦林(B. Sovarine)在《斯大林》(*Stalin*)中令人信服地描绘了这一事实，读者可以在书中发现在列宁领导下党的开始，第一次成功与失败，1917 年以来党的改组及在斯大林领导下的官僚化、几次改革尝试("清洗")、目前的分化；这将是最后的结局，我们仍将拭目以待。这里有一个特别有趣的时刻：领导者们的斗争，他们完全出于琐碎的动机；史家在研究更遥远、更不为人所知的事物时，常常忽略了这一点。

当历史群体趋于稳定时，它的制度开始固定下来，而且形成一种有别于其他群体的特殊的自我群体意识。此处首要问题便是这种群体意识的性质：它仅是一些人的共同性格，还包含着更多的东西，代表了整个群体的特有心态？瑟诺博司从实证主义立场出发，否认群体心理的历史研究价值：对他而言，群体意识只是德国哲学家形上思辨的产物，群体的"精神"或"灵魂"都是空洞的抽象。① 瑟诺博司的态度本身是合理的，因为这个概念确实被一些史家所滥用，以至目前对现代社会心理学［这里需提及杨格（K. Young）或福尔索姆的著作］变得过于挑剔：一个特定群体特有的心理特征是不可否认的，它由群体成员以相当具体的方式表现出来，并因而决定他们的行动。正如桑巴特（W. Sombart）所说，群体心理在实际考察中并不是一个抽象的概念，他在《资产阶级》（Der Bourgeois）特别展示了"新教美德"、特别是教友会的美德对资本主义发展的影响。

这种群体意识的心态形式多样；历史群体越强大，自我意识就越强，它不仅被保护，而且受到尊崇，但失去意识的群体就遭到蔑视。这就是古老的普鲁士国家维系军官的"荣誉准则"——瓦格特（A. Vagt）在近著《军国主义史：一个职业的浪漫与现实》（A History of Militarism: Romance and Realitie of a Profession）中，富有启示性地考察了这个方面。在这种情况下，群体的自我意识是牢固的，变成了一种习俗。许多职业传统虽然不很严格，但仍然为各团体所遵守。群体不需要维护或培育；政客和律师有其职业道德，歹徒和小偷也有。在较为松散的群体中，也可能存在一些典型的态度。当我们说"英国自由主义者"或"德国学者"时，便隐含着一个整体态度，研究政党历史或德国大学不应忽视这个方面。吉扬（A. Guilland）的《现代德国及其史家》（Modern Germany and Her Historians）是这方面的佳作，其中讨论了德国史家著作的特性，史家们呈现出的共同性格，并且追溯了共同性格的起源及其对德国历史主义的影响。

即使一个群体中的一伙人只有短暂的凝聚力，也会表现出值得史家考虑的特殊心态，这便是战争或暴乱中表现得淋漓尽致的"团伙心理"，了解它对史家是有益的。战斗中的军队在具体的描述中非常有趣，在侯赛伊（H. Houssaye）笔下，拿破仑的军队在滑铁卢战役中既脆弱又可怕。应该从更广泛的意义上理解"团伙"；史家不仅在激烈的政

---

① 朗格诺瓦、瑟诺博司：《史学原论》，第284、290页。

治会议上，而且在议会这类体面的集会中可以观察到团伙心理。[1] 如果没有这个工具，理解当代欧洲史几乎是不可能的。

相 互 依 存

与所有的历史现象一样，生活在过去的社会群体并非与其他群体彼此孤立，应从相互依存的角度研究它们。现代社会学强调，所有的社会群体都是相互关联的——孔德已经以"相互依存"的概念指出了这一事实。其中一个的变化立即引发整个系统的反应；因此，这种变化不能归因于一个行为或几个原因的作用，而应视为其他群体同时经历变化的作用。帕累托认为，没有任何关于社会关系的推论是真正科学的。理论上，这个假设很好；实际上，这种相互依赖有明显的界线，并不是相互联系的群体之间的所有联系都与其具体活动有关。将帕累托本人和他的追随者看作一个社会群体，这个群体可能与瑞士的学术群体和意大利的政治群体有关联，因为帕累托在瑞士教书，在意大利是参议员；这类群体也许对他的学说很重要，但他与两个国家的裁缝或鞋匠发生关系对这方面就不那么重要了。此外，由于资料的缺乏，任何谨慎的史家都只能在一定程度上把相互依存原则运用到他的研究中。

---

[1]　关于该主题的讨论，参见目前仍然流行的黎朋(G. Le Bon)的旧著：《群众》(*The Crowds*)(英译本，伦敦，1909 年)，更多的讨论参见新近出版的马丁(G. D. Martin)的《群众的行为》(*The Behavior of Crowds*，纽约，1920 年)。

第九章　历史比较法

历史比较的可能性

为了更准确地描述历史群体,史家必须在定性和定量两方面采用特殊的方法;他可以将群体与类似群体比较,从而使其形象更加鲜明;他还可以关注群体内可用数据估测的特征,从而达到描述的数字客观性。这两项任务通过比较和统计方法来完成,在此必须讨论二者对历史综合的普遍价值。

首先,前些年比较法很受人种学家的青睐,但那属于比较法的例外:特别是为了支持进化论,将比较法用到原始社会和宗教史研究中。此处不讨论这个专门意义上的比较法;仅仅讨论比较法在史学中的运用:比较法运用于史学,可取得概括的效果,并且是社会科学领域行之有效的方法。

然而,比较法不是注重归纳的自然科学的逻辑基础吗?事实上,方法论学家如斐德尔等证明,与历史归纳法一样,自然科学的比较法与历史比较法是相同的,并没有特别之处;他们认为,历史归纳的目标也是陈述普遍法则(尽管对历史法则的相对性有所保留)。[1] 坦率地说,这种提法超出了历史比较法的可能性;同时,历史比较法的性质与归纳法的一般原则也不同。

这种差异是由社会现象与自然现象的具体特征决定的,且限制了比较法在历史中的运用。社会现象不仅包含事实本身,而且包含:首先通过解释而揭示出的潜藏动机,同时,由于社会事实动机交互作用的

---

[1]　斐德尔认为,历史归纳暗示着关于相同条件下现象的规律性(见氏著前揭书,第 295、297 页)。

复杂性,无法准确无误地发现这些动机,特别是像清教主义或社会主义这类重大事实。如此解释社会现象,每一步都与精确的公式相违背,而精确的公式是科学比较的首要条件。而且,社会现象不仅在时间上同在,而且在空间上也并存(特别在历史现象中),如果忽视真正的时空关联,仅仅说明它们之间的抽象关系是不够的。最后,社会现象本质上是动态的,但这种动力与机械动力有本质的不同,因此孔德的"社会动力学"及其机械法则,并不能成为社会科学的基础,尽管他是社会学的创始人。社会现象形成一种特殊的平衡,这种平衡很不稳定,总是在变化,其中人为因素又最为恼人地加以干预;以罗马宪法为例,尽管有各种平衡和制约,但它并非一架"机器":那只是一种比喻,而非现实。而且,罗马宪法被固定在一个法律体系中,但如何看待泛日耳曼主义或泛斯拉夫主义这种真正的动态现象呢? 从孔德的角度看,什么是它们的动力呢?

社会历史现象的这些要素——动机、时间性的发展、独特的动力,使得它的比较法与自然科学的归纳法不同,特别是密尔的推理法则在这里更不适用。

建构类型与个体比较法、比较科学

像自然科学那样,社会科学家在运用比较方法进行归纳总结时,总是从特殊的性质中抽象出一些普遍化的元素,而这些元素虽然是泛泛而谈,却是实际存在,也是重要的元素;如果没有后一区别,其普遍性对于社会科学来说便没有意义。因此,与类似的方法(概括的)建构的科学概念仍然有区别:普遍概念是自然科学的最终目的,而社会科学只能产生马克斯・韦伯(Max Webber)所谓的"理想类型",他在《新教伦理与资本主义精神》(*Protestantische Ethik und der Geist des Kapitalismus*)中,完美地展示了史家如何建构理想类型。① 类型的特征是该群体与其他所有群体的差异之处,而纲目的特征是共同之处。这些特征程度

① 奥本海默(H. Oppheimer):《社会科学概念的逻辑》(*Die Logik der Sociologischen Begriffsbildung*),图宾根,1925 年,第 99—101 页。马克斯・韦伯的"理想类型"概念有专章(第二章)讨论。

不等地确实存在于构成这个群体的所有个体中,并不是简单的逻辑抽象。因此,社会科学运用的是"类型"概念,自然科学运用的是"纲目"概念;而且,如果把这些现象动态地看作是一个过程,是历史的结果,那么社会科学的概括就是那个群体的经验性法则(regeln),即所谓的社会法则。社会科学中的类型和法则的关系,与自然科学中的类、属、种以及自然规律的关系是一致的。

不过,理想类型(即建构性类型)与普遍概念(gattungsmäsige idealtypus)存在一定的关联性。在史家的著作中,属的运用相当少见,因为个体比较和普遍比较之间存在着差异,正如冯特(奇怪地)指出的那样,尽管他对科学做了分类,但忽视了普遍知识和个体知识之间的差异。个体比较将对象与其周围环境联系起来,这是史家的程序,他总是在比较一组事实与其他事实之前,先考虑这些事实的起源;因此,迪尔(Sir S. Dill)所做的原始基督教和波斯密特拉教之间的比较确实卓有成效,因为两者都在公元 3 世纪类似的精神动荡时期广泛传播[《从尼禄到马可·奥勒留的罗马社会》(*Roman Society from Nero to Macus Aurelius*)]。相反,当苏联史家把欧洲封建主义的特征运用到西伯利亚的通古斯人时,这种武断的比较只会带来一个结果:徒劳的研究。

个体的比较特别符合史家的目的;但另一种比较也是合理的——即当考虑到相同性质的群体中许多事物明显的相似性时。

比如有些历史现象,我们只需关注它的本身,不需触及与其他现象的联系。这种抽象出特殊现象的个别特征,仅注意一个大群体中所有成员的共同点——可以称作普遍的比较。其结果在抽象性质上与自然科学的概括有几分相似;它假定比较的范围非常大,也许是一个庞大的群体(它本身就是一个自然主义的概念),而用于比较的特征则恰恰相反,是精确的但很少。[①] 个别的和普遍的两种比较之间有许多调和的办法,所得到结果的普遍性程度不同;同样,比较科学也可以根据其概括的广泛性或狭隘性来排序。

比较语言学是这类科学中最具普遍性的学科,它的比较结果与自然科学的比较结果(如"语音规则")相似(但不完全相同)。类似的情况

①　冯特前揭书,第 63—65 页。

还有比较神话学和比较风俗学(sittenkunde)。比较法学、比较经济学也抽象处理一些经常发生的特殊现象,但这些比较不过是程度不同的可见的经验规则(Regeln)的陈述。艺术的共性比较可以揭示诗歌或音乐的形式,但民族艺术的类型只能通过个体比较来发现。比较哲学可以抽象地描述理性主义或经验主义的共同特征,但却不能建立起适合笛卡尔(Descartes)、斯宾诺莎(Spinoza)、莱布尼茨(Leibnitz)等理性主义哲学家的类型;时间距离太大,比较法的运用(如苏格拉底与笛卡尔)似乎没有多大价值。

如果群体中有许多相似的现象,那么就可以充分比较它们;"群体现象"中的题材最适合展开比较,而单一事件则根本不能使用这种方法。这些因素决定了比较法运用于历史事实的范围。然而必须补充的是,当历史比较不能进行概括时,会产生另一种效果:它揭示的不是相同之处而是被忽视的差异性。

所有的科学都运用普遍的比较,而或多或少忽视了时间因素;可是对于历史上有时间性的题材,唯有个体比较法才有可能,如语言史、制度史、文学史等。显然,个体比较法所得出的概括程度不如前述普遍比较法的大,即使在语言学这门最具普遍性的科学中也是如此。撰写一部语言(意大利语、希腊语)、或进一步说印欧语系的历史的可能性很大,是可以构想的,但一本概括性的语言史是不可能的。再就比较哲学来说,它必须基于史实,即必须用个体比较法,冯友兰对中国哲学家和欧洲哲学家的研究,便是采用的这种方法。[①]

毕竟,确定比较法对历史学用处不大这一结论还为时过早,只是这种方法在历史科学中的作用与在社会科学中不同。个体比较在历史上是完全可能的,通过这种方法在历史发展中既发现了相似点,也发现了不同点,像皮朗这样的实证史家说得很对,他认为比较法是历史概括的唯一方法。此外,差异可能是表面的,但不是真实的。在政治史上,个人行为发挥了巨大的作用,这并不排除事件的比较。有时,看似最个体化的事件在历史上重复出现,如科学发现可能会重复,就像牛顿和莱布

---

① 参见冯特前揭书第 67—69 页,也可参见冯友兰:《人生类型比较研究》(*Comparative Study of Life Ideals*),上海,1935 年。

尼茨分别独立地发现了微分学。

基于类比的推理、价值及
在历史中(时空)的应用

基于比较的推理与类比推理相类似;前者属于同类(或相同群体的个体)事物的比较,后者是不同类或群体的比较。诚然,假定所比较的现象有某些共同之处,但它们的相似之处可能程度不等,实际上相同类别或相同群体内的相似之处似乎较大。事实上,类比有时会和比较相混淆;然而这里暂且保留这种区别,也即只讨论研究真正特定群体的历史类比。

如果运用得当,类比法是历史思维非常有用的工具;它备受现代史家的欢迎,不幸的是,他们倾向于脚手架式的不合理类比。因此,首先有必要指出这种方法运用于史家工作中的限度。

类比推理基于一种假设,即现象的表现受其性质的制约。因此,当人们看到两个历史群体有某些共同的特征时,便很自然地推断出其他的特征也很相似,因为这两个群体的本质似乎是相似的。然而,要确定一个人类群体的真正性质并不容易,而且这两个群体的相似之处有可能并不超出它们的共同特征。往前再走一步的类比将是错误的。当社会学还处于萌芽阶段时,它已经提供了许多这样的错误类比的实例,这些错误类比来自力学(孔德)或生物学[斯宾塞(H. Spencer)],并匆匆地应用于人类社会。实证主义史家,如巴克尔和泰纳,在他们分别对英国文明的发展和法国大革命起源的自然主义解释中,尤其误用了这种方法。

在历史中运用类比是有限度的:它不能得出确定性,而只能达到可能性。但就在这个限度内,对史家将大有裨益。此处可以参照汤因比对许多文明的比较研究,他根据一些共同的标志(普世的教会、普世的国家、蛮族入侵),[①]得出了对其所分类的每一个群体都非常有意义

---

① 汤因比(A. J. Toynbee)在《历史研究》(*A Study of History*)第一卷第一章"导论"中列出了这些比较研究(第52—62页)。

的特征。类比的价值可能是双重的：它使我们的研究更具体或引发新的发现。例如米勒(A. Miller)最近的研究，通过比较中世纪的英格兰和 16 世纪的莫斯科公国，发现了这两个国家封建制度的共同特征，从而使俄国封建制度的观念更加明晰。相比之下，大多数俄国史家已经怀疑这个制度的存在，甚至当代的马克思主义史家相反地将这一制度归于基辅罗斯，并且只能提供一个非常模糊的画面。与这些草率的结论不同，米勒的讨论将注意力从基辅罗斯转移到约翰大帝，从已知的(中世纪的英国)转移到未知的(俄国的封建主义)，从而显示了一个正确类比的全部价值。

这样的类比不仅使史家的描述更加具体，而且有时还为其增添了新的内容，否则这些内容就会逃过他的注意。最后，类比在历史中的应用实际上引发了关于现象起源的科学发现。这种可能性是基于所谓的单一性原则，该原则假定相似的对象或事件彼此之间存在因果关系。在自然科学中，这一原则经常被成功地运用，而在历史中则不然：人类活动的相似结果由于许多复杂的原因而致，而把它们归于一个原因是错误的。在史前考古学中，这一方法导致了"扩散论"的一些偏差，如艾略特·史密斯爵士(Sir Elliott Smith)关于埃及文明扩散的观点。比较宗教学也熟悉这种方法，这导致了关于神秘的沐浴和基督教洗礼、魔法仪式和基督教聚众等的共同起源的可疑结论。

运用于历史的类比要兼顾时间或空间，只注重其一，结果便会不同。① 两种同时存在但不在同一国家的制度可以做比较，例如，法国的诸侯 seigneurie(亨利·塞的研究)和英国的地主 manor[维诺格拉多夫(P. Vinogradov)的研究]，两者都存在于中世纪后期。的确，就诸侯或地主的权利、或农民的权利而言，它们有相似之处。但随着英国工业的兴起，该国家农民的情况变得更糟了：大面积的耕地减少，佃农变成了小资产者。类比在此处运用是正确的，但仅在一定程度上。历史类比可进一步扩展：同一位法国史家对 18—19 世纪的欧洲，东欧和西欧，所有国家的土地制度做了比较，进而得出各地情况大不相同的重要结

---

① 亨利·塞在讨论类比法在时空中的运用时列举了很多有趣的例子(见氏著前揭书，第 161—173 页)。

论,即,小面积地产在西欧广泛存在而农奴制瓦解,而东欧的大贵族土地所有权发达,农奴制占优势。举个对立的例子,18 世纪的法国农民几乎是自由的,而俄国的农民几乎成了奴隶。这个类比不仅揭示了从西到东的差异,而且表明了一些有规律的发展路向。

我们不能忘记,历史现象的简单并列并不等同于运用类比法;当事实并列时,只是对事实的描述,而不是比较。类比推理意味着对历史的解释,而这正是它的意义所在——人们应该记住,历史学是一门解释性科学。再次举一个刚才提到的例子,如在俄国、波兰、德国某些地区所发生的那样,政治状况与土地制度间有一种联系,即贵族崛起之后便是小农制度的没落,而法国的政治和经济却相反。

类比法用到时间性的问题上的效果较差,它只能揭示差异,而当这些差异是实质性的,比较的意义就失去了;不幸的是,"历史哲学家"有时喜欢这样的类比,并从中得出难以企及的推论。因此,像萨尔维奥里(G. Salvioli)在比较古代和现代资本主义时[《古代世界的资本主义》(*Le Capitalisme das le Moride Ancien*)],能够指出两个系统之间的重要差异:古代的资本主义基于征服而不是生产,雇佣劳动无关紧要、工业技术水平低,并不存在现代资本主义的生产方式垄断、劳资分离这些主要特征。这个类比是有价值的,它无论如何有助于理解古代资本主义。

但当用不加批判的方法来比较极富个性且时间间隔久远的现象时,只会导致对真相的歪曲。斯宾格勒的类比通常便是如此——当他将科林斯式和贝多芬的艺术列为同类,或将伯里克利和路易十四当作同时代人。在历史中运用类比法有局限性,但它可能在不考虑时间因素的比较科学中有用,例如比较法学或比较经济学,而且特别可能在一门以一般比较为基础的抽象科学中起作用,正如社会学所做的那样。

应该对历史比较法的价值问题再做讨论。就概括性而言,历史(以及社会科学)不能进行实验,而有可能展开如在社会科学中的直接观察,还不能代替比较法。因此,冯特正确地指出,比较是史家达到概括目的的唯一手段,而这种方法的功用还根本不止于此;只有在精神科学

(geisteswissenschaften)中运用时,它的丰富的可能性才会充分展现出来,而冯特也将历史列入精神科学中。[1] 他认为,精神生活的丰富领域有许多关系可能无法追溯,甚至根本无法设想,只有通过比较才能发现它们。

此外,比较法使得史家能够把注意力集中到他所从事科学的更重要的课题上,从而避免对历史过程细枝末节的探究;因此,这种方法的运用更好地促进了史家总体的组织工作,这是这门科学真正成为科学而不能马虎的条件之一。

---

[1]　冯特前揭书,第 51、55 页。

第十章　历史统计学

历史统计学的成就

虽然统计学在现代史学著作中越来越受到重视,而且鉴于目前统计学方法的发展,人们对它在历史科学中的应用寄予厚望;但与此同时,即使著名的史家也表示,统计法对历史学的作用是相当有限的。因此,有些史家努力使自己的作品与时俱进,尤其为了让读者信服,作品中插入大量数字、表格、图表,尽管这些数据还不能正确地形成历史统计学,而只能代表一些史料;另一方面,一些年长的史家,如影响了许多,尤其是法国历史教师的瑟诺博司,仍然对这种为历史而构思的统计数字的意义持怀疑态度。如果不做进一步的分析,这些数据所提供的知识并不比史家拟出的简短而精确的描述性公式更有价值。同样,这些数字资料本身对理解历史群体的作用,还不及运用历史比较法的研究。这些被夸大的期望及对期望的批评,也源于一个误解:历史统计学作为一种科学和一种方法,二者之间应该有区别。

作为科学的统计学是一项系统研究,它以大量的观察为基础,通过给出恰当的数学表达式,往往能深入到某些群体现象的性质、相互依存关系和规律中去;因此,统计学发现了所观察事实性质的真正简短而明确的公式,简单的描述是无法与它相比拟的。如今,这门科学已经取得了很大的进步;对群体现象提出了各种各样的数学分析方法,其中许多方法对最难以捉摸的现象给出数学表达,更为重要的是,可以通过皮尔森(K. Pearson)的精确测量检验统计的意义。现代统计方法已成功地应用于自然科学和社会科学;统计分析已被引入天

文学、物理学、化学、生物学等领域，并已用于解决一些经济学问题，最
近甚至用于政治学问题。[1]

历史统计学的目标和原则， 历史统计学的条件

随着统计学研究领域的扩展，史家为什么不以社会学家为榜样，把
历史书写也提升到"科学"的地位呢？但是，历史统计法的适用范围是
有限的；原则上，历史学也很愿意根据或许不那么详尽的观察，揭示过
去现象的某种规律性；然而在实践中，史家面临着一些其他科学家不存
在的困难。他既不能把自己的研究局限于"大众"，因为他研究的对
象——事实上更加频繁地出现——是很小但非常重要的群体，他的观
察也不可能是详尽无遗的，除非他面对材料丰富的现代史。在这种条件
下，他可能发现的规律性陈述在某种程度上是真实的，但远非数学公式。

因此，统计学作为一门科学的可能性，与统计法在历史学中的运
用，并不是一回事；但统计法作为一种历史建构的方法，它的意义与比
较法相似，值得关注。实际上，统计法是比较法的扩展。对一些历史群
体进行比较研究时，考虑的是定性特征；但群体有时也有量的规定性，
这些特征也可以进行比较。这当然有助于理解正在研究的群体；任何
数值估测都有助于调查的准确性。因此，统计方法促进了历史比较的
价值；正如冯特所说，这是"统计方法恰当的应用"。[2]

但统计法意味着更多。统计法对历史的意义取决于如何理解它更
广义的目的；而统计学家对它的界定各不相同。最好的办法是回顾一
下，看看哪些对历史有用。按照费舍尔（R. A. Fisher）的说法，统计学
可以被界定为对群体的研究，对一个群体内变量的探究，以及对大量数
据进行简化的方法——这似乎是最认可的统计法目的的观点。[3]

---

[1]　萨金特·佛罗伦斯（P. S. Florence）：《经济和政治科学中的统计方法》（*The Statistical Methods in Economics and Political Sciences*），伦敦，1929年，第46，47页。

[2]　冯特前揭书中有关统计方法的章节，第73页。

[3]　费舍尔（R. A. Fisher）：《研究人员的统计方法》（*Statistical Methods for Research Workers*），1932年，第1—5页。

　　对群体的研究并不认为只关乎人类或活着的个体；它涉及任何种类的聚集体，如物理学（气体动力学理论）或人口学（确切地说人口增长）发现的聚集体；它甚至可能是种群——不是物体的聚集体，而是可测量的聚集体。这样的聚集体很多，无论是群体还是史家熟悉的一系列人物，只要能加以计数或测量，就可以像研究其他"群体"那样，用统计学方法加以研究。

　　作为研究变量的统计学引出两个概念：频率分布和相关表，这两个概念可能对历史研究非常有效。如果知道一个群体中某些特征的分布，群体的结构就显得非常清楚。诚然，史家此时的处境不如生物学家或社会学家有利，因为历史群体严格限定在时空范围；同时，只有相关群体的数量无限时，变量的研究才会涵盖所有的可能性。当然，这是历史统计学的局限性，但原则并没有破坏，我们将在后面看到这一点。至于另一个概念，即统计相关性，对历史的重要性毋庸置疑；这种方法有力地证明了某些乍看起来互相孤立的因素之间的相互依存关系，从而有助于理解历史发展的因果关系。

　　援用统计方法的最后一个优势对于历史学并非无关紧要；在任何科学中，把大量的数据简化为扼要的形式都很重要，这对于历史学更有价值，因为数据过于具体或分散，总是不易综述。一张概览性的统计表或一张简单的图表，只要绘制得当，或许比好多页的描述更能简洁、直观地展示历史题材。

　　在已提及的问题中，有一点需做更多的考虑，这便是无限群体的问题，这是一个假设的统计学研究主题。统计学研究的一般过程是归纳与演绎的交替；从有限的样本中得出结论，并将其推广到样本所属的整个无限群体中，然后检验其与实际观测值的一致性或偏差。整个过程是基于概率概念（或者如费舍尔试图提出的，基于另一个他称之为"或然性"的数学量），从讨论的群体中抽取的样本越多，概率就越高。这是因为"大数据惯性"，它对群体现象中倒向一方或另一方的个体偏差起到平衡作用。这种偏差在一个无限的群体中整体上是平衡的，从大量样本中得出的假设性推论的可能性最大，这类群体特别适合于统计调查。[①] 历史学领域中有很多这样的群体吗？

————————————

① 费舍尔前揭书，第9页。

　　史家要处理各种扩展性程度不等的现象的材料——这些材料存在于各种公共和私人生活的记录中，如出生、婚姻、死亡登记，人口普查和地籍簿，市场价格表，会计账簿、司法和医疗报告，选举名单；现存的这种材料主要有关近代史，但也有部分有关古代史和中世纪史（至于这些数据的可靠性程度是另一个问题）。只有采取一些避免陷入含糊概括的预防措施，从样本到整个"群体"的推论才有效。史家把现实看作个体类事物，并努力去把握这一个体性；历史整体的某一部分有可能与其他部分如此不同，例如罗马帝国的一个行省、中世纪德国的一座城市、古代政权下的一些农民群体，是如此独特，从同一整体的其他样本得出的结论并不能描述这个行省、城市、农民的特征。统计学家需要处理的这类可能性并不比史家少；从统计学上讲，这个特定的样本属于他所分析"群体"之外的其他"群体"，从一个群体到另一个群体的推论是不合理的。统计样本必须具有代表性，这意味着样本的元素是随机选取的，在选择时不允许有任何倾向或偏见。[1]　如此，史家在运用统计方法时就不会被误导。

　　现在，假定史家在抽样过程中没有遇到类似的不规则情况，而且某些统计数字在特定群体中的分布接近正常，例如某个国家任何年龄段的死亡率；尽管如此，在对许多变种的观察与它们的假设分布之间仍然存在着差异。这种统计学上的推论适用于整体观察，而不适用于单一的经验；但史家感兴趣的是现实，不能无视单一的经验。他必须意识到这一差异，尤其是在当前，经过皮尔森在该领域的努力，人们设计出一种称为 x^2 量的精确测量方法。这种对统计学假说意义的检测防止它脱离现实；检测是现代统计研究不可或缺的部分，史家如此才能有把握地使用统计结论。

　　到目前为止，讨论的是关于统计研究的基本原理及其在历史学的应用，我们可以看到，统计研究与历史书写的目的并没有完全不同，而史家通过运用统计方法，也能使他的结论更加准确。但史学题材的特殊性和史料的不足制约着史家，使得他不能充分运用统计方法。实际上，哪些统计数据对研究是必需的？哪些数据可以获取？根据费舍尔

[1]　米尔斯(F. C. Mills)：《统计方法》(*Statistical Methods*)，1924 年，第 552 页。

的解释,统计数据必须是一致的,亦即那些越来越趋于给出正确值的数据要足够多。如前所述,当样本越来越多时,便证明是可能的。确实,代表样本的历史数据足够多,从中得到的统计数据将趋于一致;但历史过程无法重复,如果样本规模有限,也许只有很少可用的数据,也没有希望增多样本,这样的统计数据便不会一致。如果估测雅典群体的数据很少,而群体本身又不大,那么有关奴隶的社会作用的统计学推论又有何价值呢? 显然,可能只有一些一般性的思考,难怪尽管史家依据同样的数据〔弗朗索特(H. Francotte)、迈耶(E. Meyer)、格洛茨(G. Glotz)〕,而对这个主题的观点却不尽相同。

幸好,史家还经常处理一些其他统计数据——费舍尔称其为充分统计量。即使在小样本中,它们也包含所有相关信息,因此对于统计推理非常重要。举例来说,可以用一些样本的算术平均数来表示它们所涉及总体的一般概念。[①] 它的公式很简单,$x = \frac{1}{n}S(x)$,其中 $S(x) = x_1 + x_2 + x_3 + \cdots\cdots + x_n$,史家可以有把握地用来描述一个有限群体的特征,比如说,在对工人工资进行 n 次观察之后:$x_1, x_2, x_3 \cdots\cdots x_n$。的确,我们常用这种权宜之计来总结大量的观察结果,因此统计学通俗地被称为"平均数的科学"。算术平均数的意义在于,它的误差小于在一次单个观测可能出现的误差,这些误差具有补偿性质。

考虑到历史材料的贫乏状况,史家在进行统计调查时,与其说原则上不如说技术上感到困窘。人口普查提供了最有价值的数据,因为只有这种材料易受"大数据惯性"的影响。众所周知,现在的人口普查很复杂;主要难点在于它的群众性,还要精心编制"问卷",并采取许多预防措施来检查计算错误。19 世纪以前,没有人做过这种事。相反,任何旧的人口普查数据都是偶然的,主要与国家的财政利益有关,它包含的信息不仅是错误而是故意捏造的。然而,即使这类有缺陷的文献也不能常为史家所用,他不得不利用二手资料,只能找到一些偶然的、不太可靠的统计资料;[②]古代史领域尤其如此,因为统计调查非常困难,朱

---

① 费舍尔前揭书,第 15 页。
② 却独克(R. E. Chaddock):《统计学的原理和方法》(*Principles and Methods of Statistics*),第 392—394 页。

利亚斯・布洛赫的《希腊罗马世界的人口》(*Die Bevolkerung der Griechisch-Romischen Welt*)几乎是绝无仅有的——而后来的编撰者都无一例外地使用它。

当然,虽然史家处理其他来源的统计信息,但他的态度必须是批判性的。一些重要的记录如出生、结婚、死亡登记等,只能追溯到宗教改革时期,医学和司法统计都是最近的事。对于经济生活来说,信息的确丰富,但它的数据分散或不完整,允许做出各种各样而且远非精确的解释;当运用这些材料时,不可避免的错误实际上是累积性而不是补偿性的。

毕竟,历史统计的这些局限性并没有削弱其方法的价值,只是警告不加批判的运用材料;然而,这是历史研究通常不可或缺的条件。但鉴于这种方法的特殊性,如却独克(R. E. Chaddock)所建议的,在对历史统计资料进行研究时,应该采取一些特别的预防措施。[①]

其中最重要的措施如下。进行调查必须明确界定所选择的单元,否则就不可避免会对其范围产生误解,例如,不同群体中"有文化的"人,应被视为相同的群体。为了使统计推理更直观,必须只考虑给定群体的少数特征;当限定了特征的数量,可以选取较大的样本展开调查。如果无法进行数字估计,则"调查问卷"的编写必须将答案限定得很明确,最好是"是"或"否"。在统计比较中,史家对估测群体中某个项目的绝对数字不感兴趣,而对显示其在整个群体中分布频率的比率感兴趣,其中偶尔会用错误的百分比操作,实际上是其中的分母不一样。假设为了比较不同人群的死亡率,选择了士兵、平民和学生;如果只是简单化地选取每一群体的百分率,这将是个误导性的标准,因为这些群体是从数字上不同的样本中选取的,即士兵和学生代表 15—25 岁特定年龄的人口,而那时死亡率最低。

历史统计学的操作:数值估计、 时间系列、相关图标、频率分布

经过这些考虑之后,让我们检视史家在研究中运用统计操作的

---

① 却独克前揭书,第 373、374 页(统计单位),第 387—391 页(表格的准备)。

顺序。

　　首先，他使用某些运算，其中实际上包含数值估计，但不涉及大样本原则，因此严格地说不是统计操作。统计包括从简单的枚举法到社会类型的抽样。[1] 当描述一个范围较广并可以用数字表达的现象时，我们就会碰到枚举法，例如，卢奇斯基(I. V. Louchitsky)研究古代制度下法国农民财产的分布，他分别计算了每个行省的情况。枚举法的目的只是为了综合某个地方或某个时段内发生的事情，而不是从这些数据中得出一般性的结论。

　　另一方面，枚举法带有一个总体的方向，比如说从包括每天市场价格的价格表中获取的总方向；尽管严格限定了范围，但无论如何大体上表明了某一地区的市场状况，这就是公布它们的意义所在。因此，为了估计某个国家人口的大致数字，收集一些有关该国的出生、死亡率的统计数据，而不是进行费时又昂贵的人口普查，这种普查很少进行，通常每十年一次；这个估计已经暗示了它在某种程度上对整个人口的重要性。最后，选取典型的单元，比如工人家庭，作为样本，进行深入的调查，然后得出关于整个工人阶级的结论；这不是随意抽样，因为选出的类型必须真正能够代表整体。

　　在常规的统计学操作中，最常见的是编制图表和表格，其中不仅包含了所有相关信息，而且提供了统计归约，包括一些统计元素如比率、方差、平均数的估计值，并可以检验这些图表揭示的法则。适合历史统计法的图表和表格的有三种：时间图、相关图和频率图。[2]

　　估计在连续时刻内某一现象的发展，如人口增长时，便要绘制时间图。时间表采取升降快慢不等的曲线形式，可以显示人口增长的某些规律性。这种增长时而恒定时而加速；加速时间表，即所谓的逻辑曲线，非常有意义，因为一些现代、特别是欧洲国家代表了这种人口类型，它们在 19 世纪巨大的人口增长应该与侵略性和内部冲突有关。在分析这样一条增长曲线时，应当特别关注弯曲部分，因为它可能和重大历史变革相一致——国家进行的社会调整，或者如果这种尝试失败，国家

---

① 斐德尔：《历史研究法教科书》，第 299 页；却独克前揭书，第 378、382 页。
② 有关统计的主要呈现方式，参见佛罗伦斯前揭书，第 59—62 页。

就会崩溃。国际政治和经济的书籍中也有大量类似的图表；诸如陆海军的增加、商船的发展、进出口贸易的发展、某些商品的生产等问题，通过图表形式中做了明确而富有启发性的论述。与时间图相关的时间表易于编写，这里无需讨论。

然而从统计学上来说，更重要的不是知道绝对增长率而是相对增长率。数学上，相对增长率从某个变化现象持续测量的自然对数中获取，然后根据需要计算每日、月、年或更长时间的比率。运用特殊对数纸，可以呈现相对增长率，并能直接测试"增长法则"；如果真的是常数，便会在坐标纸上表现为一条直线。这种题材以图表的形式呈现，举一个生物学婴儿成长的例子，包含观察期内的绝对和相对增长率，每天增长的比率和相同的百分比增长——总之，一些直接观察达不到的推论。

时间序列涉及历史中最重要的时间因素，历史研究中，即当需要陈述历史"趋势"时，它可能具有优势。能否为此找到一个数学表达式是值得怀疑的；就制度、习俗、行为而言，史家说不，而统计学家说是。当然，在许多这类现象的发展过程中，人们可以观察到在一定时期内，通常是很长一段时期内（saeculum），向上或向下的趋势，这就是所谓的长期趋势。或者，人们在同样长的时间段内可以观察到在某些点、年份、阶段的——发展周期。尽管解释各不相同，这些周期在贸易增长（工业危机），甚至在佛罗伦斯看来在政治生活（英国的政党）中，为人所熟知。然而，还有一些细微但非常重要的节奏，如物价或失业的季节性波动，另一方面，还有地震、洪水，更不用说战争所造成的突然波动。有关长期趋势或周期性和季节性波动的概括似乎值得信赖，因为这并不是抽象地演绎出来的趋势（史家应理所当然地忽视），而是基于事实、具有精确结果的真实归纳。[1]

为了描述长期趋势，重要的是找到符合这个趋势的一条曲线（或许直线）；这通过"移动平均数"的方法完成，该方法运用数年（3、5、7、9）平均数的运算，从而可以均衡对主线的离散。要表述一个周期，我们必须确定它的跨度或者运行的时间长度，它的内部结构，振幅或者周期波的深度。有时跨度是本身给定的，如季节或年度波动，有时需要通过统计

---

[1] 参见佛罗伦斯前揭书中，有关经济和政治生活的趋势和周期部分。

运算来发现。振幅取决于长期趋势,这种趋势可能与给定的周期相一致,而前者的影响应事先从统计学上消除;这种带有趋势和周期的操作提供了比模糊地讨论历史序列"剧变"和"衰退"更可靠的推论。

统计法呈现的下一种形式是相关图,当一个不受控制的因素与另一个因素潜在关联时,便绘制相关图,通常被绘制成点式图的形式,图中任何分段上点的数量表明这些因素多大程度上是(或不是)一致的。当与两种因素相关的曲线互相对抗,要估测它们的一致性或差异性时,也可以用另一种形式表示;但这种形式不如点式图明显。

同样地,史家可以将相关图应用于两个变量之间的相互依赖性不易发现或根本不被怀疑的情况,例如死亡的数量和某个时期的气候变化,或一年中谷物价格的上涨和公共娱乐的传播。因此,相关图有助于理解因果关系,这正是其意义所在。当数据呈现在关联表中时,有可能进行更全面的分析,因为具有一定经验性的这类表格可以解读为点式图,表格的数据以概要的形式给出,可以在其中发现如方差和平均数等统计估计值。这是大数据可行性简化的重要方法,值得史家特别关注。

最后,统计研究采用频率分布图,它是对某个特征的大量测量的图形表示,绘制为坐标系,其中测量值绘制为纵坐标,特征绘制为横坐标。频率分布表示为一条连续的点式升降曲线;其中包含最多观测值的群体称为模态类。在某些情况下,频率分布不是连续的曲线,而是由横坐标上凸起的矩形区域表示,其中包含同一类的所有观测值;这种图称为直方图。年龄群体的死亡率如果用图表示,将是频率图的一个实例。

史家的工作中也有这类频率分布,他可以把它们制成表格或绘成图。在此需要指出,应该遵守相关图形表现的标准化规则,因为这些规则由对这项操作感兴趣的科学家联合委员会制定。[①] 从理论上讲,这些频率可能会形成一条连续的对称曲线,但在实践中这种情况很少发生,它们是不对称或弯曲的,对其展开统计分析难度很大。史家尤其受到这样一个事实的阻碍,毕竟,他研究的不是"我们抽取样本的无限假设的群体"(正如费舍尔所说,这是频率分布概念的基本理论),而是限定在时空范围内真实的人类群体,时间和空间是最反复无常的成分,拒

---

① 米尔斯前揭书第 51—59 页中列出简单而又恰当的 17 条规则,并附有说明。

斥任何数学分析。

就费舍尔认为最重要的频率分布而言,如拉普拉斯正态分布(Laplace's normal distribution)、泊松级数(Poisson's Series)、伯努利二项分布(Bernoulli's binomial distribution),[1]史家恐怕没有多少机会把这些公式应用到历史实际中去,尽管这些公式的重要性经得起生物学和社会研究的检验。

在正态分布中,变量取自 $-\infty$ 到 $+\infty$ 的所有值,它们的整体由一个确定的数学定律给出。男性身材的分布就是一个例子。泊松级数显示了概率很小的事件是如何在众多事实中分布的。例如,在相当长的一段时间内,一个师的士兵的事故发生量,或者一个城市的火灾发生数量。二项式分布用 $(\varphi+\rho)^n$ 的展开式给出了发生的 ρ 和不发生的 φ 的概率。人类家庭中,儿童性别比例就是一个很好的例子。

数学公式在历史中可能吗?

真正可以用数学运算的那类事例足以令人信服。现在的问题是,这种情况在历史研究中何时发生。当史家观察人口普查中统计的群众现象时,他们经常证明实际上是正态分布。但是,是否一些罕见的现象,如一个城市的犯罪数量或一个地区的罢工事件,有可能用泊松级数来表示呢? 也许是的。至于二项式分布,史家很少考虑两个相互排斥的因素,如孩子的性别。即使在这个简单的例子中,这个假设也与观察结果不同,因为出生的不仅仅是单个孩子,还有双胞胎,甚至三胞胎。

可以看出,统计方法对于历史科学的意义是不容误解的;它有它的用途,但它从属于历史科学的主要目的,这门科学关注个体现象,特别是人类群体的真实存在。因此,统计方法抽象地处理群体现象,而对史家来说,这些现象是界定在时空坐标的真实存在,只有在这些限度内,统计归纳才是有效的。在大群体内部本身,个体不宜做统计学处理,就连冯特也提醒说,不能忘记平均毕竟是一个抽象概念,而不是事实。[2]

---

① 费舍尔前揭书,第 41、42 页。
② 冯特前揭书,第 78 页。

历史统计的最终意义在于它有助于理解群体的组成、群体发展的性质以及发展之间的相互依存关系。这种方法对历史很有价值。统计方法使得无数事件中有某种规律性的假设成为可能——甚至在诸如战争和战役等出人意料的现象中得以证实的一个假设，正如戈洛文在他那鼓舞人心的著作中展示的。[①] 因此，比如说，同样的人打了几场战争，"重大损失"的比例是恒定的；或者仅以 1914—1918 年的战争为例，每个国家的军官和士兵伤亡比例都有规律。显然，史家能够从中得出某些关于人民及其军队性质的推论。

---

① 　戈洛文前揭书，第五章《战争统计学》。

第十一章 文化系统和历史序列

概　　念

当史家研究历史群体在空间上共存或在时间上相继时,那么历史建构的进程就可以更前一步;在前一种情况,史家的兴趣集中在群体的共同文化特征,这些特征呈现出某种统一性——文化系统;在后一种情况,他希望在群体的序列中找到某种连续性,这种连续性有时被认为是进化序列。这两个概念密切相关,两种方法在逻辑上都具有重要意义;在实际工作中,史家经常使用这两个概念,但这些概念可能有误导性,需要做些纠正。

文化与文明的含义在这里是相同的,因为在两个术语间的选择属于偏好问题;德国人喜欢一个术语(文化),法国人则更喜欢另一个。但最近德国作家对这两个术语的微妙区别做了界定:他们认为文化是早于文明、优于文明的阶段,因为前者创造价值,而后者只维系价值;一为繁荣,一为衰败。这里不讨论这种区别及其理解;但为了避免歧义,将从更广泛的意义上使用"文化系统"这一概念。

另一个概念,进化序列,也不符合我们的目的。进化论概念目前招致许多观点的反对,特别是用到历史上,易于受到批评;所以,无须认为所有的历史发展都是进化的,只要假定可以在其中追踪到某些规律性就足够了,即使情况并非总是如此,历史发展的性质非常复杂,远非进化论那么简单,而"历史序列"这一术语更具操作性。

法国、德国史家有关文化系统的定义，文化的动力和统一性，斯宾格勒的观点

历史系统最重要的标志——也是最难把握的——是其文化的统一性；仅用现有传统的文化史方式分别描述它的各个组成部分，无论多么详细、准确，都不够充分；这充其量只是文化事实的罗列，而不是文化真实存在的呈现。因此，首先需要回答的问题是：什么是文化？现代史学有两种为法国和德国史家普遍接受的不同解释，二者都由史学大师们提出。

泰纳倾向于文明而不是文化，他认为文明是一个随着时间的推移而扩展的逻辑概念："一个有效的定义。"①他对待文化的方式完全是理性的；但作为一个理性的系统，文明不够稳定，易受变化的影响，并在历史过程中自我显现出来。历史文化的特点是要素的统一性，统一性不是机械地构思出来的，"它的部分是有机组合的形式"（ses parties se tiennnent à la facon d'un corps organique）；如果不是一个有机体，也有几分相像。因此，泰纳的文化是变化、有机的理性整体，它发展的任何一步都可能由一个公式决定，其中包含三个因素：民族、环境、机遇（根据泰纳一向的含义）。根据这种文化观念，个体所起的创造性作用被泰纳轻视了；然而，并非没有矛盾，他呼吁个体自由，并把历史生活中所有的文化成就都归因于这一因素。

勒南（E. Renan）的历史研究法带有审美趣味，他对作为审美实体的文化有一种模糊的认识。这一点在他最受欢迎的作品（同时也是历史作品中最弱的一部）《耶稣传》（La vie de Jésus）中尤为明显。但在他的理论著作中，他试图把"人文"研究提升到科学的水平，他暗示了另一种文化概念，认为文化是人类智慧的多种表现。勒南的优点在于强调了人类文化的精神层面、文化组成部分的相互依赖性，以及文化的灵活性和多变性，就像波浪起伏的大海；因此，按照泰纳的风格，这种文化概念的定义不够严格。

———————————————

① 见亨利·塞前揭书第二部分第六、七章（有关泰纳和勒南的论文），第 377、382、390、394 页。

在德国史家中,布克哈特(J. Burckhardt)对文艺复兴做了精彩的描述,他从更深层次推进了对文化的理解。① 他崇尚生命及其努力,强调文化发展中个体的创造力。对他而言,文化是生命和创造力的总和,它们在特定的社会中自我显现出来;文化产生于社会,并带有其印记。当他研究文艺复兴时期的人物,寻找文艺复兴的文化主导特征时,他发现了个体解放,这是当时整个社会的特征。但这一社会产物依照自身的轨迹而存在,并与其他社会形式,特别是城邦,发生了冲突。历史生活远不是理性的,而是充满了矛盾;它带来的不是和平与秩序,而是悲剧性的冲突。因此,文化与斗争是不可分割的,它的统一性可能会被打破。

尼采(F. Nietzsche)继承了这种悲观主义态度,但他的悲观是积极的,他鄙视他那个时代的伪文化,而诉诸有创造力的人,他们能创造出一种新的、真正的文化。在德国史家中,布雷西格把这一思想运用到他关于历史理论和文化史的几部著作的具体史料中;布雷西格在其广博的《历史的形成》(Vom Geschichtlichen Werden)中,探讨了文化发展的本质和形式,尤其对群众和个体的关系感兴趣;在他看来,群众只会拖累个体的行为,所有的文化进步都源于天才的冲动。

类似的参考文献会成倍增加,而对文化的其他方面的解读也的确将被显示出来;但没有必要;刚才引用的例子是两个国家史学流派中有代表性的,这两个概念在任何国家都曾被现代史家使用或误用过。正如人们所看到的,两者在形式和本质上都有很大的差异——法国的观念继承了法国古典主义,坚持把秩序、理性和精神作为文化的显著标志,而德国的观念在浪漫主义的影响下,特别强调文化的生命原则,发展的戏剧性特征,以及个体在创造中的作用。然而,有人可能会有所保留地认为,这两种观念并非完全不同,它们都可能有助于我们理解历史文化;文化有很多种,法国史家倾向于把他们的观念运用到17—18世纪的法国社会。

当代史家对德国人关注的文化活力特别感兴趣,并努力在那些以

① 甘麦林 (H. Gmelin):《德法文化观念的发展》(Die Entwicklung der Kulturbegriffls in Deutschland und Frankreich),载《精神与时间》(Geist d. Zeit)1937 年第 2 期。

不动著称的文明中寻找这种活力。据说,埃及、中国和印度是静态文明的显著例证;事实上,这些国家和其他国家同样发生了重要的变化。正如莫雷特(A. Moret)最近所言,埃及的历史并没有显示出任何静止性;莫雷特揭示了古代君主政体发展的几个阶段:神权的,封建的,"民主的"[此处他指的是使奥西里斯(Osiris)的仪式为人所开放的革命],是的,那个国家甚至熟悉革命,尽管受到鼓舞的其他动机与希腊和罗马不同。至于中国,中国史家雷海宗(H.T. Lei)拒绝接受中华文明静态说的观点,认为这个国家已经完成了两个漫长的发展周期(进一步细分为不同的阶段),并正在准备第三个周期。① 当印度的历史比现在更广为人知的时候,也许她的静止也将被证明是虚构的;最近在摩亨佐—达罗的发现至少使得对她的史前史有了全新的认识,与她后来的发展是如此不同。

文化的转变及个体在其中的作用

历史上根本没有一成不变的文化——没有变化,就没有历史;但文化的变化可能或快或慢。那么,文化转变的速度相关问题出现了:文化的所有组成部分都是相同的吗? 如若不是,哪些成分可能比其他成分转变得又早又快? 奥格朋(W. F. Ogburn)在《社会变迁》(*Social Change*)解决了物质因素的问题;与其他非物质因素相比,物质因素的发展速度过快,这种文化的不一致性引发了不满、骚动、反抗。正如索罗金(P. Sorokin)指出,这是用经济解释历史较为温和的一种形式,他通过以下论据加以反驳。索罗金认为,物质文化的变化并不早于精神文化的变化;因此,中世纪文化的物质基础在很长一段时间内并没有发生太大的变化,而同时期的精神生活却有很大发展,如,宗教异端的传播和哥特式艺术的兴起。因此,哪些过程更快,哪些产品易于传播——技术还是思想的发展,这些都值得怀疑。物质文化是积累性的而科学和艺术是个体性的,这个说法也不正确;科学和艺术领域都获益于前人

---

① 雷海宗(H. Z. Lei):《历史的周期》(Periodization of History),载《中国社会及政治学报》(*The Chinese Soc. and Polit. Science Rev.*),1935 年。

的经验,而有的技术发明被我们遗忘了。[①]

因此,历史文化是生命整体在特定时间内的所有显现;史家把注意力集中在具有历史意义的面向(物质的或非物质的都不重要),而且试图揭示所有面相中使文化成其为自身的某种内在统一性;必须重申的是,统一性原则并不外在于特定文化;而正如尼采所坚持的,它存在于生命本身之中。这种统一性观念并不新颖,自18世纪的思想家赫尔德(J. G. Herder)以来就为广为人知,被称为"时代精神"或Zeitgeist;后来它被所有现代史家,尤其是浪漫主义史家欣然援用。尽管如此,这个词只是一个令人仰慕的历史虚构,它并没有深化我们对其他民族文化的理解。实际上,这种解释有时只是对需要解释的相同现象的一种掩饰性指称:他们声言,文化如此,是因为"时代精神"如此;或者更糟的是,史家有时将自己的观点粗暴地强加于过去。歌德曾讽刺地说:"你们所称为的时代精神,实际是上帝的精神。"然而对于歌德来说,文化原则不是学究式的构想,而是生命的力量,与至少对过去有深刻洞察的赫尔德不同,歌德甚至能够在法国大革命中把握文化原则,发现法国大革命与所谓的"时代精神"并不一致 。

泰纳的观点可能更富有成效,他认为尽管任何文化都令人困惑,但它有一种支配性的基调,渗透到它的所有文化现象中;而且确实存在这样的文化,人们很容易把握其主导原则,如中世纪的某些时期。但当泰纳本人将这一原则付诸实践时,在他对18世纪法国社会的研究中,却未能使自己的画面具有现实性,因为他是一个过于严格的逻辑学家;他的"古典精神"以及革命领袖们的"数学激情"只是泰纳抽象思考的结果。此外,如果有刚性特征的文化,根据上述意义,也存在没有历史"支配性"的文化,比如转型时期的文化;但它们也有自己必不可少的原则——否则便会消亡。

当然,重建充满活力和整体的文化实非易事,史家可能会陷入两个极端,要么是误导性直觉,要么是图式化理论解释。如果有些史家,甚至是这一领域的著名人物在这方面犯了错,最近的史学著述中有如何

[①] 索罗金(P. Sorokin):《当代社会学原理》(*Contemeporary Sociological Theories*),纽约,1928年,第743—746页。

完成类似任务的优秀范本；我们将在历史分期一章中专做讨论。有关
这方面,斯宾格勒的名著《西方的没落》(*The Decline of the West*)值得
一提；事实上,它有许多缺点,如定义的僵化、错误的区分(如阿拉伯文
化的"魔法"原则)、武断的比较；但这种历史哲学——我们这个时代最
雄心勃勃的此类尝试——不应被专业史家忽视,他们的"直觉"实际上
与斯宾格勒的直觉是一样的。

　　斯宾格勒的体系对具体的历史最有价值的贡献是强调文化的统一
性,而统一性原则内在于文化本身。斯宾格勒展示了文化如何从相同
的心理动机(urerlebnis)出发,以各自的方式发展；单纯文化对象背后
为何有内在的情感,以及为何所有的智力和艺术作品趋于实现相同的
文化原则；一种文化最终如何消亡并意识到这一不幸。最后:"每个历
史世界作为一个符号系统(inbegriff von symbolen),都与一个独特的
人类有关。"①

　　"历史的世界"只是专业史家讨论的问题,而不求助于任何哲学思
辨,基于坚实的博学基础的著名学者,也会得出同样的结论；迈耶和卡
尔斯特(J. Kaerst)就是这样的学者,他们在对古代希腊罗马毕生研究
的基础上,坚持"文化周期"的独特性,以及独特的人类生命观。已故史
家迈耶的例子尤具启发性,因为他常常把古代世界和现代世界相比,曾
特别提出希腊的"中世纪"(荷马时代),希腊的"文艺复兴"(暴君时代)
等概念；而且,他能够生动地再现作为同类世界的希腊文明的不同阶
段,以及希腊文明自身的整体性。同样,卡尔斯特(J. Kaerst)表明,古
代世界的原创性传统难以抛弃,而他自己对希腊文化的研究也真正地
揭示了其显著特征。

　　从这个意义上可以说,任何文化都是封闭的；但文化不像一个容器
那样封闭,它可能是一个更大系统中的一个环节,因而受到系统的影
响,或者它可能与不属于同样统一体的其他系统有联系。文化之间的
相互作用不易追溯,但它具有重要的历史意义,值得认真研究。这种互
动的形式是多种多样的,从采用一些文化习惯到传播整个文化。人类

---

① 考夫曼(F. Kaufman):《当前的精神科学》(*Geschichtsphilosophie der Gegenwart*),柏林,1931
年,第 74—77 页。

学的"传播学派"研究文化的转变如何发生,文化的哪些元素是怎样传播的;虽然可能受到批评,但其结论可能适用于历史上熟悉的一些特殊情况。例如,18 世纪法国启蒙运动的传播,对一些国家如俄国来说,只是一种时髦的模仿,或者晚期罗马文明向蛮族王国的传播——这是一个广泛而深刻的过程,包含了生活的方方面面。的确,模仿可能不如原创;但这一过程也具有历史意义;一个借用外来文化的民族可以对它进行改造,这样的文化就会成为一种原创型文化。

为了完整地呈现某种文化的真实图景,史家不应忘记他不仅研究文化复合体,而且特别关注体现这个文化的人类群体和个人;因此,如何将个人描绘成文化整体中的活跃成分还有待观察。显然,当文化复合体被当作科学的抽象概念,个体被当作图解类型,以至文化被描述成类型化的一群人(durchschnittypus)的时候,这便远离了历史研究的真正目的,浪漫主义者对这种历史书写的指责是正确的。但当浪漫主义者以费莱塔克(G. Freytag)的《德国历史的图像》(*Bilder aus der Deutschen Vergangenheit*)为榜样时,也错了,浪漫主义史家描述了如路德或弗雷德里克二世这些非凡的个体,而这些单独的个体必须通过思想和习俗显示他们那个时代的文化。[①] 个体在前一例证中被普遍公式消解了,在后一例证中与其所属的文化相脱节。

如此说来,如果图解式类型和独特的肖像都不能满足史家深入某个时代文化生活的需要,那么什么才是正确的道路呢?史家不能先验地建构生命的"观念"或"方案",并从中推断人类的类型,而是相反,他只能再现真正的人的生活观念和活动,然后发现特定文化的组成。这就是为什么布克哈特的《意大利文艺复兴时期的文化》(*Die Kulture der Renainssance in Italien*)后来虽然做了许多修订,但仍然是一部综合的杰作。

个体在社会中不会永久占据一个固定的位置,他们可以从一个位置移动到另一个,并随身携带着文化物品、习惯和价值观。他们从一个文化群体转移到另一个拥有相同社会地位的群体(横向流动),或者可

① 比兹利(P. M. Bitzlli):《历史理论散论》(*Essays in Theory of History*,俄文版),布拉格,1925年,第 204、205 页。

以加入一个更高的社会群体(纵向流动)。索罗金研究了后一个过程，他讨论了不同社会的流动速度、人们向更高群体(如军队、教堂、学校)提升的渠道，以及消极多于积极的流动的社会后果。要理解文化风格如何变化，史家必须关注这种社会变迁。

进化论观念及其在历史中的应用，历史的连续和中断

历史(或进化)序列概念对历史研究非常重要；因为它以历史科学最重要的概念——变化——来运作，目的是追溯一个或多个渐进或突变的历史群体的变化，由此满足历史的主要兴趣：事物是如何产生的。由于历史序列这一概念与进化论有关联，我们首先必须讨论这个从自然科学中借用的概念是否真的适用于历史。的确，在拉玛克(J. B. Lamarck)和达尔文(Ch. Darwin)阐述他们的学说并将进化论强加于自然科学之前，史家们就已经熟悉这种理论了。18世纪，杜尔果(A. R. J. Turgot)在他的《关于财富的形成和分配的考察》(*Réflexions sur la Formationet Distribution des Richness*)中，已经展示了在劳动组织中奴隶制如何被农奴制取代，而农奴制又如何被自由劳动取代；孔多塞(J. A. N. de Condorcet)在《人类精神进步史纲要》(*Tableau des Progres de L'esprit Humain*)中提出，现代工业经济产生于农业经济，而农业经济来自田园牧歌生活。就像后来进化论者所阐述的那样，这些观点包含历史的至少是经济史的观点，已被许多经济学家接受，至今仍在重复。此处具有重要理论意义的是整个讨论的出发点：把现代的状况作为先前发展的目标；就这种发展本身而言，它应该是连续的、线性的。

因此，史家早已熟悉了进化论概念，而当达尔文主义的传播给社会科学带来新的动力时，经济学家卡尔·马克思(Karl Marx)从进化论中做出了重要的实践性推论。斯宾塞承担起将这一生物学理论应用于社会研究的任务，19世纪下半叶，斯宾塞的进化论公式——分化和整合交替的过程——广为人们接受。尽管兴起了具有19世纪特色的历史

现实主义,也无法摆脱自然主义观念的影响。一段时间以来,"历史发展"(entwicklungsgeschichte),一直是历史著述最受欢迎的题目,而对应该和自然规律一样精确的"进化法则"的追求,也成为许多史家感兴趣的问题。

现在,这种兴趣正在消退,而通过事实的真实性所检验的历史进化,并不是过去进化论者构想的那种简单形式。

首先,史家和生物学家、地质学家一样,必须从一个信息可靠而又确定的点出发;他只能从事物的现状而不能从事物的过去出发,过去对他来说只是一个假设。此处并不是要证明史家比其他科学家更弱智,而是说别的科学家手头有许多客观的材料,因此能发现研究中有关进化的缺失环节,而对史家来说,早期的文献资料非常匮乏,将这种方法运用到历史事实中的价值令人怀疑。

从古代—现代的范围来看,即使从原始社会开始,历史社会也相对年轻,根据德·摩根(J. de. Morgan)最近在尼罗河流域或伍利(C. L. Woolley)在美索不达米亚的发现,人类文明的年龄大约是 5000 年,最多也就 7000 年。它的未来命运将如何,人类还将存在多久,这是不可能知晓甚至假设的。因此,没有理由把它的现状作为历史研究的决定性时刻;相反,如果史家试图带着黑格尔(G. F. Hegel)的自满情绪,宣称文化的发展已达到高潮,他将立即受到质疑:接下来呢? 人们必须承认,人类的兴趣更多地集中在"下一个",而不是当前。因此,从理论和实践的立足点,我们不能假定亚历山大征服亚洲,恺撒为权力而争斗,其目的是现代人能够单独或集体地享受自己的幸福。虽然这样的假设似乎有点似是而非,但严格地说,从进化论者的角度看,无论是亚历山大还是恺撒,他们的一切作为都注定为现代资产阶级的到来做准备。

就拿罗马来说,当人们仅仅希望追溯这个命运已完成的民族演变时,情况并不会更好。在包括罗马共和国的那五百年间,无论是罗马本土还是之外,都存在许多与主流平行或相反的发展,而无论是有利还是不利的偶然性在罗马的崛起中起着非常重要的作用;因此,断言罗马崛起宏伟的"演变",都蕴含于七座山时期罗马的基础上,这种说法是非常冒险的。事实上，罗马的历史远非如此简单；从霍默（L. Homo）《早期意大利与罗马帝国主义》（*Primitive Italy and Roman Imperialism*）中，我们可以了解罗马的政策是如何曲折，元老院如何利用偶然性，对罗马而言幸运的是，与邻国相比它是如何弱小。

也许，历史进程根本就不是进化的，或者进化在此处别有所指。不仅在历史进程中，甚至在自然科学领域也如此。正如柏格森所言，进化不是机械的而是创造性的过程，它的方向根本不是线性的。它不像出膛后子弹的弹道，可以计算出轨迹；它更像是炮弹散乱的碎片，依次被炸飞，然后散开；从这个意义上说，进化是非理性的，它避开数学讨论。[①] 在这样的过程中，人们必须区分主流和次主流，并考虑它们时而加快、时而减慢的速度。因此，进化并不是必然的、连续的、渐进的，正如柏格森所说，它有"偏差、停滞、衰退"。在斯宾塞看来，如果生物进化也是如此，那么旧的社会进化概念就更站不住脚。的确，拉兰德（A. Lalande）试图证明，人们可以观察到的与其说是进化，不如说是"退化"；因此，在偶然性的作用下，现代社会趋向于同质而非异质性，这大大出乎进化论者的意料。

在变化缓慢的史前社会，人们也观察不到线性进化；正如德·摩根所说，旧石器时代、新石器时代、青铜时代和铁器时代之间并不是线性联系——可以说是进步与衰退、发现与遗失的更替。现在必须抛弃 18 世纪的观念；在任何地方，甚至在自然科学领域，都能找到突变，历史尤其如此——侵略、征服、革命。[②]

事实中观察到的历史变化，以及它与偶然性的相互作用，不能用旧的理论来构想；每一序列的发展都与外部的序列相交叉，或与横向的序列相联系，这使得整个过程变得非常复杂。这样的序列，应该用遗传学而不是进化的方法进行研究。我们从威尔豪森（J. Wellhausen）的《古以色列历史导论》（*Israelitich-Judische Geschichte*，进化论方法研究）和迈耶的《基督教的起源和开端》（*Ursprunge und Anfänge des Christentums* 遗传学方法研究）两部杰出的作品中，可以看出两者之间的差异。西欧

---

① 柏格森（H. Bergson）：《创造性进化》（*L'evolution Creatrice*），巴黎，第 107 页。
② 德加特（T. Teggrt）：《历史理论》（*The Theory of History*），纽黑文，1925 年，第 71 页。

海洋国家的迅速发展表明，这种横向和纵向的影响有多重要；请记住十字军东征的后果，通往中国陆路的开通，特别是美洲的发现；如果没有这些事件，欧洲的发展会怎样？另一方面，正如俄国史家（克柳切夫斯基）所言，在俄国这样一个大陆国家，所有的社会进程都相当缓慢和单一；难道不是因为她在地理上的偏僻吗？

然而，即使在同一个国家内部，不受外部的影响，发展的连续性也可能被库尔诺所说的"革命"打破；库诺指的不仅是政治运动，而且包括"由局部原因和偶然原因引发的突然冲击（brusque secousses），这些冲击或多或少会导致一种广泛的行动"。特别是在政治运动中，虽然由普遍的因素引发，但通过完全不同的其他方式发生或根本不发生的可能性也很大。因此，对这类问题有深刻认识的瑟诺博司认为，1830 年、1848 年、1870 年（更确切地说 1870 年战争）的三次法国革命确实是偶然发生的；然而它们对欧洲产生了巨大的影响（《当代欧洲政治史》，*Histoire Politique de L'Europe Contemporaine*），请记住柏格森的比喻，就像榴弹的爆炸。

兰普雷希特的进化论纲要、历史趋势

如此构思的历史序列，还有别的重要特点。按照旧观点，如果把历史序列看作一个进化过程，环节之间的关联度可以用数学方法表达出来，通过进一步的概括，会发现进化法则。恰恰相反，历史序列是一个历史发展的个体化概念。史家不应把事件的顺序图标式地概括出来，相反，他应该按照事件的个体意义，将其交互影响及不良后果都考虑在内，努力再它。正如有些史家的警告，由于历史现象的复杂性，人们不仅应该放弃探索历史规律，而且，这种雄心勃勃徒劳无功的探索，也不符合历史科学的本质要求。兰普雷希特（K. Lamprecht）所做的，现在并不新颖的有关进化公式发现的尝试（但引发了激烈的争论）表明，类似的使命是何等的自相矛盾。[1]

---

[1] 兰普雷希特（K. Lamprecht）在他的许多著作、特别是《近代历史学》（*Moderne Gechichtssenschaft*，1909 年）和《历史思想概论》（*Einführung in das Historiche Denken*，1913 年，第 54—72 页）中详细阐述了自己的理论。

　　必须强调的是,这种尝试既不是孔德抽象思想的产物,也不是斯宾格勒生动想象的产物,而是一个完全掌握了材料的学者进行的系统研究;不过,由于对德国历史的特别关注,他发现的发展阶段的价值值得怀疑,而兰普雷希特在为自己建构的历史进化论辩护时,所诉诸的并非现在的"旧"历史科学,而是仍有待创造的"新史学"。兰普雷希特的主导思想相当正确,即同一阶段的所有文化现象都有一个共同的心理背景,以此为标志,每个阶段都不同于其他阶段;他强调的是历史心理认知的必要性。但是,把一个案例(德国)中发现的历史类型照搬到另一个案例(比如中国)中,是非常不合理的。众所周知,兰普雷希特的类型是:初级聚变、类型主义、传统主义、理想主义、个人主义——这是德国经历的文化阶段。有人反对说,这种概括对德国可能正确,但对别的民族却不适合;除此之外,作者假设只有普遍的因素在历史上是重要的,这完全错误;显然,如果历史呈现的仅仅是共同的而非个性的事物,任何发展情况都会转向另一个方向;比如,如果在雅典讲授的不是苏格拉底,而是他的检察官们,希腊的文化可能会如何。兰普雷希特在《德意志民族历史》(*History of Germen People*)一书中插入了大量的细节,通过自己的例证表明历史序列的意义恰好在于独特性。[1]

　　最后,需要重申的是,探寻"进化法则"是徒劳无益的;即使像拉孔布这样从普遍的立场来看待历史的理论家,也承认史家只可能陈述"趋于某些方向的潮流"。[2] 史家在研究某些历史序列的时候,他的任务是找出特定社会中所发生的变化,估测所有与之有关的影响,从而尽可能地加以解释——总之,就是使不合理的历史因素变得更容易理解。的确,在那些变化中,并非一切都是混乱的,而是存在一定的规律性,而且像兰普雷希特这样的方案,如果谨慎地加以运用——作为暗示这种规律性的一种启发式方法,也许会被证明是有用的;但最后的证据只能由事实给出。由此,史家将易于把握社会变革的趋势及其产生的条件;当然,这种规律性的结论带有推测性质,但史家决不能放弃这种研究方法。这一方法具有实际意义,因为它有助于理解未来,无论它多么模

---

① 比兹利前揭书,第213—215页。
② 拉孔布前揭书,第368页。

糊。因此,帕累托认为,社会学家在研究了几个单独的和整体的发展序列之后,都必须把自己限制在经验性行列之内,而经验性行列只适用于特定的时代。然而,这总体上比片面和不成熟的社会进化理论更有价值。有的作家可以预见出作为不同历史序列最终结果的重要历史事件,如世界大战或 1917 年俄国革命;顺便一说,马丁(R. Martin)曾准确地预言了 1917 年俄国革命,他不是博学的史家,而是一位德国财政官员,那还是在 1905 年。

第十二章　更大的历史复合体：国家与民族

背　　景

　　史家不仅可以构想出多种文化系统，而且还可以构想出种族、政治和文化整体等多种整体发展序列，我们称之为部落、族群、国家、帝国、民族、人民。人类学家将这样一个在时空中程度不等地延伸的整体，以及它的发展进程，定义为"民族"，并试图解释民族的变化；然而这类定义和解释并不符合史家的目标。任何"民族理论"对史家都没有多大帮助，因为史家力图从个体的而不是抽象的角度理解某个国家或民族的发展，而大量的必然性和偶然性因素制约着这一发展。根据这个解释，史家与其说对民族变化的机制感兴趣，不如说对与之相随的文化现象感兴趣，这些文化现象的成长与消亡远非一个机械或生物过程——是平衡或适应的过程。那些强调某些民族外在特征的理论并没有推动历史研究朝着它的最终目标前进，正如狄尔泰所说（此处他与这门科学的现代趋势相一致）：我们找寻灵魂（wir suchen seele）；这是历史书写经过长期发展要达到的最终境界。

　　因此，我们现在必须关注如国家和民族这类更大的历史复合体；它们有自己的历史书写方式，在德国，国家史（staatengeschichte）和世界历史（völkergeschichte）尤其流行。史家从历史的开端就找到了社会组织的国家形式，而与国家无关的群落（迁徙、殖民）对他来说只具有次要的意义；对史家而言，国家和民族之间的关系也至关重要——二者的叠加、民族独立的实现、二者在现代民族国家（volkstaat）中的重合。

历史上的国家，它的人为力量及意识形态

关于国家的起源，有许多基于宗教、伦理和文化假设的理论，但史家在研究各类国家的实际情况时，并不能从这些假设中获益。虽然历史上的国家可能起源于不同的环境，但主要表现为外部或内部战争（入侵、征服）的结果；因此，它的社会结构或多或少具有明显的分层。正如奥朋海默（F. Oppenheimer）所说："在国家起源的最初阶段，是一种由胜利群体强加给失败群体的社会制度，唯一目的是规范胜利方的统治。"[①]由于文化的同化，征服者与被征服者之间的关系转变为统治者与被统治者之间的关系，双方也存在着某种利益的统一。这是许多历史上的国家常见的发展情况；以希腊—东方君主制为例，如朱古特（P. Jouguet）在《马其顿帝国主义和东方希腊化》（*Macedonian Imperalism and the Hellenization of the East*）中所描述的民族融合，或如洛特（F. Lot）在《蛮族入侵》（*Barbarian Invasion*）中描述的中世纪蛮族王国，同样基于日耳曼入侵者和罗马化民族之间的同化。

古代的王国和帝国大多是领土国家，由单一或几个民族组成，不存在民族的混杂；现代国家是"民族国家"，甚至现代帝国也趋于同化受支配的民族。各个民族可能不愿意接受这种同化，这从俄罗斯帝国的瓦解就可以看出［诺尔德（B. E. Nolde），《旧政权和俄国革命》（*L'ancien Régime et la Revolution Russe*）］。从古代国家到现代国家经历了漫长的发展过程，现代的民族稳定了，民族意识也逐步形成。什么是这一发展的背景呢？现代民族的种族纯度确实并不高，因为自然界很久以前就不存在"纯种族"了（每个生物学家或人类学家都知道这一点），而且无论人类之间有多么明显的生理差异，最终也不会比社会和文化差异更突出。人们还试图从民族精神（volksgeist）的角度来确定民族——这是一个盛行于浪漫主义作家中的概念。当然，英国人、德国人、俄国人有某些独特的思维方式，但这并不等同于通常所说的"民族精神"。民族精神在很大程度上即使不是虚构也是一个抽象概念，它掩盖了作

---

① 　奥朋海默（F. Oppenheimer）：《国家》（*The State*），印第安纳波利斯，1912 年。

者对其他民族心理的无知。关于这个问题,只要记住像斯拉夫人的思想(l'ame slave)或"俄罗斯精神"这样的通行货币就足够了,这些货币完全没有任何内容。语言是民族更为重要的一个标志,民族性很容易被简化为语言:德国人讲德语,法国人讲法语。尽管如此,这个标记并不是决定性的——英国人和美国人说同一种语言,但属于两个不同的民族。然而,语言是一个民族的文化标志之一。历史上的民族是爱国者根据自己的理想而建立起来的持久的政治交往和文化发展的产物,史家在研究民族国家或国家中的民族时,必须注意这一形成过程。①

　　国家有着悠久的发展历程,它的各种形式都有其自身的原则和合理性。仅以欧洲历史为例,我们都熟悉诸如城邦、古代帝国、蛮族王国、封建国家、君主专制、议会制、极权主义这些国家形式,它们不仅"结构"不同,而且整个政治、社会、经济生活也完全不同。对史家而言,每种国家形式都表现出自身的独特性,而要理解它们,有必要展开深入的历史分析,但现代宪法的标准对理解它们并没有多大帮助。从奥古斯都的元首制可以看出这个工作的难度,著名学者如蒙森、费列罗、罗斯托夫采夫等对其做了不同的解释。把现代观念运用到历史结构中,可能会歪曲事实真相;因此,马拉尼尼(G. Maranini)最近在《法国大革命中的阶级与国家》(Classe e Stato Nella Revoluzione Francese)中,将雅各宾派领导人作为现代极权主义政权(共同反对自由主义)前身的解释,是颇有争议的。更重要的是,史家不应站在现代立场上评价任何国家,而应以开放的心态对待它,就像奥姆斯特德(A. T. E. Olmstead)在《亚述史》(History of Assyria)中对那个声名狼藉的王国所做的那样。对专制主义的谴责是非历史态度的一个突出例证;正如德国史家目前指出的,这种制度在欧洲存在了如此之久,自有其内在价值。

　　在分析历史上的国家时,史家的关注点不在于结构或制度问题,因为这是法学家的领域;他更应关心的是赋予权力原则的真正的人为力

————————————

① 博姆(M. H.Boehm)在《社会科学大百科全书》(The Encyclopedia of the Social Sciences,第十一卷,第 235 页)中列出了有关民族的各种定义。

量，以及国家机构所经历的变化。[1] 理论上说，君主政体、贵族政体、民主政体的结构有很大差异；对于史家来说，这并不是什么大问题，依照帕累托，他在此处应寻找"一个为数不多的统治阶级，这个阶级部分依靠武力，部分依靠更多被统治的大多数人的认同，来维持自己的权力"。在大多数君主专制政体下，存在一个任何专制君主都必须依赖的少数群体。俄国自统治者彼得大帝以来，尽管理论上专制独裁，但完全依赖于地方贵族，而后者在 18 世纪通过首都卫兵团发动政变并推翻了皇帝和皇后——这是每个俄国史家都知道的事实，克柳切夫斯基在《教程》（Course）第四卷中做了详尽的描述。在拥有广泛选举权的民主国家，也不存在所谓的"民治"。公民只相信被授予权力的"一般指示"；实际上，掌权者是根据他们所服务的少数人的意图来执行这些指示的。然而，如果史家只把这些少数人置于宪法机构中，他就会被误导。正如斯宾格勒所言："人民的权利和人民的影响完全不是一回事。"有一些特殊的、非常有力的渠道来传递这种影响——如为年轻人而建的学校和为成人所办的报刊。现在人们知道，无论是非民主还是民主国家，如何通过训练来造就忠诚的公民；人们也知道，众多人盲从报业领袖甚至盲从任何政府。还应该提到那些公开的和秘密的俱乐部，通过"操纵"成员而对政治产生了相当大的影响。斯宾格勒说，在英国这样的民主国家，统治国家的不是议会而是议会背后的力量，而议会则越来越成为华丽的庆典。

　　国家除了少数执政者外，还可能存在其他扮演着领袖的少数群体；当他们变得足够强大，能够使社会接受自己的意愿时，就会发生一场革命或改革。史家不应忽视国家的这种动态性，也不应夸大国家制度的稳定性；这种稳定性的确程度不同，但把历史上的国家当作固定制度的僵化体系，确实是非历史的。在统治集团的起起落落中，很大程度上还是取决于集团自身的领袖。群众的天性是惰性和顺从，总是在寻找某些精力充沛、雄心勃勃的领袖，领袖们也愿意承担起领导位置的荣誉和责任。这些领袖素质各异，心智技巧在此处证明与政治把戏同样有效，

---

[1]　有关政府组织的合理分析，参见拉斯韦尔：《政治学：谁得到了什么？什么时候和如何得到？》（Politics: Who Gets, What, When, How，纽约，1936 年）。迈克尔（R. Mickels）在《政治党派》（Politic Parties，纽约，1915 年）中专门分析了现代民主政治。

一个好的或坏的领袖不一定与某个特定的政治制度相匹配。当前,尤其是在德国史家中,人们惯于指责雅典民主政体领导层的缺陷;人们可以在克洛凯(P. Cloché)的《民主与雅典民主的终结》(*Demosthènes et la fin de la Démocratie Athenienne*)中发现更为真实的情况;对于那些备受指责的雅典人来说,情况并没有那么糟糕。

如前所言,可以把革命看作是统治阶级的更替——这一观念为解释时下俄罗斯国家提供了新的视角,苏维埃俄国本应是共产主义,但现在却与共产主义截然不同。想要了解这个国家的人们应该关注一个新的实际上掌权的少数群体——苏维埃官僚体系。然而史家不应忘记,任何革命都是一个复杂的运动,其中有许多参与因素,偶然性因素起着重要作用。[1] 根据最近的经验,社会学家提出了新的革命理论,这为史家指明了方向;但还没有一个理论可以为历史上所有已知的革命提供普遍的模式。在外部因素中,人们合理地强调了战争,特别是一场不幸的战争,尽管也有发生在和平时期的革命。人口因素(人口的规模和密度,特别是"增长差异")促成了革命的爆发;但希腊和罗马的革命发生在人口减少而不是增长的时候。经济状况的恶化或改善是罢工、动乱、革命扩大或停止的原因;但有时在最严重的情况下也不会发生革命。思想的力量似乎是革命最不重要的因素,因为单靠意识形态是不可能产生革命的;革命运动和革命本身存在差别。因此,卢梭和马布利(Mably)的政治理论对酝酿法国革命起了很大的作用,但1789年革命首先是由农民的土地运动而引起的。

每个国家都有其自身的合理性,这便是受所处社会地位思考方法的影响,对国家结构和价值的某些判断。曼海姆(K. Mannheim)称之为"情境思维",在他看来,这种思维贯穿于知识的整个结构之中。[2] 史家必须考虑政治意识形态的情境特征,并追溯其起源,因为它不仅取决于时间条件,而且如曼海姆所说,还存在着各种各样的政治思维方式——宗教的、官僚的、资产阶级自由主义的,以及时下法西斯主义或共产主义的。然而,任何意识形态的相对性并不排除它对现实政治的

---

① 索罗金前揭书,第347、387、577页。
② 曼海姆(K. Manheim):《意识形态和乌托邦》(*Ideology and Utopia*),纽约,1936年。

反作用,因此它又成了历史研究的主题,就像迈内克(F. Meinecke)在
《近代史中的国家理性概念》(*Die Idee der Staatsräson in der Neueren
Geschichte*)中所研究的。政治家不仅受"权力意志"而且也受道德原则
的驱使,二者证明了权力的合理性。政治领袖操控二者的手段,正是他
的历史个性所在。权力和理想(kratos and ethos)因素在政治思维中
不可分离,如果它不被贬低为只是马基雅维利(Machiavelli)式的技巧。
正如迈内克在最后一章中认为的那样,这是由国家的双重特性,即生物
特性和文化特性所决定的。因此,既不是作为统治世界的超验力量的
"思想",也不是富有独创性的将"思想"具体化的人,而是思想与现实之
间的关系首先激起了史家的兴趣。从这个意义上说,统治阶级的思想
与反对者的思想存在明显的差别,反对者的思想可以称作"乌托邦",其
向"意识形态"的发展与少数人支配权力是一致的。

现代民族主义的兴起及其历史意义：
民族运动、殖民扩张

国家除了赖以建立的力量性因素之外,还必须具有某种使其得以
延续的凝聚性因素。民族主义是凝聚性因素的现代形式,但与它相
似的情感在过去也很常见。民族主义最初表现为民族中心主义,它
维系一个"内部群体"而反对"外部群体",以至罗马城邦起初的敌人
(hostis)是陌生人(hospes)。在欧洲中世纪,基督教和伊斯兰教(西班
牙和阿拉伯人)或天主教和东正教(波兰和俄国)之间的宗教差异哺育
了这种民族排他性。随着现代民族国家的兴起,爱国主义作为其必然
产物应运而生,并最终形成"完整的民族主义"[海士(J. H. Hayes)的
表述],它崇拜当代的民族国家,使所有的人类活动都屈从于它。

民族主义在现代欧洲流行的根源仍有待追溯。海士认为,最有可
能的原因是"现代社会存在一种明显趋势,这种趋势认为民族国家是最
能确保和促进文明发展的中介"。[1] 舒曼在论及现代民族主义的各种

---

[1]　海士(H. Hays):《现代民族主义的历史演进》(*The Historical Evolution of Modern Nationalism*),纽约,1931年,第302页。

形式时认为,这些民族主义都是由业已形成的截然不同的民族之间的军事冲突形成的;战争是民族意识的兴奋剂。因此,民族意识在中世纪的英法百年战争时已经出现;近代荷兰和美国更为强烈,特别是拿破仑战争促进了欧洲民族主义的兴起。然而,舒曼的"和平的民族主义在措辞上几乎是自相矛盾"的论断令人怀疑。难道罗马帝国的民族自豪感不就是建立在世界和平(Pax Romana)的基础上吗? 正如霍默在《罗马帝国》(*L'Empire Romain*)中所做的评论,我们可以在塔西佗对罗马成就的描述中发现这种态度。

因此,史家必须追溯不同的民族主义的源头和特点,进而指出谁对这些民族运动负有实际责任,也即谁是"爱国者"。现代民族主义的后果是巨大的,也是史家最感兴趣的。

民族主义的兴起,特别是在 19 世纪,与作为国家统治集团的中产阶级的崛起相辅相成;在中产阶级的操控下,民族主义走向狂热,并强力地推动了国家的扩张。然而,民族主义并非现代资产阶级国家所独有。拥有土地的沙俄贵族充满了爱国精神;在南美反抗西班牙统治期间,许多当地牧师都是爱国领袖。因此,不可能把民族主义的态度和意识形态仅仅归于一个阶级。此外,个体爱国者——哲学家、史家、宣传家——的作用也不容忽视。[①]

民族群体与语言群体的并存产生了重要的政治后果;充满民族意识的无国属群体,为争取独立而奋斗(如 19 世纪被征服的斯拉夫民族),相同语言群体的民族国家有助于将所有的族属纳入其领土,包括那些受其他国家支配的族属;于是出现了自决运动和"领土收复主义"运动。最近两个多民族大帝国——俄国和奥地利——的瓦解,显示出这种运动有多么强大。民族利益也需要适当的经济政策,这个政策可以促进国家内部的繁荣和外部的权力。寻找殖民地和殖民地战争的现代帝国主义是"经济民族主义"的产物。此处需要提出一个问题,即谁是这场运动的幕后推手;"民族利益"属于某些群体的利益,其中生产者多于消费者;于是便寻找商品市场和原材料。

---

① 舒曼(F. L. Schumann):《国际关系政治学: 现代国家体系导论》(*International Politics: An Introduction to the Modern State System*),纽约,1937 年,第 226、264 页。

民族主义政策、传统和情感恰当地表述为"民族观念"，而后者反过来又可能成为民族主义的推动力。这些思想的历史及其影响仍有待书写。伴随着民族主义本身的剧变，20 世纪产生了一批伟大的思想家，他们受一种人类新信念的影响，阐述了民族思想。与 18 世纪的世界主义思潮相比，这是一个革命性的转变，但逐渐被人们普遍接受。在追溯这个观念的起源时，沃斯勒（O. Vossler）在《从卢梭到兰克的民族思想》（*Der Nationalgedanke von Rousseau bis Ranke*）中描述了那些先驱人物：直到 18 世纪，在英国有影响的是卢梭、伯克（Burke），美国是杰弗逊（Jefferson）；而到了 19 世纪，德国的爱国主义者是费希特（Fichre）和洪堡，马志尼（Mazzini）为意大利复兴运动（Risorgimento）的信徒；最后是黑格尔和兰克，他们深化并完善了这一观念。所有这些思想家的共同点是，在"我"中发现了"我们"，也即社会与个人的和谐一致——根据沃斯勒的观点，这是民族观念的根本问题。如果史家不考虑这些精神影响而依照社会现象（资产阶级的崛起）展开工作，很难理解欧洲国家（德国、意大利、俄国）民族主义的发展。

如前所述，民族主义的经济后果（也是最大的）之一便是对帝国的追求。这种现象根本不新鲜，史家把帝国主义这个术语也用在古代帝国上；但这个术语并不能包罗万象。我们需要将这个术语限定在对有异域人口的海外领土的征服；然后应该区分扩张的不同类型，所以罗马帝国主义虽然比现代帝国主义更宏伟，但仍然有它特殊的标志——正如弗兰克（T. Frank）在《罗马帝国主义》（*Roman Imperalism*）中表明的，首先是它的军事性质。欧洲的殖民扩张主要是由经济需要引发的，应区分它的两个阶段：16—17 世纪期间，当时由于欧洲和外部世界之间的"技术差异"（商业的进步、航海的改进）取得成功，而最近的扩张则来自工业革命和民族国家的狂热性。[1] 正如莫恩的《帝国主义和世界政治》（*Imperalism and World Politics*），或兰格（W. L. Langer）关注短时段的《帝国主义的外交（1890—1902 年）》（*The Diplomacy of Imperalism*）中所描述的，在这两种情况下，史家都应关注支持任何形式的帝国主义的真正人类群体，如工业家、商人、银行家、航海家、军事

---

[1] 舒曼前揭书，第 268、304 页。

家等等。

此处，我们进入了有趣而又令人遗憾的殖民史领域。有关这一宏大主题，基于前沿思想的通论性著作并不多见；在最近出版的著作中，必须提及缪尔(R. Muir)的《欧洲的扩张》(*The Expasion of Europe*)或赖恩(A. Rein)的《欧洲人的全球扩张》(*Die Europäische Ausbreitung über die Erde*)，二书主要分别论述了新、旧帝国主义，并互为补充。有关殖民史的著述，虽然涉及的领域更广，但却缺乏整体视角而专注于细节，或者不做客观的分析而是对"白人的负担"进行道德评判。然而，正如凯勒(A. G. Keller)仍有价值的旧著《殖民》(*Colonization*)，或弗里德里希(G. Friederici)最近的《欧洲人发现和征服美洲的特征》(*Der Character der Entdeckung und Eroberung Amerikas Durch die Europäer*)中所述，深思熟虑的史家在这个问题上应该探究殖民地的社会特征(它们与宗主国的关系以及当地的特点)，并且通过客观的事实和数据估计欧洲对本土社会环境的影响(对于稳定的殖民政策是相当重要)。另一方面，民族主义在本土社会的兴起及其对物质文明发展的影响，尤其是在亚洲国家，不应像通常那样通过宣传册式地展开，而应像科恩(H. Kohn)在《近东民族主义史》(*A History of Nationalism in the Near East*)中那样，做客观的追溯。

国与国间权力的均衡与斗争

与其他研究相类似，史家认为国家不是孤立存在而是与别的国家相互依存，并在相互依存的关系中发现了某些深远影响的重要特性。舒曼认为，权力是国家的核心，它在国际关系中作为目的而实现，尽管以"民族利益"的形式表达。① 诚然，这些相互重叠的利益在现代相当明显，但正如莫雷特在《从部落到帝国》(*From Tribe to Empire*)中所述，权力扩展本身就是大帝国形成的驱动力。"在一个主权单位不断参与竞争的国家体系中，权力在任何时候都是一个相对量，"——于是出现了国与国间均势的不稳定和众多帝国的短暂存在。国家的权力首先

---

① 舒曼前揭书，第 492、494 页。

依赖地理条件：这些条件可能是扩张的障碍（山脉、沙漠）或有利条件（河流、海洋）；还记得俄国沿着西伯利亚河流的扩张和英国横跨大西洋的迁移吗？其次，邻国的特征阻碍或促进一国的扩张，而这一问题由二者的"技术差异"决定。然而，不应忽视第三个条件，即国家的内在凝聚力，表现为民族中心主义或民族主义；不然，德国或蒙古入侵者的成功就很难解释了。

就理想的目标而言，这种扩张没有限度，正如维吉尔（Virgil）自豪地表达罗马的使命，它必须是"世界的主宰"（imperium sine fine）。这尤其是古代世界的特点。近东帝国已经从世界强国（weltherrschaft）的愿景中受到了鼓舞，尽管他们实现的只是一个大国（grossherrschaft）；值得注意的是，中国甚至印度也熟悉帝国主义理念；随着亚历山大大帝及其后继的出现，世界帝国的理想越来越接近，但最终的实现却远非那么雄心勃勃；只有罗马人承担了这项伟大的任务，建立了一个覆盖整个文明人类（当时所知的）的世界帝国。帝国灭亡了，但帝国的思想升华为基督教超验的普世主义，并在后来证明了它的强大力量。[1]

现代的局势发生了变化，欧洲国家间的交往特征不再是一个国家处于领导位置，而是国与国之间存在的紧张关系。没有一股力量（也没有希望）可以征服其他所有国家，而总会出现一个努力摧毁正在崛起力量的联盟；当今不是一个世界帝国的统治，而是几个帝国主义之间的争斗。近代的帝国，西班牙、法国、英国（下一个呢？）前后相继，因为现代国家之间的均势从来就不稳定；总有一些国家对有利于自己的均势感到满意，而别的受害国则要破坏这个均势。1500—1800年间欧洲的"均势"远非外交博弈，而应被看作一种复杂的历史现象，国家的本质——权力——在这个现象中得到了体现。

战争及其历史意义

史家必须从国与国间关系的实质而不是从王朝的争执中，寻找战

① 施密特黑纳（P. Schmitthenner）：《战争与世界变化中的战争》（*Krieg und Kriegführung im Wandel der Weltgeschichte*），柏林，1930年，第133页。

争的根源。施密特黑纳(P. Schmitthenner)研究了从生物为生存的斗争到现代文明战争的发展后表示:"就人类而言,不论精神和道德的统一性,在政治上仍然是分裂的,战争仍将是人类永恒的命运。"①老一辈的史家将注意力完全或主要集中在外交、军事和政治事件上,而现代的史家不喜欢历史战役(l' histoirebataille)。正确的态度应是什么呢?史家确实不能忽视作为权力工具的战争的作用,但他必须具备适合战争本身的研究方法,而不是军事学专家的方法。

首先,引发史家兴趣的可能是战争的目的。当国家不仅仅是将其权力扩展到领土之外,战争由此而具有严格的政治性时,不是每一个地区都能成为战争的目标,而只是一些有经济价值的地区;在自然经济状况下,战争的目标是耕地、矿产资源和一些特殊物品;随着经济发展和贸易剧变,战争商业化了,于是出现了海战;在现代经济状况下,政治战争变为经济战争,整个经济生活成为战争的领域。史家不能混淆这些不同的特征。其次,战争作为一种规则是由国家组织的,这是国家的特权,古往今来都如此;战争的结果以牺牲小国为代价而形成强国。但这类战争不同于中世纪常见的那种战争,那时随着国家的衰微,战争出现了一种新的形式,即为小势力(kleinherrschaft)而战的世仇。在现代国家战争中,我们必须区分宗教战争、王朝战争、民族战争和帝国主义战争。战争与国家是如此紧密地联系在一起,随着国家本身的发展而变化,史家应该认识到这种关系。最后,社会首先通过军队参与战争,军队至今仍是权力的主要工具。军队的社会组成或许不同——民兵或常备军、士兵或雇佣军、公民或职业军人,所有这些组织形式都对战争有很大的影响,因而对国家的命运有很大的影响。

除了施密特黑纳书中各个章节中详细讨论过的战争的政治、经济和社会影响之外,最近的世界大战也悲惨地展示了战争的一面,这便是所谓适者生存对人类文化的影响。这种生存似乎是一个神话。实际上,它是对最糟糕的人类种群的选择,而当前欧洲的文化危机无疑应归咎于它。史家在人类以往的经验中也能发现这种反向选择,正如巴巴加洛(E.Barbagallo)《文明的衰落》(*Le Decline D'une Civilisation*)中

---

① 施密特黑纳前揭书,第434页。

所述的伯罗奔尼撒战争后希腊的衰落，或内战后意大利的衰竭。不过，要得到确凿的证据，还需要更多的事实和数据。

　　如果史家从这样的角度看待战争，这意味着，当他展现了战争的政治、经济目的，领导和责任，战争的组织时，这幅图景所包含的就足够了；他还可以在不侵占军事专家领域的前提下，转而描写一些具有普遍意义的战役，而他真的这么做了——只是结果相当糟糕。众所周知，通史中的战争描写相当模糊和枯燥，这就是为什么它对读者没有吸引力的原因。描写战争需要对军事史做真正的研究；正如戈洛文正确地指出的那样，即使是军事史家在这个问题上也失败了，尽管该问题具有重大的科学和实践意义。① 除了研究战争之外，史家应该向天才的小说家学习，因为他们所描绘的战争是如此真实；司汤达(M. H. Stendhal)《巴马修道院》(*La Chartreuse de Parme*)中的滑铁卢战役和托尔斯泰(L. N. Tolstoy)的《战争与和平》(*War and Peace*)中的波罗底诺战役便是范例。

---

① 戈洛文前揭书，第二章。

第十三章　历史分期

历史分期的起源及缺陷

分期在历史建构中占有十分重要的地位,特勒尔奇认为正确的历史分期是他在《历史主义及其问题》(*Der Historismus und Seine Probleme*)中建构理论体系的最高成就。事实上,历史分期和历史综合这两个问题是紧密相关的;一个是把历史素材看作整体的不同部分,另一个则倾向于把握这个复杂的整体。[①]

分期问题在古代和启蒙时期都不存在;对政治史感兴趣的古代史家对发展阶段一无所知,而18世纪的文化史家只能理解文化的量的增长却不能理解质的变化。但经历过文化危机的人们不能对这一历史断裂熟视无睹,因此我们最常见的历史分期有着非常久远的源头。基督的降临、他的教导和复活对基督徒来说就像古代世界的一场灾难,因此中世纪的思想家们把罗马帝国和基督教世界区分开来——地上之城和上帝之城(civitas terrena and civitas Dei);奥古斯丁(Augustine)如此,弗莱辛根的奥托(Otto of Freisingen)亦如此。奥古斯丁的六个生长期(aetates)(最后一个在基督之后),或希罗宁姆斯(Hieronymus)的四个世俗王国:巴比伦、波斯、马其顿、罗马,这些为中世纪流行的历史分期奠定了基础。文艺复兴时期的思想家们对于中世纪也处于类似的境

[①] 有关历史分期的起源和体系,参见施努勒(G. Schnürer):《论世界历史的分期》(*Die Periodisierung der Weltgeschichte*,1900年);斯潘根贝格(H. Sprangenberg):《世界历史分期》[Die Perioden der Weltgeschichte,载《历史期刊》(*Historiche Zeitschrift*),卷127];特别是贝娄(G. von Below),对历史的分期表示怀疑[参见氏著:《论历史分期》(*Über Historische Periodisierungen*),柏林,1925年]。

地,人文主义者自觉地将那个时代与自己的时代相比,将其称为中间年纪(media aetas)。从 17 世纪开始,历史编纂学最终采用了塞拉里(Ch. Cellarius)提出的历史分期法,即把历史分为古代(止于君士坦丁大帝)、中世纪(止于君士坦丁堡陷落)和近代。

通常来说,教科书和历史教程至今仍在坚持这种分期法,尽管史家们一致认为这种分期并不完备。确定一个新时期从何处开始非常之难,因为它没有明显的标志,而且在任何变化中,旧现象也会持续存在于新现象之中;因此,史家被迫将"过渡"时期引入历史分期中,而他们有关主要阶段的见解则大相径庭。所以公元 476 年并不被看作是罗马帝国灭亡的日期,因为在当时的人看来,罗马帝国存在的时间要长得多;另一方面,被认为是中世纪早期特征的封建土地所有制、分配制度、托管地制(commendatio)在罗马帝国晚期早已出现;最后,欧洲的中世纪形成于什么时候,是在 5—6 世纪还是在 9—10 世纪? 因此亨利·皮朗认为,中世纪确切地说开始于查理曼大帝之后。同样,在与近代到来的相关问题上,对于谁是"第一个近代人"的问题也聚讼纷纭:彼得拉克(Petrarch)、路德,还是别人? 此外,宗教改革本身果真是一种近代现象吗? 斯潘根贝格(H. Spangenberg)在批判常见的历史分期时,把整个十六世纪(依照特勒尔奇)看作一个过渡期。

这种分期也可能受到另一个方面的攻击:用"黑暗时代"一词含蓄或坦率地暗示,与古代世界相比,欧洲历史的这一千年或其大部分是一个衰落时期。这种简单化的观点遭到天主教史家的普遍质疑;特勒尔奇在有关现代文化的综合中声言,这个时期是欧洲文明的母体,而事实上正是在这个时期,当时存在的文化,即基督教文化,传播到日耳曼和斯拉夫民族。因此,对于施努勒(G. Schnürer)来说,新时代涵盖了 7—20 世纪的整个历史,可以分为三个时期:教会时期、政治时期、社会时期,第三个时期仅始于 19 世纪。

特勒尔奇的历史分期

特勒尔奇为了取代传统的分期法,精心设计了另一种分期方法。[①]

---

① 特勒尔奇(E. Troeltsch):《历史主义及其问题》(*Der Historismus und Seine Probleme*),图宾根,1922 年,最后一章。

他有意识地把自己的分期限定在欧洲世界,虽然从更广泛的意义上说,斯拉夫民族和美国也包括在内,因为它们受到欧洲文明的影响。他区分了古代和近代,尽管他承认其间没有明显的断裂痕迹。即使有,或许也是基督教? 但他在古代世界中也找到了一些近代文明的源头,如希伯来预言学,古典的希腊、罗马帝国主义。中世纪与新时代(neuzeit)之间的断裂较容易理解;人们可以在14—16世纪看到大国和新经济的崛起、文艺复兴、宗教改革。自17世纪英国革命以来,一个以官僚君主制和解放运动(以法国革命为代表)为特征的新时期开始了。

这种分期本身是前后矛盾的,因为作者认识到很难确定主要时期之间的某些界限;基督教比中世纪还要古老,而中世纪是"我们整个存在"的母体;这些时期之间的界限无法确定,它们是变动的。特勒尔奇认为,较为明显的物质现象可以作为分期的大致标记,而事实上也差强人意。多普斯(A. Dopsch)最近的研究[《欧洲文化发展的经济和社会基础》(*Wirtschaftliche und Soziale Grundlagen der Europaischen Kulturentwicklung*)]表明,罗马的制度在墨洛温社会中依然存在。他的著作的范围是从恺撒到查理曼大帝——一个社会和经济发展没有中断的巨大时期。另一方面,如果说资本主义的发展是由美洲的发现所推动,那么美洲的发现则与葡萄牙的航海有关,而那些航海又与意大利人的中国旅行相关;所以季尼(E. P. Cheyney)在《新时代的萌芽》(*The Dawn of the New Era*)中认为,近代应始于13世纪和那些发现,这是相当合理的。

对普遍分期的批评,周期理论,
历史的二律背反

此外,对于任何类似的分期,也存在原则上的反对意见。这种分期主要考虑西方或受到西方影响国家的历史,并对与西方接触的东方国家感兴趣。这个体系很少关注或是视而不见其他国家的历史;似乎这些国家并不是"历史上"的国家,因为我们的分期对它们没用。然而,这种有限的观点可能是有道理的。每一个政治、社会、经济的历史序列,

都有自己的进程,它们各行其是而非同步并行;当不同的国家,特别是距离遥远的国家被纳入同一序列时,主宰力量的对抗会变得更加令人尴尬不堪;没有同步性,因此也就不存在分期的共同界标。事实上,人们只知道西欧有历史分期,且不论是好是坏;而最近,人们对东欧的历史分期做了一些尝试。至于东方本身的历史,根本没有恰当的分期,从高文(H. Gowen)的《亚细亚史》(*A History of Asia*)一书中可以看出,有关这一庞大主题的情况是多么混乱。当前,与"欧亚"运动相关,选取部分亚洲历史进行专门研究,从沃尔纳德斯基(G. Vernadsky)的《欧亚史论文集》(*Essays in the History of Eurasia*,俄文本)中,可以找到这个历史分支的第一次分期。

　　因此,根据凯瑟林伯爵(Cownt Keyserling)和马克斯·韦伯等非常严肃的思想家的观点,如果东西方的发展不能调和,就只能把我们限定在西方历史中。但正如雷海宗令人信服地指出,西方这个概念非常模糊,这个范围内的所谓共同周期实际上是从一个国家跨越到另一个国家。[①] 如果分期真的是为西方国家设定,那么为什么与罗马相似,位于西地中海的国家迦太基的历史,除布匿战争外,就不在这个分期的构想之中?为什么这个体系几乎不触及中世纪时伊斯兰统治下非洲国家的历史?这些国家的重要性并不亚于欧洲国家;另一方面,如果把东方国家排除在外,尽管埃及同样和希腊位于东方,可为什么仍然特别突出希腊的地位?如果说这个地理意义上的东方国家充满了西方文明,这就完全不对了,因为希腊历史的开端(阿卡亚时期)便存在着东方文明,那是当时唯一存在的文明。后来,罗马世界和希腊世界之间一直存在着文化差异,只有前者才真正具有西方形态。然而,东方人并没有从"历史上的民族"的行列中被完全剔除出去,只是作为某些"穷亲戚"(古代近东人)被归入历史背景。至于史前史,习惯性地将东方列入世界或古代历史手册,其中对原始人生活的阐述与往常一样不关涉时间和空间,至于东方与欧洲文明的联系、它对欧洲个性化文明的重要性,以及对现代欧洲民族假设应该有的重要性,仍然不得而知。

　　因此,庸俗的历史分期存在许多缺陷:地埋混乱、历史残缺、逻辑

---

① 雷海宗:《历史的周期》,载《中国社会及政治学报》,1935 年。

模糊。毫不夸张地说,那些分期只依赖军事和政治事件(这些确实是明显的标志性事件),其中几乎反映不出文明的发展。鉴于普遍分期提供的帮助如此之差,雷海宗建议放弃这种方案,首先遵照历史本身来划分文化周期;如果任何的周期化是可能的,它只能在给定的范围内。他似乎认为,每一种文化都必须经历从一端到另一端的特定周期;作为一种假设,他参照历史上的某些文明,认为每个周期的持续时间大约是一千年。雷是中国史专家,他将自己的理论述运用到具体史料中,建构了中国文化的周期,认为中国文化已经完成两个周期,第三个周期则刚刚开始。

　　几位新老学者都试图摆脱基于西方历史的普遍分期——此处要提及兰普雷希特的"文化类型"和布雷西格的"文化阶段",他们都认为自己的理论适合每个民族;斯宾格勒为该主题的个性化研究做了突出的贡献,他研究的只是文化周期而不是历史分期,认为每种文化本身都很重要;人们建立的任何分期标准都不够客观。斯宾格勒的三个周期——古典的或阿波罗的、阿拉伯的或魔术的、西欧的或浮士德的,而每个周期持续一千年,这已为人所熟知,如前所言,每个周期的特点鲜明而突出;但由于对进化论的崇拜,[①]他进而用文化"季节"的概念破坏了这个体系,在每个周期中文化"季节"前后相继——春天(宗教的兴起)、夏天(狂热的知性主义)、秋天(理性的支配)、冬天(实际的定型);在这个过程中,当一种文化固有的所有可能性都得以实现时,文化本身(或创造性的时代)便不可避免地退化为文明(或成熟的时代)。

　　在斯宾格勒的体系中,文化与文明的差别具有重要意义;这个差别是他对我们的现状(秋天)评价不很高、也是对我们的未来(冬天)悲观预测的基础。然而,斯宾格勒明确表示这种区别并不是如此绝对;他认为文化和文明不是前后相继而是同时并存;只要有创造性,便会有切实可行的工作;与我们现在看似非常机械化的生活正相反,它并不缺乏精神上的驱动力。而如果文化和文明之间的差异消失了,斯宾格勒构想的三个周期可能会被证明不是共时的,但事实上并非如此。在古典周期中,文化并没有退化为文明,因为罗马人接受了希腊文化,所以后期

---

① 　比兹利有关斯宾格勒分期的批评性评论,参见氏著前揭书,第175—179页。

的罗马"文明"并不是从源头上就地发展。阿拉伯文明的衰落不是一个内在的过程,而是由于蒙古人的征服;如果没有这种干预,阿拉伯的周期可能会发展得截然不同。在西欧的周期中,当一种沉睡了几个世纪的文化突然复苏时(19世纪中叶捷克人的剧变),这种情况是众所周知的。因此,与斯宾格勒"西方的衰落"的预言相反,西方的复兴并没有被排除在外。有趣的是,如果他还活着,将如何界定德国的现状:是堕落还是复活?

也许,斯宾格勒的周期理论并不能代替分期体系;但除去其中掺杂的生物学和进化论倾向,他的观点是卓有成效的,因为他的周期理论确实观察到一种历史节奏;但这种节奏不是有机现象而是精神现象(兰普雷希特),或许它的形式是特殊的,还不能确定它的具体特征(布雷西格)。

比兹利从另一个角度来攻击分期问题,他认为,如果历史分期声称具有客观性,则注定要失败。[1] 他批评了几个类似的尝试(特别是斯潘根贝格),发现它们相互矛盾。所有分期的作者无论采用什么标准,都能找到历史上的一些关键时刻,并据此将历史划分为不同的时期。有时人们很容易展示一个危机的明显标志,也即当几种截然不同的倾向汇聚在一股潮流中,对抗另一股潮流;因此,人文主义者和路德及其门徒们都可能同蒙昧之神维里(Viri Obscuri)作斗争,尽管路德本人离蒙昧主义者并不遥远。但有时却不能确定究竟哪种倾向在某个时期占主导地位;因此,以19世纪为例,保守浪漫主义或空想社会主义在上半叶哪个更重要? 以及如何调和下半叶、以实证主义为特征的同一运动中的斯宾塞和卡尔·马克思呢?

在比兹利看来,受历史思维二律背反的制约,史家在类似的努力中遇到的困难绝不是偶然的。若将历史过程理解为连续的,那么所谓的个体只有作为整体不可分割的一部分才有意义;另一方面,如果每个历史时刻都有独特的个体性,那么整体就会被看作一系列不相关的环节。因此,分期打破了历史的客观连续性,但作为一种旨在系统化历史素材的逻辑操作,它是合理的。这位批评家总结道:"史家有权按照自己的

---

[1] 参见比兹利前揭书,第164、165页。

喜好划分历史,而不会冒主观性的风险,因为他们从不站在客观的立场上。"史家很难默许这种态度;他受制于材料而不能随意处置它们;他的目标是重建客观存在的事实。如果一种分期完全依照事实,那确实最好不过;如果并非如此,史家并不能摆脱某些制约。令庸俗作家满意的分期可能完全歪曲真实情况。还记得小历史(petite histoire)如何摆布如路易十四、凯瑟琳二世(H. Keyserling)这些大人物吗? 其中,整个政府被描绘成君王宠臣的更迭。

历史分期的基础

情况并不像比兹利所想的那么绝望。他自己也承认,某些人有时确信自己目睹了一场灾难;这便是当奥古斯丁经历了巨大的挣扎和精神痛苦时,帝国末期许多人的印象,这也是当路德开始布道时,人们对改革(在革新的意义上)的企盼。我们的现代意识也表现出同样的不安,种种迹象表明我们的世界正在经历一场严重的危机。诚然,这种感觉可能是主观的;尽管如此,这种感觉对史家的分期仍然很重要,而且比他的个人偏好更能指导他。其次,客观地讲,历史的连续性也存在一些突变,我们称之为"革命";如果这些突变的要素与以前的发展有历史的联系,那就不能从中推断出一场革命——实际上是一次断裂。我们目前的经验于此再次证明,这种相当突然和彻底的变化(类似断裂)在人类社会中是可能的。现在我们可以得出结论:对历史分期的激进怀疑主义是站不住脚的。如果是这样,历史分期的合理背景是什么? 正如斯普朗格(E. Spranger)所认为的,代际更替是历史周期性的原因。[①] 他指出,当所有的文化领域和阶段在实现其生命形式(lebensform)时,存在一种类似收缩和舒张的交替。这种交替不应从过去的进化论者的方式机械地设想;这是一个创造性的过程,在这个过程中,确定的只是形式而不是本质;按照狄尔泰的说法,这个交替处于法则的必然性和理想的自由度之间。一种文化综合一旦形成,随后就遭到摧毁——这种现

---

① 斯普朗格:《生活方式》(Lebens formen),1930 年(第 7 版);也可参见考夫曼前揭书,第 84—87 页。

象在生活中经常重复出现，年轻人的到来引发了这种现象。

个人的发展过程中存在某些规律性（但并不排除原创性），文化的各个阶段在某种程度上再现了人的年龄段。有的史家，尤其是实证主义史家，很早就援用这个生物学的类比；在斯普朗格的解释中，年龄段不再是一个生物学范畴，而是深深地贯穿于历史生活之中。在婴儿和童年期，新一代依靠老一辈的指引，长辈首先通过"宗教—神秘的统一体"的形式把观念传达给孩子，接着通过教育体系。目前，两代人之间还没有对立。当年轻人的内心生活变得更加狂热，他们的要求过于绝对，他们的态度公然对抗社会时，"父子"之间的冲突就开始了。观念定型的老一代不能容忍这种倾向，因此当下的理性生活和青年对未来的情感性愿望之间产生了斗争。在下一个人生的成熟阶段，真正的男子汉气概的活动开始了，现实的需要遭遇了更高的期望，生活的平衡确立了，只有这样才能形成持久而有约束力的理想，而这些理想是留给未来的精神遗产。老年阶段不再是宁静的时期；人们会意识到自己的局限性，年轻时的梦想可能重新复苏，他对过去产生一种渴望。这是老年的一出悲剧。

这种个体人类生活的发展也反映在文化发展中；文化有自身的发展阶段：潜在的、初级的、全面的、反思的。斯普朗格的思想相当有价值，它解释了历史的二律背反——生命本身的矛盾，换言之，斯普朗格说明了历史现实为什么既因为不可避免的代际冲突而破裂，又由于共同的精神财富而得以延续；与斯宾格勒的"四个季节"相比，他的理论更好地揭示了"文化"与"文明"之间奇妙的区别。因此，斯普朗格的思想开辟了一条以现实为基础的历史分期之路；这表明，在文化的起起落落中，可以观察到历史的某种节奏。

布雷西格毕生致力于研究文化及其现象的周期性，他赞同许多德国史家关于人类文化螺旋式发展的观点。他力图比较客观地考察阶段说（stufenbau），而不涉及进步的概念；作为一位杰出的史家，他总是站在现实的立场而不陷入形式主义。他认为，周期的形式还不能决定其真正的本质；并不是每个民族都必须将自身周期进行到底，直到最后不可避免地消亡，而运行于相同周期的几个民族仍然能创造不同的文化；

只有过程的大致方向是确定的。这个概念中不存在宿命论。斯普朗格明确地说，未来取决于社会的品格而不是命运。

　　显然，历史的节奏并不排斥人的创造活动，毕竟人创造了历史；因此这种节奏不太可能通过数学方法构思出来，甚至确定大周期的时间跨度为几个世纪也值得怀疑。从三代人相遇在同一世纪这个事实出发，乔尔(K. Joel)在《世界观的变化》(*Wandlungen der Weltanschauung*)中提出了历史世俗节奏的观念；但这个历史分期似乎与我们的日历之间的关联度是人为的。[①]　不过，从经验中确实可以发现历史进程中的某些小的周期。[②]

[①]　除了在主要著作《什么是历史》(*Vom Geschichtlichen Werden*)外，布雷西格在《世界历史的规律与阶段建构》(*Der Stufenbau und die Gesetze der Weltgeschichte*，斯图亚特，1827 年)中特别详细地阐述了自己的理论。

[②]　索罗金对不同作家所述的功能、节奏和周期列了表格(参见氏著前揭书，第 730—738 页)。

第十四章　历史综合法的局限性

日渐增长的专业化

现在,我们已经到达了历史建构的最高点,即最终的综合。前所述及有关整体的历史综合的必要性和困难性,尤其适合这个庞大的概念。孔德抱怨他在当时的科学工作中观察到的"分散的专业化";他认为学者们把注意力集中在细节上,对大的整体不感兴趣,而包含整体的哲学观点被忽视了。这种抱怨实质上不无道理,但在当时却不尽合理。与之相反,当时形而上学的思辨空前繁荣,学者们厌倦了空泛而又荒诞的哲学观点,觉得真正的科学概括的时代尚未到来;学者们于是转向博学的工作。学者们远比孔德正确,孔德令人奇怪地犯了错,他反对使用显微镜并谴责恒星天文学。

当史家查找文献并开始撰写史学专著时,他们步入了正确的道路。与实验室工作人员类似,他们实际上推进了 19 世纪历史科学的进步,正是由于他们的努力,那个世纪被誉为"历史的时代"。[1] 相反,孔德对历史科学的影响虽然意义重大——但人们必须记住实证主义史学的整个过程——毕竟是短暂的,他关于历史演进三阶段的主要思想现已被完全遗忘,或者仅仅运用到一个更为狭小的领域——科学史。

无论专业化对历史研究有多大好处,却带来了一种可以称作显微学的危险,当史家把一生奉献给琐碎的细节或挖掘档案时,除他之外,没人对他的工作感兴趣。为了避免把时间浪费在琐事上,我们应强调

---

[1] 哈芬(L. Halphren):《法国史学一百年》(*Historie en France Depuis Cent Ans*),巴黎,1914 年,第 171、175 页。

并认识到努力展开较大综合的重要性;综合法在孔德的时代还不成熟,而现在却合情合理。博学的史家只会从投身综合工作的同事那里得到指导,当然并不是说,他将获得使他的工作成果适合某个既定体系的权威性指导,这个体系深刻而又极富启示性——远非如此。但作为专家,他将在解释自己感兴趣的那些奇异现象时得到帮助,他至少会将注意力集中到那些对历史科学发展至关重要的事实或档案上。由于相同的专业化,历史学对普通读者变得遥不可及,但普通读者并不会、也不可能对这个重要的知识分支失去兴趣;那些小历史、或耸人听闻的奇闻轶事的作者满足了普通读者的兴趣,有时损害了真相。概括性作品在这方面对读者和作者都有帮助;这类作品可能比现有的史学作品更能启发读者,并告知作者所需做的工作,因为目前许多畅销读物的作者需要更好地做好准备工作。

因此,专家和外行都呼吁综合,即使综合的结果不很完美,但也不能低估为此耗时的学者们所做的工作;综合的范围越大,难度越高,而它早晚会被适合更高历史知识层次的尝试所取代。从理论的角度看,最终综合的观念还是非常重要,需做进一步检视。

博学的和科学的综合，
二者在历史研究中的例证

首先,综合的类型各不相同。正如贝尔所言,"博学的综合"一定也是"科学的综合"。按照他的解说,博学的综合已经包含对某些事实的分类,但这种分类只是经验性的,因为仅就所观察到的联系对事实加以分类,例如,它考虑同一时间或地点发生的事实;科学的综合与这个过程不同,虽然也以事实为基础,但是从"理论"上抽象地显示了某些原因的作用,这些原因是阐明意义的要素。[1] 博学的综合这个术语很不恰当,因为每位史家显然都不是抄写员,在一定程度上从事着贝尔意义上的科学工作。但并不是每位史家都思考庞大的整体,还努力把它理解为一个活生生的整体;思考庞大整体的史家喜欢担负起历史综合的任

---

[1]　亨利·贝尔:《历史综合》,巴黎,1911 年,第 258 页。

务,他没必要把先前重建某个复合体而必须做和已经做过的所有工作都补上。因此,单纯的博学和名副其实的综合之间确实存在区别。

通常,最终综合的目的是对广博的史学领域中大量的事实,进行更深入和广泛的探究。史家在实现这个目的时,应区分必然性和偶然性,探寻历史事件更加全面的原因,进行更加广泛的比较,更加深入地研究历史本身的精神生活,简言之,从具体上升到普遍。当然,这样得到的结论具有假设的性质,但假设的意义又是什么呢? 如果假设没有假扮成确切的事实,那么它就是合理的,如果像通常那样假设能更深入地推进研究,那就更加合理了。毕竟,假设是人类智慧的所需之物,或许本身是自相矛盾的,但却是任何科学工作所固有的——即把历史现实的具体认识与对普遍性的崇高追求结合起来,人们无法回避。

当代史学出现了这类有趣的尝试。这些都是众多著名史家撰写,展示了广博学识的大部头出版物——某种程度上损害了综合的观念。英国有《剑桥史》(*Cambridge History*),德国有普罗比伦(Propiläen)出版社出版的《世界史》(*Weltgeschichte*),法国有《人类进化史》(*Evolution de L' Humanité*),各具民族特色。将要提及的是最具雄心的科学事业,《剑桥(古代、中世纪、现代)历史》(分为三种不同的出版物,现已几近完成)和《人类进化史》(只出版了导论和古代史),二者都是集体作品,但无论二书多么优秀,却不是涵盖整个历史的概括性作品。《剑桥史》由多篇论文组成,配有丰富的参考书目、年表、地图和其他附录,但没有脚注。尽管编者们付出了心血,人们自然不会期望这样的集体之作会有某种内在的统一性,除此之外,特别是在文化史方面,由于编辑们的宽容,还存在某些断裂(按时间顺序处理所不可避免的)、甚至不一致之处。但这项事业在第一次世界大战之前就已经计划好了,从那以后,随着我们生活的许多变化,历史综合观念发生了变化。《人类进化史》在构思上更具时代感,成果也较为前沿。尽管这是一部水平参差不齐的专题论文集,但它并不像某些专题论文的作者有时所表现的那样,并不缺乏普遍的观点;编辑本人,亨利·贝尔,在每卷的序言中都提到这一点。即使将贝尔的那些文章装订成册,单独出版发行,仍然不能代替历史综合的著作。

一般来说,任何这样的规划都只能证明是或好或坏的历史百科全书,但大多为平庸之作。这类著作要成为真正的综合,应该是个人、或至少是一小批学者的科学思维的创造,但在目前历史科学的条件下,这类成果无法完成。我们现在需要的是一部有关"普遍史"的优秀著作,它不包罗万象也不拘泥于事实,而是以动态性和统一性涵盖整个历史。20世纪初,有人曾做过尝试;其中林德纳(Th. Lindner)的《大迁徙以来的历史》(*Weltgeschichte Seit der Völkerwanderung*)特别受欢迎;作者是历史哲学家,也是优秀的史学家——一个罕见的优势组合。当代有项集体工作值得一提,那便是哈芬(L. Halphen)和萨古纳克(Ph. Sagnac)合作编写的《民族与文明》(*Peuples et Civilisations*)。在该书中,历史事实并没有被分割成碎片,而是以坚实的板块形式描述了历史上相应的伟大时期,至少其中有关欧洲历史是这样。事实上,这并不是一种完整的综合;但其中并没有忽视普遍的观点,这就是这部著作的某些卷给那些熟悉的主题带来新的启发的原因;因此,卷一(*Les Premiere Civilisations*)和卷五(*Les Barbares*)揭示了文明(卷一)和入侵(卷五)的相互依赖性,范围不限于最偏爱的国家而是扩展到更广阔的世界,富含着意想不到的冲突(哈芬在第五卷中提出的东西方关系)。当代独具特色的有意义的尝试非巴巴加洛(C. Barbagallo)莫属,他试图撰写一部内容广泛的通史;这部作品将博大精深的历史知识和广阔的视野结合在一起,目前正在迅速推进,已经撰写至文艺复兴和宗教改革时期。

历史概括及主要方案

上述著作就是当代最终综合形式"普遍史"的代表之作。这种综合的最终目的是什么,现在还有待观察——这是一个现代史学中颇具争议的问题。[①] 如前所述,历史综合是一个越来越全面的概念系统,其范围从最简单的要素,即历史事实,到历史整体;但史家们对于后者、也即最全面的历史建构的概念这个重要问题的认识分歧很大,此处我们将

---

① 比较新旧史学关于普遍史的观念,二者完全对立。旧史学的观念参见埃克塞诺波耳(A. D. Xenopol):《历史理论》(*La Theorie de L'histoirie*),巴黎,1908年;新史学的观念参见鲁滨逊(J. H. Robinson):《新史学》(*The New History*),纽约,1912年。

对其做一检视。

首先讨论反对传统历史书写形式的"新史学"这个概念。兰普雷希特最初对这一史学观念做了精彩的阐述，后经贝尔和鲁滨逊的推衍，至今仍有许多追随者，特别是在美国；但就其基本思想而言，尽管它"新颖"，并没有影响历史书写，而且遭到一些原则性的反对。

新史学的观念并不像人们想象的那么新颖，它是 18 世纪兴起的对社会现象抽象分析的产物，它在 19 世纪的复兴则归因于当时自然科学的进步，特别是生物学和地质学领域，这些进步激发了一股诱人的趋势，即将人文主义研究也提高到科学的精准水平。这一运动得到了史家的响应，随着统计学和比较方法在历史中的应用，探索历史规律成为许多史家的一种流行取向。冯特所谓的精神科学（geisteswissenschaften）提出科学也包括历史学，推进了这种趋势，因为精神科学可能将历史学这个概念从自然主义的偏见中解放出来。与数学在自然科学中的作用类似，心理学应该成为包括历史学在内的人文科学的背景，冯特自己也试图制定三条心理法则来规范所有的精神活动，也就是说，这些法则在解释历史过程时也是有效的。这些心理学法则实际上是含混的概括，对史家没有任何价值；冯特的心理法则只是抽象的概念，根本没有也没能解释具体的历史事实。

从那时起，史家对他的研究的理解不断深化，而心理学也得到了发展。在现代心理学的帮助下，当今的史家是否更具洞察力和事实感？在探寻历史普遍性方面是否更为成功？当然不是——尽管一些教科书中仍有相反的断言。因此，在斐德尔的著作中，我们可以找到一份完整的历史规律的清单，但又可以分为几个类别，[①]如有关物质性、人性、社会和文化生活的法则；其次是关于个人和群体的法则。许多"法则"只是日常生活的规则，很难推动历史研究。确实，我们该如何看待这样一条法则：食物和衣服的选择取决于季节？

事实上，在抽象概念和陈词滥调两极之间，某些严肃的史家在深入研究的基础上提出了一些经验主义的概括，并证明这些概括是行之有

---

① 有关新史学（宽广的视野、深入的方法）的真正成就，参见斐德尔前揭书，第 295、296 页；也可参见巴恩斯前揭书，第十五章。

效的工作假设。但迄今为止,对于历史整体而言,所有可能适用于更大概括的尝试都失败了,而历史规律概念本身就是一个矛盾。大致说来,用来概括历史进程的公式可分为三类,分别与神意论、智人论和经济人论有关。第一种最古老,但还没有被抛弃。①

　　神意论者认为,如果人是宇宙的一员,便受天意的指引,那么他的历史活动同样体现了神的指引,因此必须为某种目的(灵魂的救赎)而绝对地接受神的安排。在这种情况下,并不是说只有凭借直觉才能充分认识到支配历史的法则,而是这些法则如何才能适用于非基督教世界的历史? 比如说,这些法则如何解释中国历史? 其次,在基督教世界范围内,具体的历史现象如法国某部长的垮台,美国的总统选举,这些在上帝的计划中又占什么位置呢? 直觉不会给出令人满意的答案。

　　第二种模式,即"智人"模式,认为人类在整个历史生涯中,都在努力提高自己的能力,扩大自己对自然的控制力。然而,他在逐渐摸索中朝着这个目标前行,最终整个运动变得有了规律,而这种规律自身就表现为历史法则。这个观点在 19 世纪非常流行,人们做了许多与之相应的尝试来建构法则,但只要提到孔德、巴克尔、斯宾塞、海尔瓦尔德(H. Von Hellwald)这些名字,就可以看出这些法则并不比它们的作者更长命。鉴于我们目前的痛苦经历,那种逐渐上升的观念是站不住脚的。我们对人类发展的起点知之甚少,而发展的终极目标却完全不为我们所知,那么支配人类命运的法则意义何在呢? 而史家则倾向于表明,人类的发展往往是迟滞或明显倒退的;其中许多事件是偶然性而不是理性造成的。

　　第三种模式,即最近仍很流行的"经济人"模式,认为经济利益首先影响所有的人类活动,经济利益制约着某些社会结构及其反映的主导意识形态。"经济史观"是对这一思想的修正,声称为整体理解历史序列提供了一把锁钥,即根据依赖于社会技术组织的财产制度,将历史序列划分为如下阶段:原始经济、封建主义、资本主义(贸易、商业、银行三种形式),以及可以预测并即将到来的新经济制度,共产主义。许多

---

① 比尔德(Beard):《论人类事务》(*The Discussion of Human Affairs*),纽约,1936 年,第 103—106 页。

严肃的史家虽然不是马克思主义者,却运用了类似的方法,强调经济的重要性,并在研究特定问题上取得极富价值的成果;奇怪的是,基督教史家特勒尔奇建议从经济现象出发研究文化,因为经济现象更容易归类。

经济史观作为一种富有启发性的方法,效果甚好;但当它成为人类历史的普遍公式时,就经受不住事实的检验。"经济人"不过是一个抽象概念,而我们现在所知道的真正的人(可以合理地假定他在过去也同样)是一种非常复杂的存在,他出于各种动机行事,有时甚至违背他自身的经济利益。此外,非常值得怀疑的是,马克思主义的方案是否可以不加区别地运用于任何国家的历史,例如俄国的历史,尽管这个思想是俄国的官方学说。这就是波克罗夫斯基的俄国通史研究造作而又毫无生气的原因所在——俄国当代评论家利亚申科(P. Liaschenko)的认识——利亚申科反对马克思主义的许多观点,但他确实比波克洛夫斯基更好地把握了《俄国经济史》(*Economic History of Russia*)的材料。

何为历史规律?

目前为止,讨论的都是有关历史综合的普遍概念;但都没找到历史进程的普遍公式。更重要的是,历史规律概念本身与历史主题是不相容的。[1] 如果规律在"精确"科学中的意义是指事实之间的数学关系,就像在天文学、物理学、化学,或一定程度上在生物学中所发生的那样,那么历史科学显然无法达到。如果规律对历史学有何意义,这可能来自心理学的启示,但科学的心理学尚未建立;人们可能认为,现代心理学必须借用历史(事实上还有其他来源)来建立普遍性。历史学无法在事实之间建立数学关系,因为它不是实验性而是观察性科学,而且这种观察建立在非常不利的条件下。历史学与地质学、古生物学、动物学、植物学等描述性的自然科学更为相似,而区别在于它们所涉及的是普遍概念,而不是类别概念。与那些科学一样,历史综合旨在重建一个独特的过程或特定的系统(如历史地质学和系统植物学)。

社会科学如经济学、社会学的所谓规律,以及政治学所吹嘘的少数

---

[1]　亨利·塞前揭书,第 117、135 页。

几条规律,实际上只是经验主义的概括,而历史科学则缺乏这类规律;因此,历史科学与那些较容易概括的科学有区别。社会科学研究的对象是抽象的,如一些孤立而又静止的现象,这种情况易于观察,而历史研究的对象是许多具体的、互相交织的事件,并要将其看作是变化的过程。目前还不能对历史的主题勉强地做出更广泛的概括;冯特意识到了这一点,他试图指出历史学只知道在特定的情况下有效的"单一法则"——但这种界定会使问题更加错综复杂。

历史个体化观念:李凯尔特和特勒尔奇

如前所述,18 世纪的所有建构在根源上都是典型的,相较而言,19 世纪的建构特征正如迈内克所说言,是"用个性化的分析取代了对历史和人文力量的概括性分析"。[①] 同时,历史的精神实质从兰克时代起也越来越受到重视,他本人就认为"(历史中)所有的都是普遍的和个体的精神生活。"尽管很久以前许多史家的著述中已经接受了这个观点,但只有李凯尔特才将这种观念上升到理论体系;而且,他从历史逻辑的角度来探讨这个问题,而不是像以前的许多历史哲学家那样,陷入一种模糊的推测。前几章已不止一次提到他对历史理论的贡献;[②]我们现在必须论及他关于最终综合的思想。

历史学与普遍性自然科学完全不同——不仅因为它的主题,而且因为它的目的;历史学是一门个体化文化的科学,一门文化科学(Kulturwissenschaft),因此,它与同样涉及人类文化并从普遍观点出发的法学或经济学不同,属于另一个类别。根据李凯尔特的意见,文化是文化产品绝对价值的体现,因此一个社会的所有成员都承认它的重要意义;这些产品可能是基本产品,例如国家及其机构、经济组织和其他具有永久性质的产品,也可以是仅在特定时间内具有重要意义的常

---

① 迈内克(F. Meineck):《历史主义的兴起》(*Die Enstechung des Historisums*),慕尼黑,1936 年,卷一,第 2 页。

② 除了前面提到的《自然科学概念形成的界限》之外,李凯尔特关于这一主题最重要的著作还有《自然科学和文化科学》(*Kulturewissenschaft und Naturwissenschaft*,弗莱堡,1926 年)、《历史哲学》(*Geschichtsphilosophie*)(海德堡,1924 年第三版)。

规产品。因此,史家研究的是能够承载这种估定价值的材料;在李凯尔特看来,价值不包括任何个人或阶级的评价,既不体现在写作风格受德意志帝国建立影响的史家们的著作中,也不体现在接受资产阶级和无产阶级对立观念的现代史家的作品中。李凯尔特的标准是相当客观的,因为史家的估定价值与事实无关,估定价值本身似乎就附着在事实上;价值是人类特有的,而人类是历史的真正中心。李凯尔特自己也强调估定价值与价值之间的关系非常重要,他认为这种关系是价值关联(wertbezichung)而不是主观的评价。

因此,历史事实不仅是单一的或不重复的,而且是具有创造力的或有价值的;历史事实不能像自然科学那样从属于普遍概念,而是整体的个别部分,并从整体中获取意义。因此,史家并不是要建构越来越普遍化的概念体系,而是要从整体上、越来越广泛地去把握历史事实,最终目的是建构一部"普遍史"。实际上,普遍史研究的是西方世界的发展,它是一套要求得到普遍承认的特定价值体系,但李凯尔特认为,欧洲及其史学家并不知道东方世界可能有自己的价值观。但为了保持所构思的历史的统一性,李凯尔特把西方的历史纳入一个更大的整体,即人类的历史,而把后者纳入一个更大的整体,即我们星球的历史。对于专业史家来说,这种人类历史范围的扩展更多是理论上而不是实践上的兴趣。

可以看出,历史中体现的价值只有相对意义,因为史家接受的价值是历史给予的;当历史哲学家思考这些价值时,便成为真正的普世价值,李凯尔特试图为普世价值找到一个必要的基础。他建构了一套形而上的价值体系,这套价值体系体现在人类生活中,也是任何文化的前提条件,并在历史进程中作为经验性价值观得以实现。于是,历史的综合就可以完成了,而作为综合基础的估定价值标准也就有了绝对的依据。

然而,无论李凯尔特的思想在哲学上多么深刻和发人深省,但都经不起来自历史科学的批评,尽管这位思想家力图尽可能接近历史科学的目的。首先,有人认为,历史事实并不局限于上述意义上可被归类为有价值的现象;正如迈耶所说,"历史上重要的是有价值的或曾经有价值的"。[①] 这个定义更多考虑的是历史事实本身,而不是描述历史事实的历史科

---

① 迈耶:《历史理论和方法》,哈雷,1910 年。

学,它基于历史关联性(zusammenhang)这个重要概念,而李凯尔特主
要讨论的是历史解释,解释毕竟是一个主观的过程。其次,如果我们承
认非欧洲文化也体现了自身的特定价值,那么以欧洲文化为中心的"普
遍史"又将发生什么呢？毫无疑问,普遍史的统一性将被打破。因此,
被放置在超越历史的超然崇高中的李凯尔特的价值体系,可能在宁静
的时代具有普遍意义,但在我们狂热生活的当下,在许多持久的价值坍
塌之后,就不具有普遍意义了。

　　另一位深邃的思想家和杰出的史家特勒尔奇从另一个角度探讨这
个问题,他试图为文化价值找到一个不超越历史而是在历史之内的稳
定基础。作为一位基督教史家,他对基督教启示的客观性特别感兴趣,
而这种客观性正受到历史怀疑论的威胁;作为一个思想家,他深受战后
不稳定生活的影响,当时所有的权威都受到质疑。[1] 特勒尔奇认为,历
史不只是过去和现在的盲目序列,而当我们的生命与"全部生命"相一
致时,也即当我们有理想的前景时,我们的生活才是合理的。当然,这
种理想来自当时相当乏味或烦人的环境,但这种"朝向未来的意志"是
有效的前进方式。这种崇高的理想是无法确定的,它针对的是信仰问
题,但并没有损害它的重要性,迄今为止的历史过程证明崇高的理想卓
有成效。如果人类能够把握并推动他作为其中一环的历史过程,那么
对宇宙整体的理解于他而言仍是封闭的——想要理解宇宙整体的最终
目的,只能通过它在历史中的个体表现的暗示。但这些局限并没有削
弱理想的历史意义。

　　至于理想的具体特征,每个民族、每个时代都有特勒尔奇自己说的
"文化复合体",历史上的人都是根据这个遗产来思考和行动。无论史
家与个体事实多么遥远和陌生,他的任务是从"伟大、力量和威严"来接
近它们。他要想获得成功,必须将不同的文化与自己的文化进行比较,
而且就他自己的文化而言,他应该批判性地区分"文化复合体"中仍然
存在与已经消亡的东西。

---

[1] 特勒尔奇:《历史主义及其问题》,图宾根,1922 年。考夫曼简要概述了特勒尔奇的思想(参见
氏著前揭书,第 55—65 页)。有关特勒尔奇和李凯尔特思想的英文著述,参见曼德尔鲍姆
(M. Mandelbaum):《历史知识的问题》(*The Problem of Historical Knowledge*),纽约,1938
年,第二章。

特勒尔奇思想的重点是生命价值的客观意义和文化表现的个体性。作为专业史家,他在讨论如何建构历史整体的方案时,表现出比李凯尔特更现实的精神。他的兴趣主要集中在现代,认为现代始于文艺复兴时期;现代是众多因素——如古代东方、古典希腊、罗马帝国主义、北欧性格(Nordisches wesen)、中世纪等,相互作用的结果,这些因素在普遍史中占有重要地位。照此设想,现代不属于特定的历史,但必须考虑那些因素的整体意义,换言之,那些因素的影响仍然存在于现代文化中;同样,可以忽略与发展主流不同的历史。而且,当那些作为不可分割的组成部分而进入我们生活中的文化,对人类的提升、进而对我们世界的贡献最为显著时,史家必须站在文化发展的最高点上将它们提炼出来。由于精神生活现象不像物质生活现象那么容易理解和解释,特勒尔奇建议最好从研究政治、司法和经济制度开始;它们的意义比更高层次的文化的意义表现更清晰。但与马克思主义史家不同,他坚持认为生命整体有自身的精神,这个精神并不能从物质现象中推导出来。

在整体建构中,价值估定标准普遍意义的问题仍悬而未决——对史家而言的确如此;作为思想家的特勒尔奇不能对其置之不理,他不顾自己对思辨哲学的警示,冒险研究"元逻辑",他便成了马勒伯朗士(Malebranche)和莱布尼茨(Leibnitz)的门徒。他暗示道,我们参与了"全部精神(或一切灵)"的生活,一切灵在历史传统中闪耀,并证明我们的过渡性生活是合理的;只有当我们的灵魂从上帝而生,以一个单子的形式承载着神圣的物质时,普遍意义的价值估定标准才是可能的。

事实上,特勒尔奇的普遍史是一部强调现代的西欧史,而且从他自己的观点来看,这个范围并不完全合理;为了更深入地了解现代文化,我们希望跨越西方历史的常规界限,即它与伊斯兰文化的对抗是有启发性的,首先因为伊斯兰文化在哈里发的统治下还没有发展到尽头;其次,尽管伊斯兰文化遭受了蒙古侵略者的摧残,仍然对欧洲文明产生了巨大的影响。事实上,特勒尔奇从历史本身中提取出西方历史体现的价值观;但当他试图从莱布尼茨的单子论发现这些价值观时,这样的解决方案既不能满足哲学也不能满足宗教。[1]

---

① 考夫曼前揭书,第 65 页。

周期理论及其要点

上述问题为个体化的历史理论提供了重要的依据；李凯尔特和特勒尔奇在建构历史时都无法达到完全的客观性；这或许暗示着总体上来看，建构普遍史的问题无法解决？无所不包的综合理论失败了，或许因为唯一的综合是不可能的；它缺乏客观的背景，因为并不存在一个整体的人类。事实上，世界存在着不同的人类，它们依照自身的发展周期彼此独立又相互关联地运行，但这种运行总是个体化的。周期理论也是一个古老的概念，18 世纪的维科（G. Vico）曾做过相关阐述，但形式（如彼此平行的螺旋形线圈）非常绝对化，因此站不住脚。如果某些周期确实在自我重复，可它们的环境并不相同，所以这些重复是相似而不是相同的。[①] 由于斯宾格勒的尝试，这个理论以春、夏、秋、冬文化季节的简单形式得以复兴，可前景并不乐观，因为仅仅从一个生物学的比喻中没有什么可期待的。但斯宾格勒的思想比这更深刻。

斯宾格勒正确地坚持任何文化周期的个体性（假定有阿波罗式、阿拉伯式、浮士德式三种），而且更令人鼓舞的是，他试图解读任何文化展现自身的"符号"。周期的个体性特征假定，它的发展可能比斯宾格勒所认为的季节序列更为复杂；他对历史现象精神本质的探索，与现代史学的发展趋势相一致。但我们可以更进一步。如果更大的周期果真具有内在统一性，史家可以思考它们，他也可以感知周期在某种程度上有限的封闭性。尽管欧洲和阿拉伯文化之间存在种种差异，但仍可以将地中海世界视为一个精神上的统一体；正如比兹利所说，这个世界有两个特征性标志——理性主义和历史主义。[②] 另一方面，根据斯宾格勒的观点，依照斯拉夫学派的认识，俄国远非一个"伪形态"的组成，难道不能按照自身的周期运行？斯拉夫派对西方文化的批评，以及他们对俄罗斯精神独特性的强调似乎非常深刻；正如很久以前丹尼列夫斯基（N. Y. Danilevsky）在《俄国和欧洲》（*Russia and Europe*）中指出，这

---

① 比尔德前揭书，第 95—97 页。
② 比兹利前揭书，第 269—271 页。

两种文化类型之间存在差异,最近发生在那个国家的事件更加证实了这点。

对于更大范围综合的目标而言,类似的探究虽然范围上有限制,但方法上有严格的界说,这种探究比寻求历史过程的普遍法则或历史整体的建构更有成效。史家运用这种方法,协调了历史的整体观与个体观,运用比较法实事求是地对待历史的特殊性,更深入地洞察历史现象自身。但这样不能也不可能达到完全的历史建构的统一性。汤因比运用这种综合方法对社会类型做了尝试性的研究,他将社会类型分为:西方、东正教、伊朗-阿拉伯、叙利亚、印度、中国,"化石"的社会类型包括:米诺斯、苏美尔、赫梯、巴比伦、安第斯、墨西哥-玛雅、埃及。根据这些社会类型对"普世教会"的归属模式,汤因比进一步把它们划分为五种类型。[1]

历史综合的绝对意义

还有最后一个问题,即历史综合的绝对意义。无论史家多么客观,都不得不加以评价,而最公正的史家也不是铁面无私的;但建立估定价值普遍标准的努力不可避免地会失败,而且对于历史来说没必要——然而不是在历史是"对过去的当代思想"这个意义上。尽管克罗齐的这个观点很有说服力,但人们决不能默许它。如果历史书写不过如此,那就有点像拍打空气;但它渴望的是别的东西。史家必须处理的仅仅是经验价值,不论它们的名称如何,而这些经验价值已为别人所承认,实际上是过去的推动力;正如特勒尔奇所言,如果史家自己置身于历史之中,这些价值就会进入史家的认知范围。这就是历史技艺的科学意义;由此获得的结果是持久的,而史家的评价是当代的,并随他而消亡。

要想让自己进入他人的精神之中,史家必须具有直觉天赋,所有配得上史家这个称号的都具备这种天赋;然而,伟大的史家并不多——为什么?因为普通的直觉回答这样一个问题:在恺撒或拿破仑所处的境

---

[1]　汤因比在《历史研究》第一卷导言、第二、三章(第 129—136 页)中,讨论了社会的分类和可比性。

况下,我自己应该怎么做? 但这并不重要;重要的是知道:恺撒或拿破仑本人的心理;创造性的直觉可以很好地理解它,但这是一种罕见的天赋。[①] 历史科学中最宝贵的东西是这些史家和他们的直觉,而不是"过去的当代思想"。

随着对过去重构的推进和对文化符号的解读,历史研究的最终目的——对事实的合理解释,就越来越接近。但正如梅耶松指出的,这个过程永远无法完成,总会有一个不合理的余数。任何解释性科学都如此,尤其是研究人类个体的历史更是如此;精神富有的个人总会在自己身上隐藏一些不合理的东西,这些不合理的东西难以进行历史综合。希望随着历史科学及心理学方法的进步,完全消除不合理的残余,这只是一种幻觉;莎士比亚或康德永远不会从他们所处的环境中被演绎出来,也不会被分解成他们的"元素"。因此,与唯一的综合思想相类似,最终的综合仍然只是一个逻辑上的界限,而不是历史建构的真正实现。

因此,必须坚决摒弃历史学可以解释历史上所有事物的观点。正如一些学者所断言,要达到这个目的,处理必要的文件和拥有大量的图书馆是不够的。诚然,普通的和变态的现代心理学、精神分析学、腺体心理学甚至猿猴心理学,揭示了人类行为的许多秘密源泉,巴恩斯(H. E. Barnes)向史家介绍了这些信息,但这些还不足以完整地解释恺撒或莎士比亚。[②] 尽管人类的思维结构没有发生根本改变,但是认为恺撒和莎士比亚的行为和思维方式,与巴恩斯教授对他们的研究完全符合的假设,仍然是一种自欺欺人的想法,而且我们有各种理由认为,事实会正好相反。

---

① 比兹利前揭书,第 235 页。
② 巴恩斯前揭书,第 389 页。

第十五章　史学作品

史学作品规则的特点

在一部有关历史综合的著作中,对史学作品的形式和方法做一些讨论并不多余。当然,这个讨论不是从史学作品作为一种文学体裁,它可能适用某些美学标准这个意义出发;虽然史学与文学之间的关系很古老,但现在已经破裂。实际上,在修昔底德或塔西佗的笔下,或近来浪漫主义史家的历史书写中,确实产生过文学杰作,或者至少是假装的艺术作品(如浪漫主义者努力塑造的作品,常常损害了历史本身);当然,那类作品应该从美学的角度加以评价,但超出了此处讨论的范围。

另一方面,当代史学严格的科学性并不意味着它的外在形式必然是晦涩和笨拙的;如果史家不只是为了自娱自乐而重建过去,而是为了把自己的工作成果传递给他人,那么博学的史家就不应直接无视显然存在的史学作品的规则。从这个意义上说,史学作品与历史综合相关,毋宁说其形式和方法必须引起人们的关注。

史学作品的规则取决于作品的主要特征:作品属于原创性研究(forschung)还是成果陈述(darstellung)至关重要——两者在目标、方法和内容上大异其趣;显然,这两类作品本身的形式和方法也会有所不同。需要强调的是,为了防止任何误解,上述意义的历史陈述类作品既没有被看作是次于研究作品的著作,更没有将其贬低到毫无编纂技能的行列。这两类史学著作都有其科学功用和实用价值。此处强调的是成果的新颖性。就前一种情况而言,一切都是新的:材料是新的,对它提出的批评是深刻的,它对过去的建构是原创的;总之,是对历史科学的全新贡献；在后一种情况下，学者利用了前人的工作，他只是利用自己在某个或其他领域的研究来完成它，或试图对已知事物做出新的阐释；一种情况下，作品的形式在本质上受材料本身的制约；另一种情况下，史家本人可以自由地为他的作品找到最适合的形式。

史学作品的形式：论文、专著、手册、评论

实际上，就像在任何科学领域一样，历史文献中可以观察到的史学作品的形式如下：广泛意义上的论文（可能是文章或著作），内容丰富程度不等的专著，手册（或教科书），以及期刊中作为辅助形式的评论。[①]

论文（Abhandlung）的目的是在原始材料，或对已知材料重新解释的基础上，运用严格的考证方法，论述一个特殊或复杂的问题。论文也可以研究旧的事实，但它的主要目的是发现新的事实；因此，论文是史学作品中最重要的形式，首先是因为它重构了一些史家尚未知晓的历史事实。工作范围对论文的目的并不重要，只有结果是重要的，于是，这项工作往往形成了一篇文章；但有时，一部卷帙浩繁的著作分为一系列论文［如布索尔特（G. Busolt）的《希腊史》（Griechische Geschichte）］，这不利于作品的统一性。论文和实验室工作一样，史家要紧密联系材料，还受到所用方法的制约，有时所有工作的结果只能达到局部的综合；确实，这样的工作最不可能达到作品的完美性。尽管如此，我们还是希望它能使读者信服，至少具有架构的清晰性；如果论文是可疑或模糊的，它对历史知识的贡献便值得怀疑了。

专著是在前人或自己工作的基础上，对已经知道或尚未知道的事实的陈述，其主要目的是对历史综合有所贡献，而不太关注完成这项工作的过程。适合撰写专著的题材可以是一个大的历史群体、或一段历史、甚至一部通史，其中的劳动分工促成了这种综合形式；但短文、小册子、论文也可以带着同样的目的首先陈述而不是探究事实。这并不意

---

① 朗格诺瓦、瑟诺博司：《史学原论》（法文版），第 263—273 页；鲍尔：《历史研究导论》，第 329—336 页；斐德尔：《历史研究法教科书》，第 348—351 页。

味着专著这样的作品是为一般读者而写;除了"庸俗化的作品"外,这类纯科学性质的作品是为专家而作,但有一个特征,即作品内容的重心取决于作者眼中的读者。

专著的重要性不容低估;如果它没有直接推进研究,但回顾了历史科学中某一或其他领域已经做了哪些工作,仍然存在哪些空白,因此成为不可或缺的历史综合形式。许多伟大的史家也将宝贵的时间献给了这类著作,并撰写了许多杰作,这些著作至今仍是史学史上的里程碑。

涵盖庞大主题专著的作者既要大量利用前人的成果,还要面向广大的读者,他必须格外留意作品的撰写——如果对读者没有吸引力(这是次要的因素)——至少也是容易读懂的;鉴于现代历史著述的广泛性,这点非常重要。成功的历史专著的首要条件是完备性;对主题的处理必须详尽无遗,但无须过多地涉及不必要的细节——这的确是一项困难的任务。伟大的史学大师们有能力写出这样的著作;如兰克在《罗马教皇史》(History of the Roman Popes)中,成功地运用了详尽而又简洁的写作方式。这便是老一辈大师的作品中至今仍能感受到的魅力所在。优秀的专著还要求风格引人入胜,笔法深入浅出,结构前后一致。[①]

最简洁的历史书写形式是手册(或教科书)。它的范围涉及通史,或选取通史中某个大的时段(古代、中世纪、现代史),或局限于某个国家或民族的历史,或专注某个历史分支学科,如政治或经济史、机构或教会史;在任何情况下,它的目的都一样:通常是综述某些较大主题的历史知识现状。

手册是为那些历史技艺已经入门的初学者甚至专家编写的;除了陈述事实之外,手册还必须是史家不可或缺的专业技术指南,如手册所属范围内的原始资料和辅助性著作列表、存疑问题的讨论、在特定领域中仍然存在的空白的指示。手册包含的具体内容取决于不同国家的教育制度,因此美国使用的历史手册与欧洲出版的有很大的不同。欧洲的手册通常更前沿,需要学者做更多的工作,但可读性不及美国的手册

---

① 有关学术著作的规范,也可参见冯克(L. Fonck):《科学工作》(Wissenschaftliche Arbeiten),1916年,第76—110页。有关技术方面的细节,参见斯帕尔、斯文森:《科学研究的方法及重要性》(Methods and Status of Scientific Research),纽约,1930年。

（尤其是德国的）。通常来说，史学手册在作品的完美性方面差强人意，因为要在不牺牲科学精神的前提下，对历史的多样性和丰富性进行简要的总结，实非易事。德国有学术水准很高的手册，例如《古典学手册》（*Handbuch der Altertumswissheft*）系列，其中包含了学者或学生所需的一切；但其中许多内容只是一部有关某个主题简短的百科全书，而有时写作风格异常枯燥；最近尚未完成的法国出版物《克里奥》（*Klio*）在这方面更具吸引力。

教科书的规划与手册相异：目标不同，构成也不同。教科书通常只向学生或读者介绍科学，它的主要目的是陈述历史事实，既不批评也不评论。诚然，教科书的事实必须是牢不可破的，并以无懈可击的形式提供给学生，毋宁说教科书的风格是个重要问题。历史教科书的信息必须是最新的，题材的编排要清晰全面，文风要活泼生动，而且——要有教育意义；最后这点要求现在强调得很多，俟后讨论。在此我只想说，无论历史教科书的目标多么中庸，范围多么有限，不幸的是，依照编纂者的意愿，可能会歪曲一些重要的真相，对青少年的教育造成很大的危害；因此，编者的作用非常重要，希望史学大师们也不要忽视这种形式的作品，并以科学的诚实态度完成它。

书评是史学作品的辅助形式，但并非无足轻重。在当前历史期刊的组织形式下，书评对历史综合做出不小贡献。评论者希望检验某项工作的结果，根据自己的知识做出有益的补充，至少指出其中工作的缺失。有时，评论只记录出版物的目的、内容和结论［报道（berichterstattung）］，而不做批判性的分析；这类评论意在引起人们对某一作品的注意，但并不是说作品本身（eo ipso）无可指责。

批评性评论更为重要和负责，形式大致有以下几种：书目通知、简短评论、批评性文章，还有如现在《历史评论》（*Revue Historique*）中有关许多著作的公告。当评论人足够称职并具有完备的知识时，所有这些工作都是必要和有益的；不幸的是，事实并非总是如此，现在的评论都在确保每一部著作对我们的知识是宝贵的贡献，该书作者对事实有正确的判断，作者对作品的具体处理非常得当；读者从这种毫无意义的评论中能得到什么启示呢？

历史小说问题

上述历史作品的形式和方法都与文学毫无共同之处,但似乎还有一种文学体裁与历史相似,这便是历史小说。这是个错误的观点。当然,19世纪初,历史小说比历史著作更受欢迎;不仅大众欣赏它,有的近代史家也从中获得了灵感[如梯叶里从沃尔特·司各特(Walter Scott)那里];同样地,一些博学的作家,如埃伯斯(G. M. Ebers)便创作了激发人们对埃及学产生兴趣的优秀小说;毫无疑问,浪漫主义史家从小说中借用了一些历史学能够利用的创作手法。然而,两者现在分道扬镳了。

这不仅因为目前史学方法已渐臻完善。这是原则性而不是技术性问题。历史小说的目的错综复杂;它必须揭示在特定时空条件下隐藏的普遍性——人类的心理,要写出一部优秀的历史小说,仅从过去选取一个主题是不够的。[①] 将历史和文学的功能结合起来很难,但两者一旦结合,一部优秀的历史小说便诞生了,如列夫·托尔斯泰的《战争与和平》,尽管其中存在着无可争辩的历史缺陷。相反,有的作家虽然学识渊博,但创作的历史小说却完全没有艺术感。博学对创作帮助不大,创造性直觉对小说家更重要。

此外,历史小说正在衰落,这与当代史学的繁荣迥然不同。有些小说家过于依赖学识,但在创作中仍然遭至失败;他们草率、随意、不加批判地借用史学著作,结果作品没有艺术价值,还不如史学作品本身。在国外也颇受欢迎的俄国小说家梅列日科夫斯基(D. Merezhkovsky),提供了这类双重失败的例证,特别是其后期的小说,如《十二月党人》(*The Decembrists*);书中所有的一切都从史学作品借用而来,而阅读那些作品远胜于阅读这部小说。然而,假设历史小说碰巧是如上所述的天才之作,它仍然不能替代史学作品,或许它比史学作品更好,但并不属于史学。

---

① 比兹利前揭书,第190—195页。

史学作品的写作方法

前面所述便是史学作品的主要形式；通常来说，仅仅就史学本身而言，这些形式与其他科学中存在的形式相类似，程度不等地强调了材料的研究和运用；但就再现非理性、个体化和连续性的历史事实选取的方法而言，历史叙述的独特性就变得更加突出。按照道诺（C. F. Daunou）的老方法，我们现在必须再次记住史家不关心任何修辞规则，道诺曾撰写《历史研究教程（1842—1849）》(*Cours des Etudes Historiques*)，在他的时代，史学对许多人来说仍然是文学的分支。史家不想影响任何人的审美感受，但希望以类似的方式向读者揭示历史的秘密，为此需要一些特殊的文学创作手段。像迈耶那些精于严谨的方法，并能将自己作品塑造成完美典范的史家们，都认识到了这点。史学作品的写作方法主要涉及作品的选材、布局、塑造性、个性化、整体性，而在所有这些工作中，史家不可以摒弃直觉。①

史家在工作的各个阶段都要进行材料选取；为了将结果传达给读者，他还须诉诸同样的程序，即他应关注与主题相关的重要内容，而忽略无关紧要的细节，因此他的书面表述必须经过裁减。乏味的学究会谴责这种对事实的"简化"，但伟大的史家从不以著述的页数为傲，实际上，要写一部简洁、准确的著作，但价值又不逊于冗长、散漫之作，难度远远超出人们的想象。这便是修昔底德的简洁型著作，永远是历史书写的里程碑的原因之一。

当然，这并不意味着好作品都是简短的；但能区别基本事实和细节的作者，值得赞扬。这种区别不应导致武断的选择，史家在这一微妙的行动中必须警惕。如果他注意那些经常发生、或造成许多后果的事件，或在参与者看来是重要的事，他就会被事件本身的进程所引导。脚注起着存储细节的功能，有助于史家的表述；但如果一本著作中充满了经院派史家式的注释，并不能提高作品的价值。作者必须节约读者的时

---

① 伯伦汉：《史学方法论》，第 777—789 页；迈耶：《历史理论和方法》，哈雷，1902 年；斐德尔：《历史研究法教科书》，第 355—359 页。

间,而读者也不愿去复原作者的作品。以古朗治为例,他可以征引一百条原始材料[《古代法国政治制度史》(*Les Institutions de L' Ancienne France*)],但却更愿意把它们整合为一条;他曾说,"几行结论需要数年的分析"。引文就像建筑工人的脚手架,建筑完工后必须收起。

史家要恰当地处理能够压缩的素材,以便易于发现根本问题与细节之间的从属关系。按照事件的时间或地理顺序叙事的旧方法,虽然看似客观,但叙述却过于枯燥,即使优秀的著作也经不起检验,霍姆斯(T. R. E. Holmes)的《罗马帝国的缔造者》(*The Architect of the Roman Empire*)可以证实这点,其中逐年追溯奥古斯都的生活;许多关于19世纪南美历史的优秀著作,由于严格按照地域性处理素材,使得读者对这个本身颇具启发性和生动性的主题失去兴趣。因此,主旨式布局更可取;这种布局更加恰当地揭示历史现象的直接和间接关系。史家必须清晰地将题材细分为部分、章节、段落;分析性的目录有助于阅读,末尾的结论有助于把握主导思想。一部没有分章和章节标题的冗长之作,是非常单调的。

史家必须比任何学者都更能塑造性地描述事实;为此,确实没有可以遵循的统一标准,因为风格的塑造性对于不同的读者(如学者、学生、公众)意味不同;但有的方法对作者和读者都有帮助。一是比喻的运用;因此,当一个历史现象与另一个更熟悉、或更接近我们的现象相比时,就会得到更好的解释;于是,史家提及古希腊和古罗马的中世纪,提及希腊帝国主义和罗马资本主义,或者他们把物理学或生物学的定义运用到历史描述中。不要忘记,这只是一种写作而不是研究方法;混淆写作和研究方法可能会导致真相的扭曲,例如,读过费列罗的名著[《罗马的伟大与衰落》(*Greatness and Decline of Roman*)]的读者可能会对这样一个错误观念印象深刻,即卡蒂林(Catiline)实际上是一位社会主义者,因为作者把他在选举中的行为塑造得轻松自若。

历史叙述也可以通过形象化代替抽象来表现,如兰克在《罗马教皇史》中那样,所有的教皇都被描绘成某种思想的载体,而且仍然是活生生的人物。对于兰克来说,形象化代替抽象的表现方法很管用,但才华不及他的史家便不会那么成功了;史家运用这种方法工作,易于把历史人物描绘成仅仅是某种观念人格化的影子。

在这个工作阶段,史家在很大程度上得益于直觉的帮助,因此他必须特别警醒;这种塑造性有时是以牺牲学术为代价实现的,正如米什莱所经历的那样,他认为史家的主要任务是"复活过去",但他却陷入修辞中。

通过适当的文学形式对过去进行个性化的描述,这是史学作品的理想,符合整个史学研究的最终目的。历史著作不应该充满用大写字母书写的抽象概念;无论利益和思想在历史生活中多么强大,都不应遮蔽有血有肉的人类,因为人类通过自己的活动增进利益和思想;因此,历史叙述是以个体人类和人类群体为中心的,人类群体或许非常大,但在历史上也具有个体的重要性。我们不应忽视后一句话:个体与单个并不一样,即使是出类拔萃的著名历史叙事大师,也常常忘了这一点。

蒙森对苏拉(Sulla)的描述是个富有启示性的例子,他说苏拉是一个乐观、金发碧眼的罗马人,喜欢喝酒和女人。这一切都不是来自蒙森丰富的想象力,每一个特点都基于史料。但问题是:这一切对历史是否重要?为什么读者必须知道苏拉的头发和眼睛是什么样?毫无疑问,此处并没有表现出苏拉的个性;但真正需要史家考虑的只有个性。[1]

现在,当史家个性化地再现一个现象时,必须将现象的特征聚集起来以呈现某种统一性,这些特征必须组成一幅整体的画面。为了满足这一要求,史家不能简单地堆砌细节而是围绕一些中心点,依照其内在凝聚力进行处理。此外,这样产生的画面必须与它的历史背景相结合,而不是孤立地拍摄。这就是历史画面与艺术画面的区别:前者被看作是其环境的一部分,后者本身是一种创造。许多"文明史"在这方面都失败了;那些文明史中的政治制度、社会阶层、贸易和商业、宗教、艺术等,经过详细的分类和描述后,并没构成文明的组成部分,而只是书中的章节,它们缺乏内在的凝聚力。当作者为了赶时髦,在书中加入科学进步或性生活以及类似的主题时,这些书更像古董店。

---

[1] 比兹利前揭书,第 198 页。

第十六章　史学的效用

对史学效用的有关质疑

当我们谈到史学的效用时，我们就无法回避这个知识领域的特点问题，以致关于史学效用的讨论都显得多余了。[①] 首先，史学领域相关的著述形形色色，给人留下的印象是：历史书写处于混乱状态，其中一切——目标和材料——都不确定。谁能从这种无望的多样性中得出规范性的结论呢？诚然，关于史学作为科学的意义已有很多讨论，而正是由于这类至少始于 19 世纪的讨论，人们越来越阐明了所有历史著作的共同之处，即历史主义的本质是什么。对这个问题感兴趣的人们只要参考特勒尔奇《历史主义及其问题》(*Der Historismus und Seine Probleme*) 和迈内克《历史主义的兴起》(*Die Entstehung des Historismus*) 这些近来的优秀著作，便能看到史家已意识到这些问题，即他在做什么？他的工作的价值是什么？

那么，有人认为，不具备任何技术资格的人，只要他处理好相关文件或必要的书籍，便可以写历史。在其他任何科学中，人们看不到如此令人羡慕的情况，但这种情况对于历史学并不利。这样书写的作品不只是文学作品吗？它的科学价值是什么呢？事实还并非如此；并不是每一位写历史的人都配得上史学家这个称号，如果他是史学家，便应当受过相当程度的教育。正如我们所料，优秀的史家不仅需要掌握技艺，而且还须拥有天赋，他们在人类的交往中发挥着有益的作用。

---

① 朗格诺瓦和瑟诺博司在《史学原论》的最后一章说道：历史的效用是一个公认的事实，因为所有的学校都向年轻人传授历史。

　　然而,有人认为,史家的工作与工程师不同,后者利用自己的科学对未来做出准确的预测。工程师知道引爆一个锅炉需要多大的蒸汽压力,而史家却无法预测一个简单事件的到来。史家没有先见之明,如果是这样,他的劳作又有什么实际用途呢?[①] 这个问题还具有误导性。并不是所有的自然科学都像天文学、物理学、化学那样精确,但正如生物学或心理学所显示的那样,这些学科从假设中得出许多实用性的结论。医学作为一门高度实用性科学,它的不确定性和不连贯性还不及史学。因此,史家对待素材的"非科学"方法并非绝无仅有。

历史上不同时期对史学的诉求,史学的基本目标

　　另一方面,所有时代的史家,其中最杰出的,都坚信他们的工作是有用的。这种信念肯定有充分的理由。整个希腊罗马史学是实用主义的,并注重道德目的,其著名代表人物希罗多德(Herodotus)、修昔底德、波利比乌斯(Polybius)、塔西佗不仅对本国人,而且对后世都产生了深远的影响。普鲁塔克在当时和现在都是许多读者最喜爱的导师,我们为何提及他,难道仅仅是因为其传记具有鼓舞人心的精神? 许多军事将领们自己声称,他们都从普鲁塔克的《名人传》中获得了灵感和启示。我们必须承认,修昔底德或塔西佗在读者心目中留下的深刻印象,不仅仅是华丽的文风。奇怪的是,罗马人不喜欢理论,蔑视文士,却把历史写作看作是值得政治家从事的一项实际工作;所以,老加图(Cato, the Elder)这位著名的保守派议员,为了教导他年幼的儿子,编写了《起源》(Origines)这本关于罗马历史的书。

　　文艺复兴时期的史家继承了古代史家对历史的实用主义兴趣,以及史学的道德化倾向。就像任何仿制品一样,它不及原作;事实上,历史并没有像人们宣称的那样成为"生活之师"(magistra vitae),它的说教是传统的。但是,后来也出现了一些研究历史的学者,他们能够抓住历史的重要意义,根据当时的经验来解释历史现象,并从他们的研究中

---

① 比尔德前揭书,第118、119页。

为政治家提供建议；马基雅维利（N. Macchiavelli）如此，奎昔狄尼亚（Fr. Guicciardini）亦如此。[①] 他们在这方面不仅是模仿者，而且是原创性思想家。理性主义的主导地位不利于文艺复兴时期那种史学思想的发展；17、18 世纪的史家尽管在学识方面有所进步，但在历史综合方面却很薄弱，他们的综合是肤浅的；在最好的情况下，那种综合也只具有文学价值。尽管如此，吉本（E. Gibbon）仍然能够写出《罗马帝国衰亡史》（*History of the Decline and Fall of the Roman Empire*）——一部沉思冥想和学术研究的硕果，直至我们这个时代还被视为综合的典范；许多政治家全神贯注并满怀钦佩之情读完该书。

历史书写没有被认真对待，甚至一度下降到修辞练习的水平，直到 19 世纪，浪漫主义和实证主义学派才复兴了历史意识。现在，史学被赋予了成为一门科学的机会，即使不像其他科学，至少也是一门独特的科学，而观察如何解决历史意义的问题，是一件饶有趣味的事情。两个流派确实都提出了一些解决办法。浪漫主义史家对过去满腔热忱的热爱并不是无私的；他们通过努力渗透"民族精神"（volksgeist），对欧洲民族主义的兴起做出了贡献，其中有的史家非常积极，尤其在德国这个热衷于历史研究的国家。实证主义史学甚至比希腊罗马史家对实用主义史学的抱负更大；他们渴望制定"进化法则"，从而绝对地规范社会生活——始于孔德本人的一种趋势。毋庸讳言，史学流派远不止这些，那些所谓的历史政治学派在科学工作中追求实用目的。法国的基佐（F. Guizot）和梯也尔（A. Thiers），德国的西贝尔（H. Sybel），尤其是特赖奇克（H. Treitschke），这些名字表明史家朝着实用主义这个方向能走多远。

因此，不管不同时期史学的科学水平如何，它总是被现实因素所困扰，这些因素或直言不讳，或沉默不语，或以某种形式呈现。目前，人们过分强调史学作品的实用性——通过最粗鄙的形式。在苏联，"资产阶级史学"不仅被谴责为无用而且甚至是有害的，现在遭到彻底镇压，老一辈的代表人物有的被驱逐，有的被压制。年轻一辈史家的研究方法

[①]　有关历史的实际影响，参见克罗齐（B. Croce）名著《历史学的理论和实践》（*History，Theory and Historiography*，伦敦，1921 年）中有关历史的章节。

和选题受到限定,他们必须帮助"建设社会主义"并发现它的敌人。在那个国度,波克罗夫斯基最近还在教导人们:"历史就是转向过去的政治学。"但现在,这些观念遭到了抵制。苏联的史家也强调历史的客观意义,同时认为,对于资产阶级史家而言,寻找真理要比无产阶级史家更困难。他们认为,研究俄国所有的历史必须以爱国目的,人们从官方获准的舍斯塔科夫(A. V. Shestakov)的教科书中可以看出这点。① 在德国,纳粹史家也有一些既定的原则和偏爱的课题,他们必须把工作成果提交给领导阶层审议,而这些领导阶层反过来又提出迫切需要研究的问题;通过这种思想和行动的交流,史家们将共同解决当前的重大问题。"自由主义史学"对他们而言是一种诅咒。然而,他们希望不损害史学研究方法本身,并保持德国史学的高水准;老一辈杰出的史家尽管远离这个主流,但仍在继续活动,并撰写了重要的著作。②

如此说来,史家现在面临着威胁其工作实质的要求,而他的工作实质仍是对真理的求索。任何史家都不会对此提出异议,甚至在苏联——波克罗夫斯基学派名誉扫地之后。那么,如果真相本身与需要的真相不一致,史家该怎么办?压制抑或扭曲它?任何诚实的史家,无论他是自由主义还是法西斯主义,都不会接受这个建议。我们用一种勉强令人信服的逻辑方法解决这个问题。为了理解如何赋予过去的事实以新的意义,我们看看最近的两部作品——汤普森(J. M. Thompson)的《罗伯斯庇尔》(Robespierre,二卷本)和马拉尼的《法国大革命中的阶级与国家》(Classe e Stato Nella Rivoluzione Francese)。其中一部也许是有关罗伯斯庇尔最好的描述(既体现他的优点,又体现他的教条主义的一个真实的人物形象),它建立在对大量法国及外国史料研究的基础上;另一部也是这一领域的杰出作品,却几乎没有呈现出一个真正的罗伯斯庇尔——大概是一个冷静的政治家,试图建立一个介于专制主义和法西斯主义之间的政权。然而,显然只有一个罗伯斯庇尔,而汤普森的形象似乎更令人信服。真相经得起时间的考验,幻觉将会消失,届时需要一个新的解释。与此同时,如果学究气的史家坚持认为他

---

① 有关俄国目前的史学趋势,参见萨姆纳(B. N. Sumner):《苏联史学》(Soviet History),载《斯拉夫评论》(Slavonic Rev.),第 48、49 号。
② 参见青年史学家会议述要,载《德国史家》(Deutsche Historiker Tag)。

的工作完全是无私的,否则便徒劳无益,那么他根本就无法在我们艰难的生活条件下生存。如此,史学效用的问题似乎是合理的;因此,我们将检视其如何工作及工作的限度。

史学的效用必须与史学工作本身的主要目标相一致,而不应为了外在的或重要的目的牺牲后者。曾几何时,占星术实际上比天文学更重要,但那又如何呢? 天文学是科学的范例,而占星术却消亡了。在寻求真相的过程中,史学不可能达到天文学那样的精确程度,尽管天文学是一个鼓舞人心的例子,而人们也并不期望在史学那样复杂的学科范围内获取它,因为历史包含了所有的人类事务,诸如天文学家本人和天文学;相反,史家在工作的各个阶段,特别是在综合操作阶段中,经常处理的不是确定性的而仅仅是可能性的事情。这种情况并没有贬低史家结论的正确性,因为可能性的领域非常广泛,那些并不排除天文学的所谓的精确科学,也求助于这一概念。正如席勒在《逻辑学》中所指出的那样,现实生活中的可能性虽然与数学概念的概率不同,但却占有主导地位,可能性对人类行为的意义是巨大的。特别需要指出的是,人类事务的预见是基于可能性而非确定性。

与历史研究不可分离的可能性因素并不会削弱史学的用途。但史家还面临着人类事务本身所固有的其他困难;他能克服这些困难吗? 他能把他对过去确定性的或可能性的知识运用到人类的行动中去,为我们当前的困惑提供建议吗?

至于史家对过去生活的看法,正如前面多次强调的那样,他希望根据个体意义重建它,但这个原则并不意味着过去和现在所有的人类事务,只是一场混乱;事实上,历史的进程并不仅仅是一系列绝无仅有的偶然现象;而且,其中存在习俗和惯例,也即在不同环境中观察到的一些规律性;至于商业生活,人们对此也不会固守只有变化没有重复的信念。[①] 生活中的一切事物都程度不等地具有某些规律性,每个人都不是盲目地而是依照这类设想而行事。即使是信奉“我们的生活就是一片混沌”的人,也完全知道他第二天要做什么,而不需要占卜的恩赐。历史科学认为人类事务中存在这样的规律性,并通过比较和统计的方法对这些相关的规律性形成概括。

①　比尔德前揭书,第54—56页。

历史经验，史学的功能及其未来

　　每个人都借鉴过去的经验来应对当下类似的情况，为什么所有的人都不能从历史经验中获益呢？的确，有记忆的人类和没有整体思维的社会是有区别的；有人反对说，历史知识就像人类的集体记忆，这种说法只是一种牵强附会的比较。然而，我们必须承认，人类社会中有一种传统的约束力，它源于历史经验；俄国最近发生的那些事件表明，尽管发生了显著的革命性变化，但文化积淀是如何得以保存下来的；政治优先于经济，中央集权的扩张，个人屈从于国家——苏联存在的这类现象，莫斯科公国也曾存在。但只是问题在于文化积淀驻留何处；显然，不可能在学识渊博的史家那里，史家或许是非常短视的政治家，因为思想和行动并不相同，也不在人民领袖那里，领袖们对历史教训（虽然对他们来说并不重要）往往一无所知。文化积淀是一种暗示和存留的心理机制，它渗透于社会习俗中，负责传统的延续和经验的运用。

　　对过去的记忆可以防止人们跳跃到未来；但同样的记忆决不能引向盲目地固守过去。历史可能有助于仔细审视传统；传统既有永恒的，也有短暂的，因为没有什么是永恒的，万事万物都可能消亡；史学的功能是坚持一种批判的态度，并积极地推动他人朝着我们的"意识形态"靠拢。正如鲁滨逊所确信的那样，史学对社会的主要服务是：它既不是一般规律，也不是个别事实；既不是科学分析，也不是艺术描绘；既不是过去的复活，也不是对现在的解释，而是"人类重生的最有力工具"；如果现在不是这样，很可能有一天会变成这样。[1]

　　无论我们目前面临什么样的困境，就现代科学而言，我们都有可能在一个条件下应对它们：如果这些困难是前所未有的，那么社会也必须创造出一种前所未有的心态来面对它们，或许还必须挑战它们。这并不容易，因为恰恰相反，我们的头脑已经完全被偏见所迷惑，尤其是社会科学仍然充满着偏见，这些偏见使社会的本质蒙上阴影。自然科

---

[1]　鲁滨逊：《人类的喜剧：人类自身的设计和指引》(*The Human Comedy: As Devised and Directed by Mankind Itself*)，纽约，1937 年。

学在 16—17 世纪发生了革命性的变化，社会科学与之不同，它的发展步履缓慢，而情况最好的是在 18 世纪；从那时起，自然科学的方法有了很大的改进，而社会科学家们直到 20 世纪才开始以现实主义的精神来研究他们的课题。时至今日，人们仍然可以在相关的手册和教科书中发现，与其说是对现实的探究，不如说是对事实的"观点"，而卢梭或黑格尔陈腐的社会理论仍在其中占据着重要的地位。

这种可悲的状态应该改变，历史或许会对此有所帮助。鲁滨逊说："在对现存事实的考察中，历史通过揭示我们当前许多基本信念的起源，这将有助于解放我们的思想，从而能够诚实地思考。"[1]他所意指的心智的诚实，确实是处理人类事务的首要条件，而这并不容易实现；某些著名的学者自豪地承诺，他们会以发现的事实态度对待事实——不待任何假设——但实际上并不那么平静，他们的"我"带着所有人类的诱惑反映在他们的研究中；我们对照一下帕累托《论社会学》(*Trattato Sociologico*)中散布的许多主观刻薄的评论，便明白他所宣称的客观性了。重要的是，对于一个门外汉来说，历史的教导可以说明目前的情况是如何形成的，这是一种整体的启示；许多被公认为神圣的、永恒的、不可避免的事情，经过历史的细察之后，就会证明是亵渎的、转瞬即逝的、偶然的。当然，历史研究也不可能做到完全客观，因为没有人能够如此超然，历史也不能揭示一切，因为史家的洞察力是有限的。

然而，历史并不像歌德在他那个时代所说的，是一本带有七重封印的书；现在封印已经打开，许多人应该从历史的教导中获益。一个顽固的保守主义者可能会从历史的教导中了解到，他所支持的既得利益者并不像他所确信的那样，是无可争辩，而一个鲁莽的革命者可能会看到类似的情况，即他的社会理想，就像过去不止一次发生的那样，不是那么容易实现的。当然，历史不会改变任何一方的性格，但对两种性情都是一剂良药，而社会只会从这种约束中受益。

诚实的思考不仅可以平息社会的罪恶，而且可以消除民族仇恨，这是历史对读史者的馈赠。史家在缓和或煽动民族仇恨方面的责任有多大呢？从所谓的战争罪责问题中可以看出，法国和德国仅仅在讨论如

---

[1]　鲁滨逊：《意识的形成》(*The Mind in the Making*)，纽约，1921 年，第 14 页。

何这个解决问题时,双方间争议甚大,以致破坏了和解。如果史家真的
想找到真相,他在处理这个可疑的问题时必须十分谨慎,勒努万
(P. Renouvin)最近对该问题的研究证明了这一点。不幸的是,在两国
使用的历史教科书中,人们仍然发现了对立的倾向;他们在最近一次
法、德教师会议上发生了对抗,结果令人不快:双方在一些重要问题上
没有达成谅解,德国连这次会议本身也否定了。[1]

　　毫无疑问,历史的这种功用非常重要,就史家本身而言,随着历史
主义及其方法的发展,他能够履行这样的职责。当然,这个目标并不像
实证主义史学所宣称的那样雄心勃勃,工作也不像实证主义史学所宣
称的那么庞大,然而实证主义史学却无法实现这个目标。那么,假如历
史科学能够发现历史进程的普遍规律,甚至能用数学方法来表述它们,
并且找到人类发展的最终目的,这是否对人类真的有利呢? 就人类的
行为而言,根本不是。

　　如果我们知道人类的命运是什么,而这种命运无法改变,这不会令
人兴奋,反倒让人瘫软。与这种历史宿命论不同,另一种观念承认非理
性因素在历史进程中的作用,这适合人性中冲动的、好奇的和积极向上
的特点和人类在历史上的工作。对既有信念开放式的批评是历史学的
作用,这是历史发展的宝贵伴侣;希腊人认为均衡、克制、宽容的精神是
众神最宝贵的馈赠,也即欧里庇底斯(Euripides)所说的智慧。对于那
些认为这些品质是软弱和徒劳的同义词的人来说,应当铭记希腊历史
的一个结果:亚历山大大帝及其世界帝国。

　　坦率地说,我们这个时代的氛围对历史的这种功能和历史工作本
身是敌对的,史家这个职业的前途并不十分光明。与 19 世纪那个历史
的时代不同,20 世纪或许将见证它的衰落。正如巴恩斯所指出的,20
世纪不是在探索真理,而是具有一种模糊推测的倾向;一种罗马帝国的
新柏拉图主义正在蔓延,历史哲学的突然复兴便是由于同样的运动。
不幸的是,这里的历史哲学也指德国培育出来的历史逻辑;这类著作

---

[1]　施密特(B. Schmitt)在《法国和德国的战争罪恶》[War Guilt in France and Germany,载《美国历
史评论》(Amer. Hist. Rev.),六十三卷,第 2 号]中征引了大量法德教科书中的相关内容。有
关史学的毒害,参见欧曼(Ch. Oman):《论历史书写》(On the Writing of History),伦敦,1939
年,第十章。

（此处应提及特勒尔奇或迈内克）证明了历史科学的可靠性，而作者的悲观论断似乎有些夸张。他或许没有那么宽宏，并注意到历史学术衰退的另一个标志——那些仓促而不加批判地写就的作品，建立在无序阅读的基础上，甚至是在匿名合作者的帮助下写出来的，而作者把自己局限于一个装订匠的角色。另一方面，巴恩斯非常正确地指出，当下的社会风气不利于历史书写。[①] 在法西斯主义统治下，历史作为一门科学不会走向繁荣；现在，史学参与到宣传工作中，它可能会逐渐下降到纯粹的修辞或中世纪编年史的水平。

---

① 巴恩斯前揭书，第 393—396 页。

后　记

　　本书写于亚洲一场战争爆发的时期,印行于现在欧洲爆发的另一场战争时期。如此之多重大事件的发生令所有人震惊,而事件却已成为历史;在欧洲、或许在世界各地,更重要的变化迫在眉睫。谁也无法否认,我们正处于一个过渡时代,尽管最终的结局尚未知晓。我们现在身处何方,将去往何处,这是每个人都关心的问题,而一位史家也无法置身于这些重大事件之外;同样的问题困扰着他本人,甚至困扰着他所从事的理论研究领域。

　　如果我们当前身边的一切都可能改变,那么历史观也必须经受住这个改变的检验。根据我们目前的经验,史家所争论的一些观念必须断然予以否定。运用于历史中的进化论便是如此;哪些"进化法则"——许多教科书认为是不可改变的——可以解释欧洲生活中已经发生的突发性变化? 在变化之后,欧洲文化中哪些"永恒的价值观"将不会动摇? 现在正发生的事情似乎是一个引人注目的证据,它既反对具有僵化法则的自然主义历史观,也反对具有先验基础的文化科学(kulturwissenschaft)观。除此之外,另一种历史观依照历史的现实性、动态性、精神自我来把握历史进程,并给非理性留有空间,这种观念与过去的特别是当下的事实相一致。

　　那么,在当前新旧事物的猛烈斗争中,人们难道感受不到历史的脉搏吗? 历史的脉搏不是某种统一的周期性,而是一种不断变化的有起有落的节奏,这种节奏有它自身的"文化周期"和过渡阶段。索罗金在其鸿篇巨制《社会与文化动态》(*Social and Cultural Dynamics*)中以独特的方式,对民族的生命史(the life history)做了现实主义解释的尝试(特别在第三卷中)。他发现了两种交替的文化形式:一种是观念

的,一种是感性的。观念的文化形式基于超自然的价值观,特别是宗教
价值观,这些价值观无法用数字来衡量,因此这类社会中,不会因为价
值观而产生冲突。观念的文化形式的结构是"家族主义",倾向于和谐
和友爱;其中,个体被群体所遮蔽,一切都融合在某种普遍的统一体中。
感性的文化形式建立在物质价值观(权力、财富、力量)的基础上,物质
是有形的,人们为分配这些物质而斗争。感性文化型社会是"契约"社
会,它的核心是个人与个人的利益,它的状态是一种永久性的冲突。

在一个国家或民族(欧洲)的历史中,人们确实可以观察到这两种社
会文化类型的交替,例如,10—12 世纪是观念文化的时代,而 17—19 世
纪是感性文化的时代。由于这两种社会文化类型被一个过渡时期分开
来,与此相类,我们现在正从一个成熟的感性文化过渡到一个新的观念型
文化。在对我们当前紧张状态的解释中,特别具有启发意义的是过渡时期
的狂暴特征;当一个社会正在瓦解,价值观受到动摇之际,除非使用武力,
否则不可能进行社会调整;因此,战争和革命在这个时期频繁发生。这不
仅是一个似是而非的假设,而且索罗金通过对 12 世纪以来 9 个欧洲国家
的战争和动乱的详细统计学研究(当时有统计数据),充分证明了这一点。

如此得出的结论,并不能为我们的罪恶提供一种补救办法,这只是
对社会的科学解释;但就解释本身而言,它比许多现代改革者的各种名
堂的臆测更有价值。尽管改革者采取了各种残忍的或冷静的手段(通
过杀戮或谈话),我们社会的疾病还没有被治愈,这并不奇怪;他们都还
在用正在消逝的感性文化的角度来思考问题,所以无法以开放的思维
洞察当前危机的实质。这个前景并不悲观;如果人类现在正在受苦受
难,这不会是徒劳;在这种混乱、辛劳和毁灭中,将会诞生一个新的理想
社会,这个社会的文化也许会和现在正在消亡的文化一样辉煌;至少,
那个社会的生活将比我们的生活更幸福。贝朗瑞(Beranger)说:

> 你对风尘仆仆的日子不必恐慌,
> 在这种日子里,我们的遭遇完全相同:
> 有欢乐也有苦痛,
> 有雨水也有阳光。

(《我的衣服》)

参考文献

这个参考文献是为历史理论研究有兴趣的读者编写的。表中只列出包括那些较为重要和系统化的著作,分为四类(历史哲学、史学理论、史学方法和历史书写)。书内的脚注提及与我们研究相关的、并引用过的专业论著。

历史哲学

乔治·梅里斯:《历史哲学教科书》,1917 年。

Mehlis, G., *Lehrbuch der Geschichtsphilosophie*, 1917.

巴茨:《历史哲学与社会学》,1897 年,第 4 版,莱比锡,1922 年。

Barth, P., *Die Philosophie der Geschichte als Sociologie* (1897). 4th ed., Leipsic, 1922.

弗林特:《法国比利时法语地区、瑞士的历史哲学》,爱丁堡,1894 年。

Flint, R., *Historical Philosophy in France, and French Belgium and Switzerland*, Edinburgh, 1894.

李凯尔特:《历史哲学问题》,第 3 版,海德堡,1924 年。

Rickert, H. *Die Probleme der Geschichtsphilosophie*, 3rd ed., Heidelberg, 1924.

西美尔:《历史哲学问题》,第 5 版,慕尼黑,1923 年。

Simmel, G. *Die Probleme der Geschichtsphilosophie*, 5th ed., Munich, 1923.

林登纳:《历史哲学》,第 4 版,斯图亚特,1921 年。

Lindner, Th., *Geschichtsphilosophie*, 4th ed., Stuttgart, 1921.

布劳恩:《历史哲学》,第 3 版,莱比锡,1923 年(收入《历史学纲要》)。

Braun, O. *Geschichtsphilosophie*, 3rd ed., Leipsic, 1923. (in *Meister's Grundriss der Geschichtswissenschaft*).

伯里:《进步的观念》,伦敦,1920 年。

Bury, J. B., *The Idea of Progress*, London, 1920.

亨利·塞:《历史之科学与哲学》,第 2 版,巴黎,1933 年。

See, H., *Science et philosophie de l'histoire*, 2nd ed., Paris, 1933.

赫克:《俄国社会学》,纽约,1934 年。

Hecker, J., *Russian Sociology*, New York, 1934.

考夫曼:《当代历史哲学》,柏林,1931 年。

Kaufmann, F., *Geschichtsphilosophie der Gegenwart*, Berlin, 1931.

史学理论

冯特:《精神科学的逻辑》,斯图加特,1921 年。

Wundt, W., *Logik der Geschichtswissenschaften*, Stuttgart, 1921.

狄尔泰:《精神科学概论》,莱比锡,1921 年。

Dilthey, W., *Einleitung in die Geschichtswissenschaften*, Leipsic, 1922.

伯伦汉:《史学方法与历史哲学教程》(1889),第 5、6 版,莱比锡,1908 年。

Bernheim, E., *Lehrbuch der Historischen Methode und der Geschichtsphilosophie* (1889), 5th– 6th ed., Leipsic, 1908.

拉波-丹尼列夫斯基:《史学方法论》卷一,《历史知识的理论》(俄文本),第 2 版,彼得格勒,1918 年。

Lappo-dani Levsky, A.S., *Methodology of History*, Vol.I, *Theory of Historical Knowledge*, 2nd ed., Petrograd, 1918(in Russian).

雷斯:《历史》,柏林,1912 年。

Riess, L., *Historik*, Berlin, 1912.

拉孔布:《作为科学的历史学》,第 2 版,巴黎,1930 年。

Lacombe, P., *De l' histoire consideree le comme scicnce*, 2nd ed., Paris, 1930.

李凯尔特:《自然科学概念形成的界限》,第 5 版,图宾根,1929 年。

Rickert, H., *Die Grenzen der Naturwissenschaften Begriffsbildung (1898)*, 5th ed., Tubingen, 1929.

克罗齐:《历史学的理论和实践》,伦敦,1921 年。

Croce, B., *History, Theory and Historiography*, London, 1921.

特勒尔奇:《历史主义及其问题》,图宾根,1921 年。

Troeltsch, E., *Der Historimus und seine Probleme*, Tubingen, 1922.

布雷西格:《历史的形成》,三卷本,斯图加特,1925—1928 年。

Breysig, K., *Vom Geschichtlichen Werden*, Stuttgart, 3 vols., 1925 - 1928.

迈耶:《历史理论与方法》(小字体),哈雷,1910 年。

Meyer, Ed., *Zur Theorie und Methodik der Geschichte*, Halle, 1910 (in Kleine Schriften).

埃克塞诺波耳:《历史理论》,第 2 版,巴黎,1908 年。

Xenopol, A., *La theorie de l'histoire*, 2nd ed., Paris, 1908.

兰普雷希特:《近代历史学》(英文译作"历史是什么"),弗莱堡,1905 年。

Lamprecht, K., *Moderne Geschichtswissenschaft*, Freiburg, 1905 (transl. as What is History?).

兰普雷希特:《历史思想概论》,莱比锡,1913 年。

Lamprecht, K. *Einfirung in das historische Denken*, Leipsic, 1913.

亨利·贝尔:《历史综合》,巴黎,1911 年。

Berr, H., *La synthese en histoire*, Paris, 1911.

亨利·贝尔:《传统史学与历史综合》,巴黎,1922 年。

Berr, H., *L'histoire traditionnelle et la synthese historique*, Paris, 1922.

鲁滨逊:《新史学》,纽约,1912 年。

Robinson, J.R. *The New History*, New York, 1912.

巴恩斯:《新史学与社会科学》。

Barnes, H.E., *The New History and Social Studies*, New York, 1925.

德加特:《历史理论》,纽黑文,1925 年。

Teggart, F., *Theory of History*, New Haven, 1925.

比兹利:《历史理论论文集》(俄文本),布拉格,1925 年。

Bitzilli, P.M., *Essays in Theory of History*, Prague, 1925 (in Russian).

凯色:《历史学的任务及其结构》,慕尼黑,1931 年。

Keyser, E., *Die Geschichtswissenschaft, ihre Aufgaben und Aufbau*, Munich, 1931.

史学方法

德罗伊森:《史学概论》(初版于 1867 年),第 4 版(有英译本),哈雷,1925 年。

Droysen, J.G., *Grundriss der Historik* (old book, first in 1867), 4th ed., Halle, 1925. (transl. into English).

弗里曼:《历史研究法》,伦敦,1886 年。

Freeman, E.A., *The Methods of Historical Study*, London, 1886.

伯伦汉:《史学方法与历史哲学教程》,第 6 版,莱比锡,1908 年。

Bernheim，E.，*Lehrbuch der historischen Methode und der Geschichtsphilosophie*，6th ed，Leipsic，1908.

朗格诺瓦、瑟诺博司：《史学原论》（1898 年初版），第 5 版（有英译本），巴黎，1914 年。

Langlois，Ch. V-seignobos，Ch.，*Introduction aux etudes historiques（1898）*，5th ed.，Paris，1914（transl. into English）.

拉波-丹尼列夫斯基：《史学方法论》卷二，《史学研究方法》（俄文本），彼得堡，1913 年。

Lappo-dani Levsky，A. S.，*Methodology of History*，Vol. II：*Methods of Historical Study*，Petersburg，1913（in Russian）.

格尔克、诺尔登：《考古学导论》，卷一，第 2 版，1912 年。

Gercke，A.-norden，E.，*Einleitung in die Altertumswisenschaft*，Vol. I，2nd ed.，1912.

沃尔夫：《近代史研究导论》，1910 年。

Wolf，G.，*Einfuhrung in das Studium der neueren Geschichte*，1910.

弗领：《历史研究法》，纽黑文，1920 年。

Fling，F.M.，*The Writing of History*，New Haven，1920.

文森特：《历史研究辅助工具》，纽约，1935 年。

Vincent，J.M.，*Aids to Historical Research*，New York，1935.

施密特：《历史批判的原则》，1883 年。

Smedt，CH. DE，*Principes de la critique historique*，1883.

坎托罗维茨：《文本批评入门》，1921 年。

Kantorowicz，H.，*Einfuhrung in die Textkritik*，1921.

埃尔斯列夫：《历史学的技艺》（有德文译本），哥本哈根，1928 年。

Erslev，K.S.A.，*Historisk Teknik*，Copenhagen，1926（transl. into German）.

鲍尔：《历史研究导论》，第 2 版，图宾根，1928 年。

Bauer，W.，*Einfihrung in das Studium der Geschichte*，2nd ed.，Tubingen，1928.

斐德尔：《历史研究法教科书》，第 3 版，雷根斯堡，1925 年。

Feder，A.，*Lehrbuch der historischen Methode*，3rd ed.，Regensburg，1925.

麦斯特：《史学方法的基础》，第 3 版（收入氏著《历史的基础》），莱比锡，1923 年。

Meister，A.，*Grundzuge der historischen Methode*，3rd ed.，Leipsic，1923（in A Meister's Grundriss der Geschichtswissenschaft）.

内文思：《史学入门》，波士顿，1938 年。

Nevins，A.，*The Gateway to History*，Boston，1938.

欧曼：《论历史写作》。

Oman，Sir Ch.，*On the Writing of History*，London，1939.

史学史

利特尔：《从各主要著作来看历史学的发展》，慕尼黑，1919 年。

Ritter，M.，*Die Entwicklung der Geschiehtswissenschaft，in den führenden Werken betrachtet*，Munich，1919.

克罗齐：《历史学的理论和实践》，伦敦，1921 年。

Croce，B.，*History，Theory and Historiography*，London，1921.

巴恩斯：《历史著作史》，诺曼，1938 年。

Barnes，H.E.，*A History of Historical Writing*，Norman，1938.

沃什姆斯：《古代史研究入门》，1895 年。

Wachsmuth，C.，*Einleitung，in das Studium deralten Geschichte*，1895.

肖特维尔：《史学史》，第一卷，纽约，1939 年。

Shotwell，J.T.，*The History of History*，Vol. I，New York，1939.

伯里：《古代希腊史学家》，纽约，1909 年。

Bury，J.B.，*The Ancient Greek Historians*，New York，1909.

罗森博格：《罗马史导论及史源》，柏林，1921 年。

Rosenberg，A.，*Einleitung und Quellenkunde zur Romischen Geschichte*，Berlin，1921.

舒尔采：《二位中世纪史家的历史教学法》，1909 年。

Schulz，M.，*Die Lehre der historischen Methode beiden Geschichtsschreibern des Mittelalters*，1909.

吉尔迪：《教会史学家》，肯尼迪，1926 年。

Guilday，P.，*Church Historians*，Kenedy，1926.

德利海：《圣徒传说》（有英译本），布鲁塞尔，1906 年。

Delehaye，H.，*Les legends hagiographiques*，Brussel，1906(transl.into English).

普尔：《编年史和年表》，牛津，1926 年。

Pool，R.L.，*Chronicles and Annals*，Oxford，1926.

甫埃太：《近代史学史》，第 2 版，慕尼黑，1936 年。

Fueter，E.，*Geschichte der neuen Historiographic*，2nd ed.，Munich，1936.

古奇：《十九世纪历史学与史家》，伦敦，1913 年。

Gooch, G.P., *History and Historians in the 19th Century*, London, 1913.

甫埃太:《五十年来历史学与史家》,二卷本,巴黎,1928 年。

Fueter, E., *Histoire et historiens depuis cinquantcans*, 2 vols., Paris, 1928.

斯坦因博格:《当代史学史》,二卷本,莱比锡,1925—1926 年。

Steinberg, S., *Die Geschiehtswissenschaft der Gegenwart in Selbstdarstellungen*, 2 vols., Leipsic, 1925 - 1926.

迈内克:《历史主义的兴起》,二卷本,慕尼黑,1938 年。

Meinecke, F., *Die Enstehung des Historismus*, 2 vols., Munich, 1936.

贝洛夫:《从独立战争到现在的德国历史编纂法》,慕尼黑,1924 年。

Below, G.A.H. Von, *Die deutsche Geschichtschreibung von den Befreiungskriegen bis zu unsern Tagen*, Munich, 1924.

吉扬:《近代德国及其史家》,伦敦,1815 年。

Guilland, A., *Modern Germany and Her Historians*, London, 1915.

哈芬:《一百年来的法国史学》,巴黎,1914 年。

Halphen, L., *Histoire en France depuis cent ans*, Paris, 1914.

比尔德:《英国史家简介》,纽约,1906 年。

Beard, C.A., *An Introduction to the English Historians*, New York, 1906.

米留科夫:《俄国史学的主流》(俄文本),莫斯科,1898 年。

Miliukov, P.N., *Main Currents of Russian Historiography*, Moscow, 1898 (in Russian).

马祖尔:《近代俄国史学纲要》,伯克利,1939 年。

Mazour, A. G., *An Outline of Modern Russian Historiography*, Berkeley, 1939.

杰尼干:《美国史学论集》,芝加哥,1937 年。

Jernegan, M.W., *Essays in American Historiography*, Chicago, 1937.

克劳斯:《美国史学史》,纽约,1937 年。

Kraus, M., *A History of American History*, New York, 1937.

索　引

Curtius, E. 库尔修斯　15

D

Danilevsky, N. Y. 丹尼列夫斯基　134

Darwin, Ch. 达尔文　96

Daunou, C. F. 道诺　142

Dickinson, G. L. 狄更生　21

Dill, Sir S. 迪尔　72

Dilthey, W. 狄尔泰　6,102,120

Dopsch, A. 多普斯　116

Dostoievsky, F. M. 陀思妥耶夫斯基　23

E

Ebers, G. M. 埃伯斯　141

Euripides 欧里庇底斯　152

Evans, Sir A. 伊文思爵士　8

F

Febvre, L. 费弗尔　13,47

Feder, A. 斐德尔　1,2,8,28,37,43,44,59,70,84,127,138,142

Ferrero, G. 费列罗　63,104,143

Fisher, C. R. A. 费舍尔　79-82,86,87

Fling, F. M. 弗领　2

Florence, P. S. 佛罗伦斯　51,52,79,84,85

Florinsky, M. T. 弗洛林斯基　35

Folsom, J. K. 福尔索姆　60,68

Fonck, L. 冯克　139

Francotte, H. 弗朗索特　82

Frank, T. 弗兰克　109

Freytag, G. 费莱塔克　95

Friederici, G. 弗里德里希　110

Fueter, E. 甫埃太　37

Fung, Y. L. 冯友兰　73

Fustel de Coulanges, N. D. 古朗治　8,55,143

G

Gibbon, E. 吉本　147

Glotz, G. 格洛茨　82

Gmelin, H. 甘麦林　91

Goblot, E. 戈布洛　34

Goethe, W. 歌德　8,93,151

Golovin, N. N. 戈洛文　10,88,113

Gooch, G. P. 古奇　14,19,62

Gowen, H. 高文　117

Green, J. R. 格林　29

Gregory of Tours 图尔斯的格列高利　58,59

Grote, G. 格罗特　9

Gruppe, O. 格鲁普　38

Guicciardini, Fr. 奎昔狄尼亚　147

Guignebert, Ch. 吉涅伯特　29

Guilland, A. 吉扬　68

Guisebrecht, W. 吉赛布雷希特　15

Guizot, F. 基佐　147

H

Halphen, L. 哈芬　123,126

Hayes, J. H. 海士　107

Hecker, J. 赫克　20

Hegel, G. F. 黑格尔　97,109,151

Heitland, W. E. 海特兰　48

附　录

南美人的亚洲起源

　　人们通常认为，美洲的土著居民是这片大陆的原住民，与欧洲或亚洲人没有联系；这是一个老生常谈的论断，在许多教科书中都能找到，有时还得到科学的证实。于是，他们认为美洲人种或"红色人种"具有与其他人种不同的显著特点（事实上不是红色，而是黯黄色），即使现在我们知道根本不存在"纯"人种，现有的人种比我们习惯上所认为的多，他们现在也是美洲种族的例外，因为整个美洲大陆人种应该是同质的；另一方面，人们常常描述"红色"人种的显著特征，费尼莫尔·古珀（J. Fenimore Cooper）和杰克·伦敦（Jack London）的主人公身上有很好的阐述（与现代欧洲或亚洲人截然不同的浪漫人物）。

　　的确，这便是对这个问题通常的看法；科学家从人类学、语言学和人种学的视角出发证实美洲人种的概念，得出了同样的论断。

　　至于从人类学的角度来看美洲的人种，德尼克（J. Deniker）不久前认为："人们通常认为，存在一个美洲人种，或者说是一组美洲人种——新大陆所有土著居民都属于的一组。"[①]的确，德尼克根据躯体特征将爱斯基摩人，北、中、南美人和巴塔哥尼亚人区分开来，但这更像是一种地理分布，而不是一种人类学分类，德尼克于是总结道："根据黄皮肤，以及并不是所有而是大部分美洲人中最常见的直发，他们与乌戈尔人

---

① 德尼克（J. Deniker）：《人种》（*The Races of Man*，英译本），伦敦，1900 年，第 507 页。

(Ugrian)蒙古(Mongol)人种具有密切的关系,但其他特征(如显著的,通常是凸鼻子和平视的眼睛),将他们与这些人种远远分开"。[①] 我们不应忘记,德尼克是在一个非常特殊的意义上处理人种概念,并且认为大约存在 20 个人种。

与最近的血液凝集调查有关,有人试图证实美洲人种是孤立的观点。根据不同血液的凝集程度,可分为四类: I. 所有的都凝集;IV. 完全不凝集;II 和 III 相互凝集,前者多,后者少。如美国对北印第安人的一些调查表明,他们中的 78％属于 I,20％属于 II,2％属于 III;鲁本·奥腾博格基(Reuben Ottenberg)于他的分离——凝集人类分类法,指出存在一个海洋—美洲人种,这个人种的 67％属于 I,29％属于 II,4％属于 III,因此第三类不足取,而第四类根本没有表现。这可能是由于美洲的人种很早就分离了,它发生在人类的生物化学分化之前。

从语言学的角度来看,美洲语言的特点是所谓的"多合成结构",即喜欢用连接音节来表示思想之间的联系,而不是用音调和后缀;他们喜欢通过使用大量的前缀和频繁的重复音节来改变单词的意思;为了把宾语和属于它的动词联系起来,他们使用了合并法。他们把代词和动词混在一起,但仍然保留双数和三数。这些方法:多合成词、前缀和合并,对美洲语言是如此重要,比较语言学将它们作为一个特殊的语系,不同于主要的语言分支。然而,这并不能解决它们的起源和形成的问题,我们只能说这些语言是独立的。

从民族学的观点来看,我们不能用我们在语言学上所说的那种明确的方式,来谈论美洲人种的同质性。例如,北美印第安人的捕鱼和狩猎部落以及巴西原始的博托库多人(Botokudo),与智利游牧阿劳卡尼亚人(Araucanians)之间存在着明显的差异。另一方面,在亚洲北部或澳大利亚森林的一些原始部落的风俗习惯中,找到美洲印第安人物质文化的对应物并不困难,而且由于同样的原因(欧洲人的压力),所有这些人种现在都蜕变了,并伴随着同样的结果:他们现在或多或少都很相似。

[①] 　德尼克前揭书,第 517 页。

人们只能推测印第安人的思想状况(以相信鬼怪之类的因素为特征),或者严格的道德观念(这是——或最近是印第安人,尤其是北美的印第安人,到了非常不寻常的程度)。但这还不够令人信服。

更有启发性的可能是指那些在墨西哥、尤卡坦和秘鲁繁荣而又独特文明,它们是如此特别,以至于在旧世界中没有任何东西能与它们相对应。然而,西班牙征服者惊奇地注视着这些国家的富饶,他们令人钦佩的技艺,最后,对太阳的崇拜,其灿烂的仪式和可怕的血祭。阿兹特克人(Aztecs)、玛雅人(Maya)、克秋亚人(Kechua)处于金属时代,当时黄金被广泛使用;但是正如可怜的西班牙侵略者所想的那样,这个金属时代似乎已经超越了欧洲文化。目前,我们已经了解了古代欧洲的金属时代所意味什么,特别是自从最近在地中海东部发现了富饶和美丽的米诺斯文化(公元前 3000—1400 年)以来。因此,我们对古代美洲文明的态度一定与西班牙人不同。

然而,对我们来说,存在于这些地区的社会状态也无法与我们所知的最古老的文明相比,也许,只有在苏美尔和埃及(公元前 6000—4000 年)的历史中可以观察到这个体系的残余。

如果在美洲被称为"文化"的东西起源于如此孤立的一种方式,它与旧世界毫无联系,这难道不是支持美洲人种独立起源的额外证据吗?这个问题超越了下列事实:上述所有考虑都不是决定性的,因为涉及的是一段并不遥远的历史;只有史前考古学能解决这个问题,它似乎有助于阐明美洲人种的起源。

南美古生物学家阿米吉诺(Ameghino)根据他在阿根廷发现的一块头骨碎片,认为不仅部分人类,而且所有人类均起源于美洲;他认为这些"原始人属"(他称之为人类祖先)的遗骸属于更新世时期早期,因此代表了新世界最古老的人类痕迹。他甚至追溯了原始人的整个遗传学,但这只是一种幻想。阿米吉诺的假设遭到了欧洲人类学家的严厉批评,而他的发现则被归因于一个更为现代的人。

赫德利其卡博士(Dr. Hrdlicka)非常仔细地研究了这些遗骸,得出的结论是,它们是相当新近的骨头。对北美的调查结果也作出了同样的结论;赫德利卡自己最初倾向于认为其中一些是早期旧石器时代的人,后来他改变了自己的观点,最终声明"从体质人类学的角度来看,在北方大陆没有发现任何标本,这只能代表一个相对现代的人"。[①]

因此,在这两个大陆上都发现了人类骨骼,并断言它们属于更新世时期,这些都是不确定的,但对于新世界曾经是人类摇篮的可能性,仍有负面的考虑。在第三纪最早的沉积物中,和人类关系密切的猴子、猿,以及类跗猴和狐尾猴就出现在这里;至于在渐新世沉积物中发现有两种猴子化石:一种是智力上更接近人类的狭鼻猴类,另一种是永远不能扩大智力发展的广鼻猴类;但前者在美洲渐新世矿床中不存在。

最后,人们在美洲类也没有发现人猿的遗骸,除了最近在内布拉斯加州发现的两颗牙齿,并被奥斯本教授(Prof. Osborn)和格列高利博士(Dr. Gregory)鉴定为名叫"西方古猿(Hesperopithecus)"的猿类新品种;然而,欧洲科学家并没有接受这一假设。[②]

我们的结论是,美洲人起源于另一片土壤,只在更新世末期,即旧石器时代末期到达这里。

因此,试图寻找人类早期存在于美洲的证据的努力迄今都以失败告终,现在人们倾向于完全否认这种可能性,这也许是一种夸张的观点。

根据关于这个问题的现代假设,讨论人类祖先的原始家园不是我们的任务。这里陈述一些推论就足够了。所有的假设都是基于所发现人类灵长类动物的遗骸,比如在非洲发现的罗得西亚头骨(也许属于尼安德特人),或在欧洲发现的海德堡人早些时候的标本,或者以英格兰的皮尔丹头骨为代表的最早的曙人之一(然而,这不能准确地确定日期),或爪哇的直立猿人,他们可能是我们最遥远的祖先。在北平附近发现的猿人遗骸更完整,可能比上述的年代更远。另一方面,那些显示了与人类有相似之处的如跗猴、化石猴或类人猿祖先的大陆,程度不等地宣称是人类的摇篮,比如美洲。

著名科学家艾略特·斯密斯(G. Elliott Smith)和伍德·琼斯(F. Wood Jones)教授接受了这条人类祖先的路线。根据他们的说法,

①　赫德利其卡(A. Hrdlicka):《南美的早期人类》(*Early Man in the South America*),1912 年。
②　詹姆斯(E. O. James):《人类的开端》(*The Beginning of Man*),伦敦,1928 年,第 85 页。

我们最初的共同祖先生活在树上,长得像长臂猿,但却具有人类的特征,他在上新世开始了他的事业。至于他的原籍,限定在亚洲和非洲,欧洲就更不用说了,那里有早期人类居住的痕迹;所以,如果人类不是源自欧洲,那么他可能很早就从北非来到这里。[①] 由于整个冰河时期人类一直生活在欧洲,而冰川时期需要 20 万年(keith)到 40 万年(sollas),所以可能认为人类占领欧洲的时间也有那么长。

就美洲而言,我们既不是在讨论第三纪的旧石器时代人类(然而,这样的日期并没有得到许多考古学家的支持),也不是在讨论生活在更新世(公元前 15 万年——猿人出现的日期)的更低的旧石器时代直到发生在 2 万年前的最后一次或武木冰期的人类。我们不需要这些天文学术语来确定人类进入新大陆的日期。在这里,我们必须记住通常被考古学所接受的旧石器时代晚期的划分:抵达欧洲的新人种克鲁马努人,他们的到来在武木冰期(公元前 2 万年)后,带来了取代尼安德特人的奥瑞纳文化——与冰的新进展(发生公元前 10000 年的布尔冰期)相关的文化转型,标志着一个新阶段——属于马德林文化(Magdalenian)——伴随着冰期最后退却(公元前 6500 年)的旧石器时代文化的尾声。在旧石器时代和新石器时代之间,还存在着一个过渡阶段,即中石器时代,其特征是新种族的到来;欧洲历史居民的先驱者——通过发明农业而开启我们文明的种族(在公元前 10000 年至公元前 7000 年之间)。如果美洲人出现在新大陆的可能性减少到旧石器时代,甚至是新石器时代的结束,那么这些一定是美洲人史前年代学的起点。

从亚洲到北美的迁徙

如果人类不是起源于美洲,而是很晚才来到这里,那么就会产生一个问题——他选择哪种方式到达这里?这意味着我们必须了解哪些大陆在晚更新世时期仍然与美洲有联系,或者至少,在那之后还可能与美洲有联系;由于缺乏考古证据来证明这种迁移的痕迹,我们必须在其他

---

① 詹姆斯前揭书,第 89 页。

地方寻找与美洲土著人的人种学上的对应物,就我们所提及的现代原始部落中,如果不是亲缘关系的话,也揭示了一些与古代美洲和旧世界文明的人种的相似之处。最后,应提供一些关于迁徙的细节,主要是关于它们可能的时间,这些实际上可能只是粗略地说明。

但首先有趣的是,新旧大陆之间在另一个领域存在着一些相似之处——在一些动物物种的分布上:根据一些动物学家的说法,野生绵羊是在最后一次冰期之前从亚洲来到美洲的,随着冰层的推进和向南迁移,最终为了更有利的气候条件下返回;因此,现在的西伯利亚绵羊是一种非亚洲品种。这种相似性对我们的问题非常有启发性,揭示了人类是如何以及从何处转移到美洲的。

我们必须把欧洲和亚洲考虑在内,因为在接近人类出现在世界的这一段地质时期,欧亚大陆和美洲是有联系的。但是,西部连接的所谓"冰岛桥"在中新世而不是上新世就存在了,而那时很可能人类还没有出现,人类只是在第三纪末期才出现。至于东方的连接,即白令桥,它存在于更新世时期的第四纪,那时猛犸象、驯鹿、麋鹿、麝牛和野牛从亚洲到了美洲,而人类可能追随它们。所有研究过楚科特卡和白令海峡阿拉斯加海岸岩石结构的美国和俄国地质学家,都坚持这样的假设,但并非事实的陈述。

这种联系是在最近还是更早的时候就结束了,这对于我们的研究来说并不重要,因为由这一地质事实产生的有利条件持续的时间更长,人们可能会说直到今天。

如果人类真的在某个时候从亚洲迁徙到美洲,那么在两个大陆之间可能的连接处一定有或曾经有过这种迁徙的痕迹。杰瑟普(Jesup)在北太平洋考察的结果(该考察是在 20 世纪初组织的,仔细研究了与所谓古亚洲族属有关的美洲西北部的印第安人)提供了所需的证据。

古代亚洲族属据称是北亚最早居民的遗存,主要生活在北太平洋,包括楚克奇人(Chukchee)、科里亚克人(Koriaks)、堪察达尔人(Kamchadals)、基里亚克人(Ghiliaks)以及其他一些部落;前已提及的俄国探险队成员博格拉斯(Bogoras)和斯特恩伯格(Sternberg)对他们进行了详细的描述,特别是乔基尔森(Jochelson)对他们的人种学问题做了探讨。他们认为古代亚洲族属的文化是亚洲、爱斯基摩和印第安元素的综合体,后者在宗教信仰方面尤为明显。[1]

白令海两岸的部落都崇拜一位部落祖先,他们将其描绘成一个幽默和淫秽的人物;如果他不是被描述为世界的创造者,便是世界的改革者;古亚洲族属将这个角色归于至高无上的存在,就像印第安人的伟大幽灵。两岸民间传说的相似之处在物质文化和社会组织上,都有着丰富鲜明的对应关系。例如,通过对堪察达尔人的捕鱼方法和船只风格(被挖空的树)或尤卡其兹人(Yukaghizs)原始部族的组织,揭示了这些相似之处,两者都让人想到印第安人的生活和习俗。

然而,这些人种学上的类比并不是决定性的;事实上,一个共同的文化复合体表明,两个部落之间存在着相互交流;然而,这对于美洲印第安人的亚洲起源来说,并不令人信服。但这并不是全部:有些相似之处可以追溯到更深更远的地方。所有这些民族无论是在亚洲还是在美洲,他们的体质特征上都非常相似,而正是在这方面,长头型的古亚洲族属和他们的亚细亚邻居有差异,这些邻居是宽颅型。语言上的相似性是另一个考虑因素:我们前面提到的美洲语言的特点完全符合古亚洲族属语言的特点。

有些人类学家过分强调东北亚民族的长头族,以区别于蒙古利亚的广头族;这一论断需要一定程度的修正,因为科里亚克人、堪察达尔人和尤卡其兹人的头颅指数分别为 78、79、80,其中还有中头族。至于他们最近的美洲邻居的指数是 79[爱斯基摩人(Eskimo)]或 82[泰因特人(Teingits)];因此,古亚洲族属和西印度人有类似的头颅指数。另一方面,中头族可以看作是北美印第安人的一种普遍特征,因此古亚洲族属可能与前者有相似之处。至于发育,这种类比相当可疑,因为印第安人身材高而古亚洲族属低;但双方都有例外。至少,他们的头发和眼睛惊人地相似。

---

[1] 乔基尔森(Waldemar Jochelson)是三部有关尤卡吉尔(Yukaghirs)、科里亚克(Koriaks)和阿留申(Aletus)人的广博的专著的作者,在其论文和专著中讨论了有关古亚洲族属的常见问题,如《阿留申群岛的考古调查》(*Archedogical Investigation in the Aleulecon Islands*,华盛顿,1927年),《俄国的亚洲地区民族》(*Peoples of Asiatic Russia*,纽约,1928 年)。下面我们将沿着他有关古亚洲族属的讨论展开。

俄国人种学家博格拉斯、乔基尔森和斯特恩伯格分别研究了楚科奇人的语言、尤卡吉尔的语法和基里亚克的词法,他们令人信服地证明了北美印第安人和古亚洲族属在语言上的相似之处。与研究印第安语言的权威语言学家布林顿(Briton)和博阿斯(Boas)所给出的推论相比,古亚洲族属的语言暗示了其中所揭示的所有特征,尤其是多式综合语,特别是前缀、重叠、合成和复数。然而,它们也有其他的影响;例如,在一定程度上带有元音或后缀的和声,这是乌拉尔—阿尔泰语系所特有的。这种亚细亚特色混合在古亚洲族属的语言中是很自然的情况。

最后,正如博阿斯教授(杰瑟普探险队的领队)所言,可以这样说:"必须把所谓的西伯利亚古亚洲族属的部落视为美洲人种的一个分支,这些美洲人种可能是在北极冰川消退后迁移回来的。"[1]

这一理论暗示着美洲人的祖先在间冰期从亚洲迁移到美洲,很可能是在最后一次冰川期之前,然后随着冰的推进和后退,其他向南和向北的迁徙随之发生。

这样的一个理论使得乔基尔森把亚洲东北的西伯利亚人命名为美洲部落,而认为这种影响远达恩尼西岸边,这也许是一种夸张。事实上,古亚洲文化中渗透着许多源自亚洲土壤而不为这些部落所采用的元素,如狗的驾驶、家庭组织、宗教二元论等。我们可以用一个分离的假设来解释这些特征,即在爱斯基摩人到达他们现在的地区后,亚洲北部和美洲部落之间发生了分离,从而在这两个相似的部落之间形成了一个楔子。

这也许就是北方印第安人的起源。但有关中美洲和南美洲的文明族群,可以说些什么呢? 那些存在争议的理论认为,人类是在新石器时代迁移到这里的;由于地理条件非常有利于这样的迁徙,然后人类向南传播,并在这里独立地精心培植自己的文化:种植、编织、制陶、冶金是美洲的原创发明。这绝不是解决问题的办法。美洲种族的亚洲起源基于人种学(以及部分人类学和语言学)的证据;如果有对它有利的考虑,为什么这个类比能不能从另一个方向继续下去呢?

---

[1]　博阿斯(Franz Boas):《加拿大的人种问题》(Ethnological Problems in Canada),载《皇家人类学杂志》(Jour. of Royal Anthr.)第 15 期,伦敦,1910 年,第 534 页。

目前，人们可能有理由认为，墨西哥、尤卡其和秘鲁的文化并不那么孤立——也就是说，它们与亚洲的文化并不是那么孤立。让我们简要地总结一下这些文化的要点。大约在公元前 1000 年兴起美洲文明，熟悉陶器、编织、染色；他们的社区以寺庙为基础，存在大量的血祭；他们有一个强烈的天文学热情的祭司团，统治者受制于严格的预兆律法；他们（玛雅人）发明了文字，主要用来有序地延续日历，而秘鲁人则采用了一种主要用于财务目的的绳结方法。特别值得注意的是这种对人类血液的痴迷，这就像一种普遍的精神失常。

然而，就我们最近的发现所了解的情况而言，这些显著的特征在一些古代文明中并不是未知的。

尼罗河谷和美索不达米亚的文明繁盛于公元前 6000—3000 年，在闪米特人（Semitic）入侵之前，他们是世界上最古老的文明。他们的水平与 4000—3000 年后出现的美洲文明没有什么不同。人们忙于灌溉和耕作，没有钱币，也没有内陆商业；他们熟悉青铜、铜、银、金，但不熟悉铁，统治者将金属大多用于装饰目的，偶尔也用于贸易。神庙主宰着人们的生活，在苏美尔是一座高塔，在埃及是一座巨大的金字塔；统治者在一个国家是最伟大的祭司，在另一个国家则是神的化身。两个民族都发明了文字，楔形文字和象形文字适应他们由音节组成的语言；和美洲印第安人更相似的是，他们都是棕黑色人。

这些相似之处已经引起了人们的注意，也有人相当不科学地试图将美洲文明与尼罗河或美索不达米亚文明直接联系起来。最近，艾略特·史密斯（Elliot Smith）和勒福兹（Rivers）教授提出了一个新观点，他们把这些文化和类似的文化确定为日石文化；他们认为，一种以制石和崇拜太阳为基础的原始文化起源于地中海或西亚的某个地方，然后向东传播，越过亚洲，穿过太平洋的岛屿，在那里与来自北方的蒙古人相遇。这些北方的蒙古人可能就是我们上面讨论的迁徙的古亚洲族属部落。因此，美洲人种是由混合组成的。日石文化形成了一条从西班牙到秘鲁的温带和亚热带地区的地带，实际上包括一些变种：伊比利亚人、爱琴海人、闪米特人、苏美尔人、达罗毗荼人、中国人、印度尼西亚人、波利尼西亚人，最后是秘鲁人，后者并不比其他的人种更孤立。这是一个非常有吸引力的假设,尽管没有揭示这种文化传播实际上如何进行,以及如何跨越浩瀚的海洋。

上述问题我们俟后讨论。到目前为止,考虑到从亚洲到美洲的原始迁徙的确是假设,让我们用时间来限定它。首先,不要认为它所发生的时间会很短。白令海沿岸的居民和现在一样稀少,而且很久以前也不会比现在人多。最近在阿拉斯加进行的小规模挖掘工作中发现了几层聚居地遗址。尽管如此,它们表明移民是以小群体的形式到达的,很容易向南扩散。另一方面,亚洲和美洲之间的沟通通过白令海峡是如此容易,没有多少必要建立假想的桥梁。白令海峡现在的样子,至少在最近的地质时期以前便是如此。①

这种迁徙和冰川运动可能存在某种关联:人类应该是在间冰期的某个时期到达美洲的,但在哪个时期呢?至于美洲,人们不能依靠提供的有关欧洲冰川的数据,因为在这方面美洲和欧洲之间没有对应关系。人们只有指出旧世界和新世界的文化相似之处,这个迁徙才是可能的。索拉斯(Prof. Sollas)教授试图将美洲原住民与旧石器时代结束后,从欧洲经由北亚退居美洲的马格德林人联系起来,北亚与美洲是爱斯基摩人和一些印第安人的发源地。但是这样的假设是武断的,因为欧洲以外的其他地方尚未发现关于这次迁徙的考古痕迹。然而,一些很早的移民来自亚洲是已知的:所以一个新的人种:梭鲁特人(Solutreans),跟随野马和牛,大约在公元前 10000 年,也即马格德林文化逐步形成之前,从这里漂泊到欧洲;为什么没有发生在东方经北亚然后到美洲的类似迁移呢?在布尔冰河时代到来之前,美洲的气候条件较为温和,出现了一些如麝牛、野牛和山羊的牛类动物。

无论如何,印第安人与梭鲁特人(例如,在狩猎方法上)以及马格德林人(雕刻和镂版)有相似之处。在特定条件下,人们肯定会认为人类在公元前 10000 至 7000 年之前就在美洲出现了,更遥远的日期排除在外。

第一波移民潮可能在这个时候进入这里,这也可能是后来幸存人

---

① 当作者考察白令海峡时,对美洲人如何到达这里以及当地人轻易地从一个岛屿游到另一个而到感到惊异。于此,人们可以产生某些有关古代迁徙如何发生的想法。

口的一些特征得以保存的原因。但主要的物种只出现在新石器时代，这在巴塔哥尼亚、智利、巴西、佛罗里达、路易斯安那州发现的贝丘冢很好地体现出来，也即超出了玛雅和克秋亚文明的范围。这些沿海堆积物属于最早定居在这些地区的人。人们认为欧洲的这类贝丘冢出现在公元前7000年左右。但在美洲，它们似乎是后来才形成的，因为在这里发现的动物遗骸属于现在已经存在的物种。此外，贝丘冢本身可能有时与巴西早期的"萨姆巴凯人（Sambaquis）"有关，有时与近期阿根廷居的"帕拉迪罗人（Paraderos）"有关；尽管如此，这并不是有利于古老的人类在美洲的证据。

其他一些被认为属于早期人类的发现，实际上属于较晚的时期，虽然间接地与目前存在的一个种群有关；人们认为这些遗迹是美洲东北部的"丘岗建筑者"遗留下来的，他们是被狩猎的现代印第安人的祖先驱使的土地耕种者；后来，他们和入侵者混在一起，任其耕种。亚利桑那州和新墨西哥州所谓的"悬崖居民"是更为先进的人，他们熟悉耕作，住在被称为"土坯房"的大型社区里。但他们是近代的居民，现在以祖尼人（Zuni）为代表。总之，我们可以参考美国考古学家霍姆斯（Holmes），他的权威意见是反对美洲存在远古人类。他坚持认为，美洲最后的冰川（靠近哈德逊湾）在公元前6000年就消失了。

追踪发生在靠近亚洲的地区，特别是北太平洋地区的最近的迁徙是很有趣的，但是像达尔博士（Dr. Dall）和乔基尔森这样的考古学家没有提供这样的数据，他们研究了古代阿留申人的文化：前者认为在阿留申群岛发现的人类遗迹的时间在3000年前，而后者则认为他的挖掘虽然非常深，但并不能证实这个假设，他的发现可以追溯到1000年前。①

如果我们同意达尔的观点，那么阿留申群岛的这种文化不仅与西亚的文明相比非常落后，而且与当时已经广泛从事农业生产的东亚相比也非常落后；至于阿留申人，他们几乎处于新石器时代的水平，使用石制和骨制工具以及唇刺，并像印第安人一样在脸上作画。

可以假定，以西亚为中心出现的文化就向西和向东扩散而言，它的

① 乔基尔森前揭书，第7章。其中引用了达尔的著作并做了讨论。

发展是迟缓的；作为它最远影响的美洲文明，尤其被推迟了。这就是关于种植业发明和驯养动物的情况。

除了最原始的耕作方式，北美印第安人不熟悉耕种，除了墨西哥附近的普韦布洛人(Pueblos)，他们直到今天仍然是拙劣的农技师；所以只有南部的文明才和农耕有关；据了解，南部的文明大约在公元前1000年趋于兴盛，而他们的起源可能要追溯到公元前3000年，当时可能发明了农耕技术，驯养了动物(美洲驼)——这比欧洲晚得多，但稍晚于中国和印度尼西亚。美洲的文明就这样形成了。

这些相似之处，也许暗示了带来日石文化的新移民到达美洲的时间，这一文化与早期居民的新石器时代文化相遇。

南太平洋到美洲的迁徙

前述关于美洲人口假设的调查可以得出以下结论：(1)人类并非起源于这个大陆；(2)毫无疑问，人类是从亚洲跨越白令海峡迁徙到这里来的；(3)人类出现在这里相对较晚，可能处于新石器时代的水平。毫无疑问，美洲土著人是亚洲元素的混合，但他们的其他组成特征却不能归结为同样的原因；这就是古代美洲人种文明和半文明的特征，南美洲的情况尤其如此。在前面所讨论中，北美和南美之间在各个方面存在着相当大的差异，人们可以合理地假设，这里的移民是从另一个方向来到这里的。

首先，与北美和北亚之间存在的地理联系相反，尽管有巴拿马地峡，或者说是由于巴拿马地峡，美洲的两个大陆是完全分开的。它由人迹罕至的高山和蚊子泛滥的沼泽形成，是世界上最不健康的地区之一。生活在美洲大陆南方和北方的文明民族从来没有穿越它，而且在西班牙征服之前彼此完全不知道。即使是动物也不能通过这条道路迁徙；因此，北美洲和南美洲的动物群截然不同；驯鹿、北美驯鹿、野牛、熊是前者的典型品种，而美洲驼、原驼、鹦鹉、猴子是后者的典型品种。这一说法可能在古生物学上得到了证实，因为像印齿兽和弓齿兽这样的标本只在南美洲发现过。正如兰格劳斯·克罗涅尔(Colonel Langlois,

一本关于前哥伦布时期美洲的综合著作的作者）所说："两个大陆之间存在着如此巨大的本质差异，以至于它们之间形成了一道绝对的屏障。"①

另一方面，人类受到两大洲不同气候条件的影响，比如北美（太平洋海岸除外）寒冷，而南美一般来说温暖；所以，不像亚洲北部，这里肯定更适合来自温暖国家的移民。这种差异不仅现在存在，而且一定很早就存在了，因为南美洲的冰川比北美消失得更早，而且毫无疑问在人类出现之前就消失了，因此人类不需要像马格德林人那样，要有洞穴居住。

现在让我们沿着通常讨论美洲人起源的路径展开；让我们从人类学、语言学和人种学的观点来回顾一下南美土著人的特征——这些特征可能对他们的迁徙提出一些看法。

与北美（在人口的物理类型上是足够同质的）相反，南美洲呈现出几种人类类型的变种，与北美印第安人相比，有其他的相似性。但德尼克将中美洲人、南美人和巴塔哥尼亚人区分开来，把他们划分为南部大陆不同的种族，分别为"短头型"矮人；"中"或"短头型"矮人；"短头"长人。他认为短头矮人是最具代表性的南美洲人，是最早的居民的后代；他认为这些古代美洲人的遗存仍然存在于南美某些地方的人种中。

不像德尼克那样没有谈及南美洲的种族，人们必须说明这里确实存在着各种种族。短头型在南美洲或多或少很常见，有些种族在有的方面与美拉尼西亚人（Melanesians）相似，尤其在东部地区；人们可能会认为最早的人口属于这类，而被称为"圣湖人（Lagoa Santa）"的原始移民的一些残余仍然存在，散布在大陆中部的许多地方；无论从人类学还是从人种学角度，博托库多人都属于这一原始民族，它代表了这个民族至今为止的文化水平。巴塔哥尼亚人（Patagonians）是南美洲的另一个种族类型，在人类学上与澳大利亚人有相似之处；中美洲的玛雅人（然而，与人们预期的一样）与南美洲的主要人种完全不同；他们的头骨

---

① 兰格劳斯·克罗涅尔（Colonel Langlois）：《前哥伦布时期的美洲大陆与欧洲人的入侵》（*L'Amérique Pre-colombinne et L'invasion Européenne*），巴黎，1928 年，第 26 页。

形状很奇特,就像一条甜面包;这一颅骨特征尚未得到令人满意的解释,尽管它可能与这里实行的残害习俗有关。

因此,除了种族上的同质性之外,在南美洲什么都可以观察到,而且还有一些当然不是来自这片土地的外来因素,而与此相反,南美洲人和南太平洋岛民之间存在着相似之处。

让我们转到语言方面:美洲有许多方言,甚至有许多语系;这种情况在两大洲是相同的,然而南美的语言有些特点,只有在大西洋的斜坡存在大的语言族,而在太平洋斜坡(在海洋和安第斯山脉之间的一个小空间),语言非常丰富,每种语言都只有一些小部落在说。然而,我们已经了解到,这些地区通常是迁徙人口密集的地区;语言的多样性上反映了各民族的漂泊。在这种情况下,有一种迁徙方向的启示:它可能从太平洋出发,经过克秋亚语盛行的安第斯山脉向北和南扩展。

这种语言的扩展多少使问题变得复杂了:大量使用这种语言的事实并不必然表明它是母语;这是征服者强加给被征服民族的一些官方语言。因此,美洲的语言可能比现在还要多。

尽管语言丰富多样,布林顿可以总结出它们的上述特征,尤其强调它们的多式综合语。他研究的是这些语言的词法,而不是词汇;然而,它们在词汇上的区别如此之大,以至于不能将词汇的区别视为简单的方言,因此著名的语言学家缪勒(Fr. Müller)否认它们的同质性。此外,博阿斯还指出,多式综合语本身并不适用于美洲的所有语言。

无论情况如何,南美至少有可清晰辨别出来的六大语系。西部有奇布查语(Chibcha)、克秋亚语(Kechua)、艾马拉语(Aymra)和阿劳钦语(Araucan),东部有阿拉瓦克语(Arawak)、加勒比语(Carib)、图比—瓜拉尼语(Tupi-Guarani)和佬语(Tchon)。有趣的是,与普韦布洛人语言有关联的奇布查语,揭示了通过太平洋向北的海上迁徙,而瓜拉尼语则暗示了类似的沿着大西洋海岸的迁徙;从加勒比语中可以看出,这些人可能是从同一个方向迁移的,可能也尝试过海上迁徙。

显然,在南美洲有一个缓慢发展的类似于地质学上称为"逆掩断层"的过程,意思是在特定的环境下反映在语言分布上的一系列种族分层。无论年久的或新近的,所有的美洲语言都表现出一种未开发的心理所特有的原始结构,如双、三、四倍数或动词通过改变动词词干接入宾语;这意味着一种不能综合的思维。诺登舍尔德(Nordenskiold)指出,一些美洲部落甚至使用符号语言。

然而,不能夸大美洲语言的古老性。我们熟悉这种语言事实,如多式综合语在苏美尔人中的情况,他们在公元前 5000 年左右详尽阐述了一种类似的语言。在亚洲的另一边,一个伟大的语言家族应该已经存在,被称为"藏汉语系",原始汉语大约在公元前 3000 年就与之分离;这就是著名汉学家高本汉(Karlgren)的观点,他认为汉语最初并不是单音节的。他认为,汉语的声调取代了以前的前缀,古汉语的代词也有变化。

在这种情况下,我们必须提到史禄国教授(Prof. Shirokgoroff)对藏缅语族罗罗(Lolo)语言的调查;罗罗语言有多音节词以及完善的后缀和前缀系统,并在复音词或句子的语序中使用合并。这项调查表明,即使在目前,亚洲的土地上也发现了一些美洲人的特征,尽管在某种程度上是有限的。

史禄国对罗罗语言中辅音 L 的观察以及与其他语言的比较特别有意义。这个辅音在发音和形成上,与哥伦比亚河谷和加利福尼亚海岸的印第安人的语言(发 L 和重音 L),以及古亚洲族属的语言有相似性:楚克奇语中发"双"L 音,科里亚克语中"L"与"tl"的发音互换,堪察达尔语中"L"与"tl""tc"的发音互换。这些相似之处可能还会更多:与上面提到的语言一样,tl 在古墨西哥语中也经常出现,林语堂(Lin Yu-Tang)教授发现古代汉语中 bl、kl、tl 有不同寻常的组合。如此相似绝非偶然。

然而,南美人和太平洋岛民在人类学上的相似之处,更不用说语言上的相似之处,都太过模糊,无法对他们的亲缘关系作出结论性的陈述。反之,这两种人类在人种学上存在相似之处。正如兰格劳斯·克罗涅尔所说:"让人感到好奇的是,至少在印度支那、美拉尼西亚、波利尼西亚和美洲发现类似的物品,这些物品并不罕见,但它们的密切关系是毋庸置疑的。"[①]正如里维(Paul Rivet)指出的那样,在这一大片区域

---

① 兰格劳斯前揭书,第 34 页。

里,到处都能见到诸如战斗俱乐部、信号鼓、笛子、藤条桥、纺织业等事物。"萨尔巴坎"(sarbacan 美洲)或"萨姆皮坦"(sumpitan 马来亚)的情况特别有趣;这是一根细长的双管,肺部的力量通过它可以将带有毒刺的飞镖射出——这是一种非常危险的武器,在战争或狩猎中使用。显然,这个乐器很奇特。然而,马来人、大洋洲人和美洲人同样使用它,与上面提到的日石文化带相吻合。麦哲伦(Magellan)在菲律宾被它消灭,科尔特斯(Cortez)在墨西哥与它遭遇。

南美人和太平洋岛民还有其他共同的风俗习惯,但不像以前在这个地区那么普遍。大洋洲的人们也很熟悉美洲实行的奇怪的肢残术:如把石头嵌进牙齿,切断手指,使头骨变形。秘鲁文明的基本特征在南太平洋的一些地方可以观察到,例如梯田耕作(菲律宾吕宋岛的一些半文明部落以非常发达的方式进行耕作),或波利尼西亚人中存在相应计算工具的结绳计数法(quipu)。[1]

梯田耕作尤其令人好奇:这种农业体系是一些伟大文明的特征,中国人甚至在其历史的初期就已经很熟悉了。这些相似之处决不能低估:秘鲁与西亚典型的日石文明相距甚远,但与之有着惊人的相似之处;在东亚,这一文化链可能存在缺陷。中国最近的考古发现支持了这一假设:桑志华(Licent)和德日进(Teilhard de Chardin)神父在鄂尔多斯发现了旧石器,安特生(J. G. Andersson)在南满、河南和甘肃,即在古代中国的中心(河南),发现了一个新石器时代的遗迹。安特生认为,这些省份的史前居民与现在的人口属于同一种族;有证据表明他们驯养了猪,这是古代中国农民的典型家畜。他发现了石器和金属器物,但属于不同的时期;由于中国的金属时代可能是公元前3000年,所以石器的年代肯定要早得多。

根据安特生的说法,甘肃人不是土生土长的;也许他们是从西方来的,因为在突厥斯坦也有类似的发现。另一方面,满洲的器物与楚科奇人或爱斯基摩人的器物相似;让我们记住上面所说的古代亚洲族属和印第安人之间的联系。因此,东亚可能是原始文化向北和向南辐射的

---

[1] 作者必须提到他在菲律宾的亲身经历:很奇怪看到这些精心设计的梯田由于当地原住民的衰落而如此不连贯。

中心,尤其是横跨南太平洋的日石文化的辐射中心。[1]

秘鲁和中国还有其他有趣的相似之处,比如秘鲁的羽蛇,与中国的龙相对应,在两国的神话和艺术中都有大量的呈现。同样,秘鲁人的血祭在古代中国的国王或封建领主职责的许多赎罪行为中也有对应(实际上是一种生存)。这些相似之处过于模糊,并不意味着两个文明之间有基因上的联系,但或许它们暗示了一个共同的,但当然是非常遥远的源头。

蛇的案例是特别有趣的,因为大洋洲的神话和艺术中也弥漫着这个主题。许多波利尼西亚人崇拜蛇,将其作为与世界创造有关的一种存在,或作为部落祖先,它被广泛用作装饰图案。什捷尔恩别尔格(Sternberg)教授在阿伊努人(Ainu)中也发现了这种图案,这表明所有阿伊努人的艺术都基于这一理念:螺旋形和锯齿形的装饰可能明显地简化为这幅图像。一个问题出现了,墨西哥文字和秘鲁艺术所特有的文字是否可以用同样的方式来解释,即在形式上像蛇一样。

南方移民到达美洲的路径

可以看到,在北美和南美的土著居民之间有相当大的区别;南美洲的人类在许多方面都是异质的,无疑暗示了澳大利亚人(Australian)、马来—波利尼西亚人(Malayo-Polynesian),可能还有东亚人的因素。

既然如此,人类向南美的迁移一定不是以北美的方式进行;人类从澳大拉西亚出发,穿过南太平洋。

然而,说来容易做来难:在大洋洲和南美洲之间没有像在北亚和北美之间那样的"桥梁";当亚洲的土著居民可以很自然地跨越白令海峡时,那些试图跨越南太平洋的人们会被大陆之间巨大的距离所阻碍。如果有移民到南美的话,那是如何实现的?

首先,我们必须注意这样一个事实:即使在西班牙征服南美洲的

---

[1] 现代汉学家否认中国传统历史中的夏、商、周王朝,如葛兰言(Marcel Granet)的最新著作《中国的文明:公共生活与私人生活》(*La Civilisation Chinoise*, *La Vie Publigue et La Vie Privée*, 巴黎,1929年)。然而,我们承认这些王国确实存在,并随着野蛮的入侵而灭亡。他试图重建的汉朝之前的文明,或许是一种非常类似于旧石器时代文化的反映。

时候,当地的人口也并不多。据估计,大约有 10 万—1200 万人生活在安第斯台地,东部有 200 万人或更多,在中美洲有 200 万人,实际上只有秘鲁人影响的地区人口稠密,但与其他古代农业国家相比,这是微不足道的(例如,中国在汉朝统治时期有居民达到 1000 万)。

另一方面,美洲大陆显示了人口是如何在有利条件下,在短时间内在增长的;目前南美洲的白人人口(估计约为 1 亿)从数千人开始,通过混血和殖民,仅在四个世纪内就增长了。

作为南美洲人类源起的土著群体,可以通过水路和陆路到达这片大陆。美洲和澳大利亚在植被和动物种类上有相似之处,这就意味着它们之间存在着陆地上的联系。地质学家认为,从侏罗纪开始,在美洲和澳大利亚之间就有一个澳洲大陆;徐士(Suess)坚持认为,这个大陆只是在中新世消失了。然而,我们与这个大陆毫无关系,因为早在人类出现在新大陆之前,这个假定的大陆就已经存在了。但还有另一种从澳大利亚到美洲的可能,那是很晚的事了。

南美洲科学家门德兹·科雷亚(Mendez Correa)认为,在最近一段时期,南极大陆是人类可以到达的,因为那里在公元前 4000 年左右比较暖和,这样的假设得到了韦格纳(Wegener)的认可,最近一次南极考察发现的化石树和煤炭也支持这个说法。于是,南美洲的澳大利亚元素得到了令人满意的解释,人们也可以理解为什么它们集中在离南极最近的巴塔哥尼亚。

马来亚—波利尼西亚的迁徙问题更为复杂;的确,他们是海上迁徙,没有留下任何明显的痕迹,但也确实发生过,这并非不可能。兰格劳斯·克罗涅尔以非常特殊的方式讨论了这种可能性,发现有许多支持这种迁徙的理由。[1] 尽管交通工具简陋,但南太平洋的水文和气候条件为跨越大洋提供了便利。航海的人们可以利用这里的洋流和逆流,例如,从澳大利亚到美国的赤道逆流以及相反方向的洋流;还有更多从美洲直接流向印度尼西亚的北方洋流。该水域北部吹的风与亚洲的迁徙相反,但在南部,夏季的风对这种迁徙相当有利。

另一方面,马来亚—波利尼西亚人是非常熟练的水手,并不惧怕

---

[1]　兰格劳斯前揭书,"海洋道路"一段。

1000—2000 英里的距离。他们一定很久以前就熟悉洋流了，而且可以利用洋流来航海；此外，他们很久以前就知道如何操纵船帆了。当然，乘坐一艘原始的小船穿越未知的海洋是一项冒险的事业；没有指南针或地图；然而，它并不比哥伦布穿越另一片海洋的航行大胆多少，更不用说诺曼海盗的航行了，他们甚至在哥伦布之前（在 10 世纪）发现了美洲。也许，对马来亚—波利尼西亚人来说，这样的航行更容易一些，因为他们能够凭借观察和直觉猜测出他们所需要的陆地的方向。无论如何，南太平洋最偏远的岛屿（例如复活节岛）都有人居住，这些岛屿与最近的陆地西部相距 1200 英里，东部相距 2000 英里。①

更多地跟踪这些美洲大陆本土范围内的海洋和陆地迁徙是很有趣的。由于从墨西哥到厄瓜多尔的整个太平洋海岸都有类似的考古发现，南北美洲之间通过巴拿马地峡的交通联系即使很困难但也并非不可能，这是一个从南到北海上迁移奇布查族到墨西哥的迹象。那时，委内瑞拉可能扩张到了加勒比海群岛；这些岛屿对北美和南美起到了白令海峡对美洲和亚洲同样的作用。② 这些二次迁徙解释了马来亚—波利尼西亚元素在北美从佛罗里达到格兰德河范围的渗透，并在普韦布洛人的文化中有所反映。

这就是海上迁徙。但还有已知的从东部方向的陆地迁徙，经过拉普拉塔和大西洋，把卡尔查基（Calchaquis）和阿劳坎尼人（Araucanians）带到安第斯山脉，瓜拉尼人（Guaran）带到巴西。这些二次移民是澳大利亚移民的延续。两股移民潮（波利尼西亚和澳大利亚）都遵循着他们习惯的路径，直到他们在安第斯平原相遇，那里似乎是一个高度混合的地区。

后来在这个地区兴起的文明（克秋亚人的文明）并不是本土的；前克秋亚文化也是如此。中美洲的玛雅文明也是如此，尽管它是尤卡坦、秘鲁和墨西哥三个文明中最古老的。所有这些文明的前身都是一个古

---

① 一些美洲民族的神话传统可能是支持海上迁徙的最后考虑的因素：这是对神话英雄的信仰，墨西哥的羽蛇神或尤卡坦的库库尔坎，他们出现在海上，向人们传授艺术和手工艺；然而，这并不是很令人信服，因为相似的传统是世界各地许多民族所特有的。
② 加勒比人的问题有点复杂，因为他们在大陆上的漫游，可以从西边的方向追踪到大西洋，再从相反的方向追踪到安第斯山脉；加勒比群岛的情况也是如此。然而，这里和白令海峡都是很自然的：就像古亚洲族属一样，加勒比人可以从一个大陆迁移到另一个大陆，然后再向后迁移。

老的文明，最近的考古发现和这些民族的传奇传统所揭示了这个文明。

有证据表明，一个后来被称为奥托米（Otomis）的民族，曾经生活在从墨西哥到厄瓜多尔太平洋沿岸；这里有许多新石器时代的发现，例如石器、泥塑，特别是妇女的泥塑；按照传统，这些人还不熟悉面包和玉米，靠打猎和捕鱼为生；他们没有房子也没有衣服，只能住在洞穴里，穿着兽皮；他们组织成氏族，崇拜太阳。斯宾顿（H. J. Spinden）坚持认为，这个沿海地区被可能是被来自南美的相同的人种占据。如果是这样的话，这是接近北美第一批移民水平的最早的马来亚—波利尼西亚移民浪潮，也许在时间上相差不是很远。

秘鲁的文化传承更为复杂。这里还发现了古代人口的痕迹；这些后来被称为"乌鲁斯人"（Uros）的人可能来自巴西，因为他们与阿拉瓦克人有某种相似之处；他们与阿劳坎尼人和巴塔哥尼亚人有一些相似之处，这些人的这种起源可能性更大；所以，这些人一定属于澳大利亚人血统。把使用金属带到这里的加勒比人和建立农业文明的克秋亚人，吸纳了这些人口。克秋亚人属于马来亚—波利尼西亚人，在他们之前还有同样起源的其他人口迁徙浪潮。

这些民族来到安第斯台地是很明显的；正如里维所说："在粗糙的磨制工具和美观的新石器时代的工具之间存在着一个间隙；这是一个证据，它表明后来出现的文明，与原始的乌鲁斯渔民毫无共同之处。"[①]这种新的文化是由马来亚—波利尼西亚人带来的，可以看出不是很早。

迈克斯·乌勒（Max Uhle，他彻底调查了秘鲁的古代文物）认为，在蒂亚瓦纳科发现的前克秋亚文化最古老的遗迹的年代不早于公元前1500年。人们可以假设印度尼西亚人大约在公元前3000年到达南美洲。这很可能就是发生在太平洋的大迁徙的日期。大约在那个时候，中国人入侵了黄河和长江之间的一个地区；正如史禄国教授所说，这个地区被原通古斯人占领，他们向北和向南迁徙，随后把印度尼西亚人赶走了；与此相关，南太平洋的马来亚—波利尼西亚人的迁徙更加强烈，这些民族在这里开始了猛烈的扩张。事实上，在菲律宾的马来人中，印

---

① 里维（Paul Rivet）：《南美洲大陆西北和西部文明的构成元素》（*Les Elements Constitutifs des Civilisations du Nord-Quest et Ouest de L'Amérique du Sud*），第二十一届大会，美国，1927年。

尼的混合元素相当多,它暗示了蒙古族元素以及其他与原通古斯非常相似的元素。另一方面,什捷尔恩别尔格教授最近以一种令人信服的方式,证明了日本的阿伊努人起源于波利尼西亚;由此,人们可以看到这次大洋洲移民达到了什么程度。

熟悉了马来亚—波利尼西亚人移居南美洲的一些细节,人们可能会惊讶于它的年代如此之晚。我们在上面多次强调,美洲人类的古老程度并不是很久远。让我们再次提到斯坦曼(Steimann)关于南美洲的问题:"今天可以说,没有证据表明人类在最后一次冰河期之前曾在美洲生活过,而距今最遥远的居住在那里的人,与现在的美洲印第安人属于同一个群体。"①还有更多:在讨论关于美洲文明的起源时,维格纳德(Vignaud)甚至坚持认为,这里早在公元前1世纪没有迁徙的种族,这也许有些夸张。就马来亚—波利尼西亚移民而言,我们的观点是介于这两个界限之间。我们承认,对于原始人来说,大海(尤其是大洋)并不是什么障碍,但这是在他们熟悉了最早的船只(不是防壕船)之后的事,这种事情在先进的西亚大约发生在公元前7000年。

先前关于南美洲人起源问题的讨论表明,我们对南美洲人起源问题的认识仍然没有定论,在试图解决这个问题时存在许多争议,而大多数研究者承认的是一种可能的假设,而不是一个确定的陈述。所有的推论更多的是基于人种学的考虑,而较少基于人类学和语言学的考虑。然而,我们已经了解到,种族现象是如何受变异影响的;特别需要的是在所有这些领域进行考古确证,而这些证据尤其缺乏,因为考古学是一门年轻的科学,尤其是有关美洲大陆。

所以,举例来说,旧石器时代在美洲的存在是被否认的,因为没有相应的发现。这是否意味着将永远不会有这样发现?其次,在北美,冰川的运动没有得到充分的调查,因此没有关于人类迁徙的年代数据。毫无疑问,人类是从亚洲经北太平洋来到美洲的,但这些人一定是古亚洲族属吗?有证据表明,古亚洲族属的迁徙在亚洲开始得很晚。最后,由于自然没有跨越南太平洋到南美洲旅行的明显痕迹,因此出现了一个问题,究竟是一系列相互联系的文化,还是仅仅是在相同的物质条件

---

① 斯坦曼(G. Steimann):《美洲的土著人》(*Zur Urbesiedelung Americas*),1924年。

下沿着类似路线发展起来的文化传播;在日石文化中也是如此。

对于这个问题的解决,必须像以前那样做出这种保留。

[《皇家亚洲文会北华支会会刊》(*Journal Royal Asiatic Society, North China Branch*)1931 年第 62 卷]

满洲的中俄关系(1892—1906)

《俄国在满洲(1892—1906)》[《沙俄帝国主义对外政策史纲》(*Essays on the History of the Imperialistic Policy of Tsarist Russia*)]，罗曼诺夫(B. A. Romanov)著。列宁格勒叶努基杰东方学院研究所出版社 1928 年出版。605 页，内有两个索引，两个附录，一张地图。

一

罗曼诺夫著作的原始资料源自财政部的档案，在维特(Witte)做部长时，财政部是俄国有关满洲政策最重要的部门，其重要性甚至超过外交部。因此，该书对研究中俄关系史的学者非常有用。由于原书用大多数人不易理解的俄文写就，故而似应做一个较为冗长的摘要，其中特别关注所用到的主要档案文件。

在导言中，罗曼诺夫介绍了 1892 年到 1916 年远东地区的国际关系，特别提到了俄国和日本。他认为，俄国修建西伯利亚铁路是"远东问题"的开端。即便在那时，时任财政部长的维特也曾表示，这条铁路将确保俄国对太平洋地区国际贸易的支配地位。然而，竞争对手也在那里，其中包括日本，一个已经不容小觑的大国，而朝鲜最初似乎是一个可能发生利益冲突的地区。尽管当时属于中国的附庸国，朝鲜与外国签订了商业条约；日本甚至直接干涉其事务；而俄国妨碍了日本。这场既有外交上的，也有部分军事上的国际竞争，被认为是出于维护朝鲜"独立"的崇高动机。

随着西伯利亚铁路的建成，俄国在远东地区的地位将变得最为强大。日本希望先发制人,于是发动了对中国的战争(1894年)。因为获胜了,日本强加给中国很多条件,这便暴露了它的帝国主义规划。其中包括在"独立的"朝鲜的扩张;在这一问题上,日本得到英国的支持,因为英国自然不喜欢其向中国腹地渗透,但却遭到了俄国的抵制。坚持日本野心论的罗曼诺夫于是总结道:一个棘手的问题形成了,直到十年后的《朴茨茅斯和约》才斩断。至于日本对中国的要求中所提出的南满计划,又遭到了俄国的抵抗。根据维特的想法,俄国必须拥有一个适合殖民开发的地区,特别是考虑到西伯利亚铁路所产生的费用。因此,如果远东问题在那时突然出现,维特也有份。

朝鲜问题后来得到解决,至少在形式上满足了双方的利益。然而在满洲,日本完全失败了。另一方面,俄国在修建中东铁路的问题上得到了中国的许可,并与中国签订了几项经济协议,旨在促进俄国进入中国内地。在这些进程彻底完成之前,俄国获取了辽东半岛的租约,亚瑟港为海军基地,大连为贸易港口。最后,参与南非战争的英国承认了俄国在长城外修建铁路的特殊权利(1899年)。

义和团运动使俄国更深地卷入了满洲事务;俄国军队以保护正在建设的铁路为名,占领了一些省份,而在维特的推动下,俄国政府试图与中国签订一项除1901年《北京条约》之外的协议,以保障俄国在满洲的专有权。俄国军队从满洲撤退的条件成了一个主要问题。维特——真诚与否,这是另一个问题——希望帮助李鸿章,条件是维特为开发满洲而组建的华俄道胜银行(Russo-Chinese Bank)获得垄断地位,除了俄国资本,其他所有资本都被完全排除出满洲。接下来是时断时续的漫长谈判;由于其他列强的抵制,谈判最终失败了,因为列强给了中国强大的支持。对俄国政策的最后一击是1902年的"英日同盟",它确保了日本在可能与俄国发生战争时的安全。

英国所采取的立场是《马关条约》以来其远东政策的合理延续:目的是抵制俄国在中国中部的扩张,并将日本滞留在中国北部。美国针对满洲、甚至是整个中国,对俄国以及后来对日本也采取了类似的政策:这便是著名的"门户开放"政策,其声称确保中国的"统一和完整",换言之,作为美国的一个完整的势力范围。1899年,国务卿海约翰

(Hay)向英国政府暗示,只有这样的政策对英美两国的资本都有利,才能保持它们在中国的地位,扩大其将来的活动。[1]

在这种情况下,俄国政府根本不希望放弃北满,对如何处理南满犹豫不决;有时,他(维特)似乎准备清算整个企业。然而由于国内环境的压力,采取了另一种做法:别佐伯拉佐夫(Besobrasov)派着手组织一种更有利可图的方式来满洲经济开发,并准备将满洲并入俄国。别佐伯拉佐夫派开始在鸭绿江地区的森林地带(作为满洲和日本的屏障,已经获取了朝鲜的特许权)开展活动。此外,该派还染指了满洲的政府机构,破坏了俄国政府的正常运作。这些活动只能加速战争的爆发。罗曼诺夫总结道:"尽管欧洲发生了不利的变化,俄国是明显地走上了不仅与日本,而且与英国和美国发生冲突的道路。"(第24页)据此,他认为1895年曾得到法国、德国支持的俄国,于1903年几乎走向孤立,因为其盟友之一法国,鉴于可能与英国和解,不会给俄国任何方式的帮助;而德国则相反,其希望俄国忙于远东事务而从波兰边界部分撤军,以便能够取得改善对俄商贸条约的一个机遇。

日本也在走向侵略。从1895年以来,日本就一直在准备战争;而俄国占领辽东半岛加剧了冲突。1900年,日本比其他列强规模更大地参与了镇压义和团运动,借此展示了其军事实力。当俄国于1903年10月8日未能从指定地区撤离时,日本和美国采取了"不承认"的政策,在同一天即10月8日与中国签订了商业条约,要求在满洲开放更多的港口。因此战争迫在眉睫;它的爆发并不出人意料,尽管双方的技术准备似乎不对等,日本领先于俄国。

战争的结果众所周知,俄国完全失利。在满洲分割势力范围使日本获取了富庶的、大有前景的南满,而北满留给了俄国,那里到处都是脆弱的铁路,而且只涉及费用。维特主宰远东商业的梦想破灭了。由于俄国军队的彻底失败,来自日本的危险变得比以往任何时候都更加切实可见。

俄国几乎无法为自己开创一个更有利的局面。连接巴卡里和乌苏

---

[1] 格里姆(E. D. Grimm):《"门户开放"主义和美国的对华政策》(Open Door Doctrine and American Policy in China),载《国际生活》(*Mezhdunarodnays*)杂志,1924年第4、5期合刊。

里线支线的阿穆尔河铁路在 1912 年之前无法建成,此外要考虑 4 亿卢布的成本,当时俄国的财政状况已非常困难。但俄国能找到对付日本的意外援助,那便是对美国来说比任何时候都必要的门户开放政策。事实上,美国从日本身上发现了一个比俄国强大得多的竞争对手。就在日本获胜不久后的 1905 年,美国认为防止日本或俄国未来入侵的最好办法是对整个满洲铁路的国际控制。[①] 此一观点在 1909 年通过《诺克斯方案》的形式而得以具体化。

当时,俄国有了另一个选择:日本政府提出了一项建议,要求建立一个联盟以维护在满洲的共同利益。因为在满洲,"俄国和日本付出了金钱和鲜血。"因此,俄国和日本之间达成了某些重要的秘密协议。首先在 1910 年,初步达成了关于在满洲划分势力范围的协议;后来在 1912 年,对蒙古也作了类似的划分,即将外蒙古或西蒙划归俄国,内蒙或东蒙划归日本;最后在 1916 年,针对日本对华的"二十一条"和美国对其的抗议,对于任何对俄国和日本在中国抱有敌意的第三方势力,日俄两国承诺互相支持。通过两大强国富有威胁性的结合,他们在满洲的问题最终得以解决:俄国的立场变得清晰和稳定,这是她所需要的;至于日本,罗曼诺夫认为,她"显然是想为未来的国际冲突积蓄力量,以便能够控制整个中国",为此,她发现不完全消除俄国在远东的影响力符合她自己的利益。然而 1917 年革命后,二位合作者之一退出了。正如大家所看到的,在本书出版 5 年之后,第二位合作者刚刚开始实施它的计划。一个有趣的问题出现了,满洲问题是否会像本书所暗示的那样,通过两国联合对抗第三国来解决。此一问题受满洲政治地理形势的制约。

作者对满洲发展导论性的概览的时间跨度比书本身更长,书中只限定在 1892 到 1906 年。全文共分八章,论述了俄国满洲政策的四个主要阶段。第一、二章关于和平渗透的第一阶段;第三、四章关于对南满港口的攫取;第五章关于对满洲全境的临时占领;第六章关于日俄战争前的发展情况;第七章关于俄国在战争期间的财政状况,与满洲没有直接联系的事情;第八章关于俄国满洲大型企业的清算。

---

① 这是时任美国驻华公使康格(Conger)的意见。作者转引自泰勒·丹涅特(Tyler Dennett):《罗斯福与日俄战争》(*Roosevelt and the Russo - Japanese War*),纽约,1925 年。

二

在研究满洲问题的起源时,罗曼诺夫首先希望阐明维特的作用。这是很自然的,因为这位有影响力的部长与俄国满洲企业(尤其是中东铁路)的关系众所周知。此外,还有我们作者称作、维特也在其《回忆录》(*Memoirs*)描述的维特的解释——即俄国在这个问题有两种政策:维特的太平洋政策和尼古拉二世(Nicolas Ⅱ)及其顾问包括库罗帕特金(Kuropatkin)将军的侵略政策。然而,后者在其所著《日俄战记》(*The Records of The Russo-Japanese War*)及后来出版的《日记》(*Diary*)中呈现了一幅不同的画面。无论如何,根据维特的解释,维特所声称的政策是:与中国结盟—修建铁路—从满洲撤退—与日本达成协议;尼古拉的政策应该是:亚瑟港—鸭绿江—占领满洲—战争。

早在战争前的 1903 年维特就已经编造了传说,当时由于满洲的复杂局势,库罗帕特金建议将南满和旅顺、大连以及中东铁路的南部支线归还中国,以换取割让北满地区和一些铁路费用补偿。在库罗帕特金和维特之间的一次谈话中,维特试图把所有南满企业的责任从他自己身上转移开,他认为这与他原来的计划迥然不同。他生动地解释道:"我邀请客人到一家好餐馆吃饭;他们喝醉还闹出了丑闻:这是我的错吗?"[1]

这种否认是不能接受的,原因有二。首先,根据 1903 年应别佐伯拉佐夫的要求而编写的官方数据,俄国自 1897 年以来已经为其满洲企业花费了 863,190,967 卢布,其中主要项目是中东铁路,其投资额为 327,529,555 卢布。因此,维特心爱的孩子占了总支出的 40%。南方支线和亚瑟港都是保卫主干线所必需的,也是维特计划的必然结果,正如库罗帕特金所正确指出的那样。其次,"作为财政部长,他能够接触到的"方法并不是完全得体的(尽管在外交中很常见)。[2] 为了得

---

[1] 见《库罗帕特金日记》(*General Kuropatkins Diary*),1903 年 12 月 3 日所记[《红档》(*Krasny Archiv*)杂志,第二卷,第 91 页]。

[2] 格林斯基(B. B. Glinsky):《日俄战争的序幕》(*Protologue of the Russo-Japanese War*),圣彼得堡,1916 年。这是一本受维特影响且出版早于维特《回忆录》(*Memories*)的小册子。

到亚瑟港的租约,他贿赂了中国代表李鸿章和张荫桓。他前后都使用了同样的手段:他在俄国财政部设立了一个特别的"李鸿章基金",从中贿赂中国官员 1,700,947 卢布。维特的断言,无论是在当时的事件中,还是在他的《回忆录》中,"都不能掩盖他的政策的真实本质,这一政策对俄罗斯帝国来说是矛盾和极度危险的"(第 51 页)。在方法上,与"在一家好餐馆里引起了丑闻"的别佐伯拉佐夫派没有太大的不同。

俄国满洲政策的起源很遥远,与西伯利亚铁路的建设有关。这个问题在 1885 年首次被提出,当时日本对朝鲜的渗透暴露了俄国在远东的弱点。出于战略考虑,西伯利亚西部和东部的总督们都坚持修建这条铁路。建造乌苏里线的决定是这一伟大事业的起点,然而,修筑铁路却严重缺乏资源。在维特被任命为财政部长(1892 年)之后,做出了最后的决定:人们认为,如果没有通过这片广袤的土地的一条铁路,西伯利亚的开发将是不可能的,而由于与法国修好,必要的资金也同时到位。

维特在这个问题上的视野非常宽广。[1] 他认为修建这条铁路是与中国结盟和削弱英国殖民势力的一种手段。有了这条线,俄国可以成为欧洲和亚洲之间的中介者;此外,她可以作为一个巨大的生产者和消费者出现在亚洲市场。特别是中国,它的茶叶贸易在英属印度有一个竞争对手,必须欢迎俄国在远东的出现。这样的计划已经足够有希望了;但倾向于兴奋的人,还有别的更宏伟的计划:巴德马耶夫(Badmaiev)这位臭名昭著的藏医,向亚历山大三世提交了一项沿着贝加尔—兰州路线来延伸西伯利亚铁路进入中国的方案,并承诺在兰州组建一个反清的民族起义中心,将以布里亚特(Buriat)商人为中介参加这次起义。"奇异和异想天开"是沙皇的评价,然而巴德马耶夫受到了维特实质性的鼓励。[2]

1894 年至 1895 年的中日战争表明,维特在修建西伯利亚铁路方面有更大的计划。尽管 1885 年朝鲜战争失败,俄国外交仍继续将朝鲜视为"俄罗斯帝国未来的一部分";直到 1903 年,当拉姆斯多尔夫

---

[1]　1892 年 11 月 6 日维特给沙皇的报告。

[2]　巴德马耶夫的回忆录载于谢苗尼科夫(V. P. Semenikov)的著作:《藏医巴德马耶夫的档案》(*Archive of the Tibetan Doctor Badmaiev*),列宁格勒,1925 年。

(Lamsdorf)伯爵还是外交部长的时候,就制定了俄国在远东的传统目标。日本在战胜中国后对朝鲜的渗透与这些目标背道而驰,在四次特别的部长级会议上对形势进行了热烈的讨论,最后一次会议由当时的皇帝尼古拉二世亲自主持。首先,宣布了朝鲜独立的原则,增加了在太平洋的俄国海军中队,并考虑与英国和法国协同行动。① 最后,在《马关条约》的条件公布之后,决定支持中国,并"建议日本放弃在南满的收购"。

在所有这些审议中,财政部长都积极参与,但他在其《回忆录》中以完全歪曲的方式介绍了这一点。他说,沙皇和他的其他大臣都完全不知道远东的问题;维特是会议上唯一了解情况的人。其余的人都默不作声。维特建议,中国必须长时期内保持现状;这符合俄国的利益;因此,俄国必须向日本发出最后通牒,阻止日本侵占亚洲大陆。尼古拉同意了这个说法。

维特似乎已经决定通过西伯利亚铁路横跨满洲,不管后果如何,即使是与日本开战,她也要入侵满洲。正如维特所言,他敏锐地看到,日中战争是俄国横跨西伯利亚的铁路事业的结果,因此是针对俄国的;日本吞并朝鲜之后,就会有强大的军队和中国的赔款,日本将会入侵满洲和蒙古。那时,俄国将被迫参战。因此,最终看来,为什么不现在就开战呢? 当时,陆军部长和海军部长宣布,俄国准备好了。

但还有另一种可能的行动路线,那属于"无知的人":俄国想要在太平洋沿岸建立一个开放的港口,或许还要在东北建立一个;对于这两者,她都需要与日本合作,而不是与之斗争。这是当时的外交部长洛巴诺夫—罗斯托夫斯基公爵(Prince Lobanov-Rostorsky)在尼古拉的支持下提出的建议。② 由于维特的坚持,最后的决定对他的政策有利。然而,这一决定还有另外一个需要考虑的因素,即德皇威廉(Kaiser William,通过太平洋上的德国海军)的意外支持。日本最终屈服了。

俄国入侵满洲的意图在1895年开始显现,但形式非常温和:由于沿阿穆尔河修建铁路在技术上有难度,于是制定了一项计划:途经墨

---

① 1895 年 1 月 20 日部长会议记录。
② 1895 年 3 月 30 日部长会议记录,以及洛巴洛夫 1895 年 4 月 3 日的奏疏。

尔根—布拉戈维申斯克，穿过满洲的西北角；人们认为与中国政府解决这个问题并不难。但由于俄国的干涉，日本被迫退出辽东半岛后，形势发生了变化；交通部长提出了一个问题，即中国与符拉迪沃斯托克之间通过一条横贯满洲的直通线路是否更好。这一计划得以实现，甚至规模更大，因为中国正在寻求向国外贷款以支付对日赔款。

法国银行家邀请俄国参与贷款，俄国接受了邀请。1895 年，一笔由俄国担保的贷款贷给了中国。紧接着，维特邀请相关银行家与俄国政府合作，组建一家专门从事远东业务的银行。因此，华俄道胜银行于 1895 年 11 月 23 日在巴黎成立。首先，它被用来实现满洲铁路的新变动，在随后的谈判中，维特无视外交部长的存在，将所有的方案掌握在自己手中。1895 年 11 月 27 日，他向沙皇提交了一份报告，其中附了两份重要文件：一份是铁路租界的草案，另一份是俄国驻华大臣的政治备忘录；此外，"在这种情况下，礼物通常是送给中国官员的"，他要求拨出一笔款项，由俄国驻北京公使馆支配。

然而，维特的想法遭到了军事当局的一些批评。阿穆尔河总督杜霍夫斯科伊（Dukhovskoy）在一份特别备忘录中阐述了他的观点，他在备忘录中称该企业是"一个重大的历史错误"：要么中国可以随时进攻这条铁路，要么可以阻止它，俄国必须在那里屯驻足够的军事力量。维特反驳说，随着经济瓜分中国的临近，鉴于已经涉入这个领域的竞争者，俄国不能再等了，而只有通过这条铁路，俄国才能将外国势力排除在满洲之外。[1]

事实上，满洲也存在竞争。一位雄心勃勃的美国人——布什（Bush），制定了一个庞大的计划：他希望获得平汉铁路的特许权，并通过满洲铁路将它与西伯利亚铁路连接起来；此外，他有一个宏大的发展满洲本土的计划。他向俄国政府提出的合作建议自然遭到了拒绝。

与此同时，中国政府派李鸿章到彼得堡，名义上是为了祝贺沙皇尼古拉即位，但实际上是为了就铁路特许权和俄国海军在太平洋的一个基地进行谈判。选择李鸿章出使是如此满足了维特的计划。维特委托俄国一家报纸的编辑乌赫托姆斯基公爵（Prince Ukhtmsky）亲自接触

---

[1]　杜霍夫斯科伊提交给维特日期不明的备忘录，维特阅读后并在上面加了着重号（1895 年）。

李的助手(众所周知,都是些贪婪的人)。道路就这样铺好了;维特和李之间的关系变得相当"亲密友善"。谈判的结果众所周知,便是 1896 年 5 月 22 日(6 月 3 日)签订的《莫斯科条约》,该条约向华俄道胜银行做了令人垂涎的让步,还包括俄国保护中国免遭日本侵略的义务。不太为人知晓的是,维特不仅要求李同意北满铁路,而且还要求李同意南满铁路,但遭到了拒绝;[①]另一方面,李得到了三百万卢布的协助报酬的承诺。这一承诺起初是口头的,后来在华俄道胜银行代表签署并经维特批准的一项奇怪的协议中正式确定下来。[②] 条约规定的铁路合同于 1896 年 8 月 27 日签订。

为了履行合同,成立了一个特殊的组织——中东铁路公司,这个机构的建立是为了把租让权置于政府的控制之下。双方之间的关系是这样确定的:公司的资本为 1000 股(每股 5000 卢布),其中 700 股由政府持有,300 股分配给华俄道胜银行;只有后者对私人用户开放。[③] 然而,实际上,当宣布认股时,正如银行董事之一罗特什捷英(Roihstein)满意地指出的那样,"从观众的角度看,没有任何阴影",因为认股的整个过程只持续了几分钟(第 121 页)。与此同时,维特于 1896 年 12 月 20 日获取了一道帝国的谕旨,建立了一个"与租让权相关的支出"的特别基金(后来被称为李鸿章基金);这笔钱由中东铁路公司支付,好像是为了在满洲进行初步勘测,而这项勘测实际上已经由政府完成了。

华俄道胜银行对企业综合管理的影响被彻底消除。中国政府的地位也好不到哪里去:铁路公司董事长是整个行业中唯一的中国官员,他的职能非常有限。此外,它被建成俄国的铁路,因此受到俄国政府的严格监督。因此,财政部长在组织和开发中东部铁路方面的能力是非常大的。事实上,"维特获准八十年内在满洲建造和开发一条俄国国有铁路,而这条铁路无可指摘地伪装成一个私人公司"(第 126 页)。这还

---

① 维特的要求可以在他给穆拉维约夫的信中找到痕迹。

② 1896 年 5 月 23 日的议定书(法文)全文 116 页。[李鸿章出使俄国期间发给清廷的电报被俄国电报局截获了,所以维特获知李鸿章当时所汇报的内容。维特把电报给了狄龙(E. J. Dillon),狄龙在其著作《俄国的日食》(*Eclipse of Russia*)中公布了电文。在该书第 262 页中有篇 5 月 2 日(14)的电文,和这个奇怪的议定书有关。部分内容是"无论它(铁路)盈亏,中国每年应该得到二十五万美元。而且,公司应提前给中国支付二百万美元"——编者]

③ 1896 年 5 月 18 日,沙皇同意了政府和华俄道胜银行的协定。和资本分配有关的第四条仍然是秘密的。

不是全部：正如该公司的章程所建议的，这条铁路在其所在地区获得了"类似于其他外国人在华的租界"的特殊土地和警察特权。

三

俄国在远东扩张的下一个阶段是渗透到南满并占领了辽东半岛，用维特的话来说，这是"致命的一步，造成了更多的后果，最终导致了不幸的日俄战争"。[①] 由此产生的问题是：维特本人对致命的这一步负有多大责任。我们的作者认为，根据杜霍夫斯科伊的备忘录，维特有责任，并指出所谓的《卡西尼公约》是又一个证据。

直到那时（占领辽东），俄国在满洲的事业建立在 1896 年的三个重要文件上：5 月 22 日的政治条约、5 月 23 日的财政议定书、8 月 27 日的铁路合同，这些都是保密的。有关它们的性质存在着许多谣言；事实上有些夸张。一份英文报纸《北华捷报》(*North China Herald*) 获得了俄中之间专门条约的副本，并以《卡西尼公约》的名称于 1896 年 10 月 18 日至 30 日登载，卡西尼(Cassini)是当时俄国驻北京公使。这是俄国项目进一步发展的真正实现；它不仅将满洲北部和南部纳入俄国的势力范围，而且排除了任何外国在这里实现的可能性，此外，它还为俄国争取到了除了铁路之外的大量经济权利。罗曼诺夫虽然怀疑文件的真实性，但认为这是维特想向中国政府提出的条件草案，可能是从俄国公使馆偷来的。

与此同时，俄国对朝鲜的政策引起了人们对其在远东意图的怀疑。日本在未能保留辽东半岛之后，只能通过在朝鲜的活动来补偿自己，她确实在朝鲜占据了主导地位。日本很好地利用了自己的机会，以至于朝鲜国王从他的宫殿逃到俄国使团寻求保护。日本的地位暂时动摇了，她被迫做出有利于俄国的让步。经过两国间的谈判，两国分别在首尔和莫斯科于 1896 年 5 月 2 日签署了备忘录，于 1896 年 5 月 28 日签署了议定书。这些文件在本质上规定了维持朝鲜的"独立"，这对俄国有利，排除了俄国采取任何单独行动的可能性，这对日本有利。

---

① 《维特回忆录》(*Witte's Memoirs*，俄文本)，卷一，第 116 页。

尽管有这些协议,俄国政府仍试图秘密地继续单独行动的政策;对于在彼得堡的朝鲜外交部长承诺向朝鲜派遣军事教官和财政顾问。[①]后者只能是财政部长的代理人。维特派他的助手璞科第(Pokotilov)到首尔去了解情况。

与作者的断言相反,俄国政府进一步的作为,或者更好地说是不作为,表明俄国对于在该国扩展势力范围没有太多的兴趣。维特不愿向朝鲜提供贷款,也不愿从那里获得铁路特许权,尽管并不缺乏寻求二者的外国竞争对手。他的方案是商业的而不是政治的,为此他受到了同事们的批评;他对朝鲜陈旧的金融体系也没有信心,也不确定一条铁路能带来什么利润。几个月后他才做出了决定,即便在那时,提议也不是他的:总理办公室主任 P. M. 罗曼诺夫(P. M. Romanov,不要和本书的作者混淆了)提议,为了在朝鲜的金融业务,成立一家俄—朝银行;它的目的是为俄国在朝鲜而不是在辽东开放港口铺平道路。[②] 但分配给这家银行的资金太少,无法实现其目标。

俄国在满洲本土的政策就有疑点,甚至有关铁路的走向上有纠纷,因为存在两种可能的变体,北线是齐齐哈尔——呼兰城,南线是伯都讷—吉林—宁古塔。后者在技术上比较困难,但会经过一个富裕的地区,因此会更有希望。1897 年 1 月,中东铁路公司管理委员会召开了第一次会议,会上的讨论有助于了解当时俄国政府的真实意图。董事会副主席克贝德兹(Kerbedz)指出,与中国政府就向南延伸铁路至黄海一个港口进行谈判是明智的;他暗示说,在李鸿章还活着的时候,有必要这样做,因为李会支持这个事。但罗曼诺夫以董事会成员和财政部代表的双重身份,建议推迟这个问题,他认为在铁路完工后,这个问题会比以前更容易解决。有了这种保留意见,会议通过了一项有利于克贝德兹提案的决议。因此,关于这条铁路的最终目的地是东北或朝鲜港口的问题仍然悬而未决。[③]

维特随即派乌赫托姆斯基到北京,名义上是讨论与修建铁路有关

---

① 这些沙皇赞许的要点可以在洛巴诺夫(Lobanov)给维特的送件函中找到。作者在本书的第145 页中全文引用了该函。
② 见罗曼诺夫 1897 年 3 月 6 日备忘录。
③ 1897 年 1 月 22 日会议的内容是秘密的。本书 162 页全文引用了会议记录的第二点。

的一些技术问题，实际的目的更大。此时，维特在不让新任外交部长穆拉维约夫知道的情况下，继续其对满洲的积极政策。除了乌赫托姆斯基指令中确实包含的技术问题外，还提出了关于华北的"最大纲领"：坚持南满铁路的南移；此外，它不仅打算把这条铁路与中国港口连接起来，而且还打算把当时正在建设的天津—山海关铁路连接起来。[①] 这样的计划太大了，即使是很久以前承诺的 100 万卢布也是如此，直到那时乌赫托姆斯基才把它交给了李。

这些要求遭到拒绝。相反，中国政府决定用自己的资金建造山海关—吉林线，但英国并不是不参与。与此同时，美国资本也试图在满洲获得一些采矿权。由于这次失败，维特因为干涉另一个部门的事务而遭到穆拉维约夫的严厉批评。维特为自己辩护，重申乌赫托姆斯基的出使根本不是政治性的，但他的辩护并不令人信服。由于维特提及沙皇本人批准了他的计划，穆拉维约夫只能保持沉默。然而，维特的"外交"妥协了，与中国政府的谈判由外交部恢复，本该如此。在某些压力下，中国放弃了与英国银行合作的最初计划，而华俄道胜银行也为此向中国提供了 20 万卢布的小额贷款。至于已经在满洲旅行的美国工程师们，璞科第"友好地"建议他们离开这个国家，因为如果他们留下来，将会遇到"各种各样的不便"。

德国在山东半岛的政策极大地促进了俄国外交的进一步发展。这一举动并不出人意料；它是在 1895 年准备的，当时尼古拉答应给威廉一个中国沿海的港口，作为回报，威廉支持俄国反对日本。[②] 与其他列强相比，德国侵略中国落后了，甚至连俄国的支持也最终显得可疑。后来公布的文件显示，当尼古拉回复威廉的询问时说，他既不赞成也不反对德国派遣舰队到胶州（因为两名德国传教士被杀），理由是这个海湾只是暂时归俄国使用。此外，穆拉维约夫向德国驻彼得堡大使表示，他对德国的这一举措"感到遗憾"，因为这将使得胶州对所有国家都开放。

因此，这两个大国之间可能会发生冲突，而不是德国所期望的支持；俄国舰队也于 1897 年 11 月 6 日—18 日被派往胶州。但事情最终

---

① 1897 年 3 月 14 日沙皇批准了《通过乌赫托姆斯基应在北京搞清的"问题清单"》。
② 《德国外交文件》(*Die Grosse Politik der Europäischen Kabinette*)，第 14 卷。

得到了友好的解决,俄国人对这个海湾的主权被遗忘了。然而,这在另一方面产生了最大的后果。

11月11日,穆拉维约夫向沙皇提交了一份备忘录,其中,他建议效仿德国的做法,通过占领大连湾来解决俄国在中国的一个港口的问题,而不是占领某个离西伯利亚铁路太远的朝鲜港口。当有关部长们讨论这一建议时,维特对该建议提出了强烈的批评,他坚持对德国采取行动,而不是以中国为代价寻求赔偿;至少,他认为这个提议是不成熟的,因为俄国可以"在经济利益的基础上与中国达成协议",在晚些时候实现她的目标。我们的作者倾向于不相信维特的太平洋意图而不无嘲讽地评论道:"维特不能容忍俄国的外交部长对俄国远东政策如此的干涉。"(第189页)而维特本人曾决定俄国以解决满洲铁路特许权同样的方式获取一个太平洋上的港口。

"对德国采取行动"至少是不方便的;在"经济利益"方面,俄国很快得到了一个机会:中国想再借一亿两,但在外国市场上得不到。当李就这个问题接触维特时,他提出了极其不寻常的条件,完全不符合他在11月14日部长会议上的太平洋声明。作为换取贷款的条件维特要求:1)在满洲和蒙古享有铁路和工业垄断权,2)从中东铁路到黄海某港口(没有指定地方)一条铁路支线的租让权,3)容许为俄国的船只在该港口设置码头。[①] 当时,维特也知道俄国舰队已经在旅顺口,尽管对中国解释舰队在那里是一种友好的临时性措施,等待着胶州事件的解决。

中国无法抵抗这种侵扰性的帮助,但从日本和英国找到了支持,两国的海军分别集中在对马和汉密尔顿港口,此外,英国给中国提供了梦寐以求的且条件比俄国更优越的贷款,当然,并不是没有利于英国的丝毫让步。鉴于此,或许是不知道维特的贷款条件,穆拉维约夫向中国政府宣布,俄国没有考虑在南满进行任何占领,但希望中国允许俄国船只在北直隶湾停靠。后来,他指示俄国驻北京公使避免当时进行的谈判出现任何中断,并在可能的情况下与中国达成一项租赁辽东港口的协议。[②]

---

① 见维特1897年12月4号发给璞科第的电报。
② 1897年12月23日、1898年1月8日穆拉维约夫发给洛巴诺夫的电报。

与此同时,维特的计划完全实现,特别是贷款变得相当不可能。伦敦在公开场合表现得最为激动:英国陆军总司令公开表达了英国在必要时候会准备战争的意见。英国驻北京公使力主通过英国贷款,甚至暗示英国可能将效仿德国。在这种情况下,为了避免英俄之间的冲突,中国声称一概避免贷款。最终,英国在这场贷款竞争中获胜:1898 年 2 月 17 日和 3 月 1 日,中国与汇丰银行和德华银行签署了一千六百万贷款的协定。这对维特来说当然是一次失败;但俄国取得了外交上的胜利,根据 3 月 15 日(17)签署的协定,俄国获取了旅顺口和大连湾的租界权,以及一条连接中东铁路的铁道的特许权。这些成果部分由于法德道义上的支持,部分由于同英国不得已的协商而取得的。罗曼诺夫认为,这是一次在满洲的撤退,在蒙古更是如此,"以至严重损害了维特所设计的俄国的政治大纲"。俄国在朝鲜也做出了同样的退让,日本在朝鲜问题上追随仿效英国,与俄国达成一项协定,这实际上排除了俄国对朝鲜财政管理的影响。

要认识维特的失败,我们必须记住他的策略的特点:他对于应对英国人和中国人的自信。他确信单纯的占领政策是危险的,因此他反对吞并辽东的港口;他认为由于贷款而引发冲突是不可能的,于是他一直坚持与英国争取贷款权利。但他错了,因为伦敦害怕俄国不仅要占据辽东,而且会逐步进入中国,于是想方设法使得中国门户开放——必要的时候动用武力。至于中国,他依靠"作财政部长的方法",并再次运用了"李鸿章基金"。

3 月 15 日的专约和 4 月 25 日的补充议定书解决了俄国在黄海的出口和通向该港的连接支线问题;但这些法案存在两个弱点。把英国从华北排除在外并没有实现,她在俄国的后方(威海卫)占据了一个位置,因此俄国新的出海口在军事上并不安全。俄国也没有受到英国的经济竞争的保护,因为俄国承诺不会阻碍天津—山海关铁路向俄国支线延伸。有消息说,中国政府希望让英国人参与到这件事情中来,而且希望建造同样的营口—奉天铁路。根据同样的消息,美国布什准备资助中国政府修建山海关—奉天铁路,并承诺通过在该线路上使用俄国轨道(宽)与俄国合作。

　　因此,俄国被迫与英国达成某种谅解,而在 1898—1999 年间的谈判似乎是俄国两项政策行动之间的一段插曲:夺取辽东和占领满洲。这些谈判产生了英国驻彼得堡大使提出的协定草案。其主要条件是:1) 以长城为界划定势力范围;2) 就铁路运价而言,这两个势力范围都"没有优惠待遇"。实际上,满洲的大门是敞开的。但是,更不用说在满洲的贸易平等,这是一个不可接受的条件,华俄道胜银行已经通过在山西和山东签订了铁路合同,扩大了在长城内的业务。难怪当时正在休假的维特,当被问及英国大使的提议时,立刻打电报说这是"不可行的和极为有害的"。[①]

　　谈判于 10 月恢复,现在穆拉维约夫和维特同时进行,但他们之间有些不协调,英国大使清楚地看到了这一点:穆拉维约夫认为俄国在太平洋沿岸的地位仍然不安全,他赞成和平政策,反对任何积极的行动,而维特认为与英国在"划界"基础上达成协议的想法还为时过早。因此,英国大使拟订了一项新的条件草案,其中不存在这种划界的问题,但取而代之的是重申"不允许"任何优惠的铁路费率或关税。该协议将是单方面的,俄国将给出书面约定。这个建议比上一个更让维特难以接受。[②] 由于英国政府坚持要达成某种协议,维特亲自制定了一个方案,规定了双方的义务,并允许英国在满洲享受最惠国待遇。方案太模糊了,对方并不满意。很明显,维特不愿意无条件地退守长城。这个方案未果而终。

　　最后,1899 年 1 月 26 日俄国的照会列出了协议的条件,虽然因为范围狭窄只包括铁路利益,英国不喜欢,但在有一项保留下接受了。俄国政府之所以在照会中有所让步,有两个原因:第一,维特在政府的孤立;第二,在南满的既成事实。作战部长库罗帕特金断然宣称,满洲作为俄国的周边地区,尽管他可以理解俄国在满洲的利益,并为此而为俄国血战,但他无法理解为什么要用鲜血去捍卫远在扬子江流域的华俄道胜银行的利益,维特可以无视一个军人的意见,他对银行复杂组合的了解大概是贫乏的,但当外交部长要求解释时,维特不能无视:他向穆

---

① 这个草案在 1899 年 9 月 9 日拉姆斯多尔夫给维特的信中被翻成俄文。
② 这个草案附在 1898 年 11 月 23 日穆拉维约夫给维特的信中。

拉维约夫解释说，华俄道胜银行是由俄国政府参与建立的；它不是一家普通的企业，但它的范围广泛，覆盖了整个中国；它的董事与法国资本关系密切，而法国资本对俄国的资金至关重要。穆拉维约夫的好奇心得到了满足。既成事实是，将"山海关—牛庄"铁路抵押给英国资本；俄国的意见明显被置之不理。

俄国政府向英国提出的条件是：以长城作为俄、英势力范围的分界线，蒙古在俄国的范围内；任何一方都没有义务"放弃"在另一方范围的任何租让权，但只有义务"不寻求"这种租让权——这是维特的措辞。1899 年 4 月 16 日（28）的"主照会"被英国接受，但对山海关—牛庄铁路有保留。新的失望接踵而至：英国铁路合同似乎不仅规定了一条通往牛庄的铁路，而且还规定了新民亭的线路，并在同一日期的"附加说明"中予以承认。毕竟，这项协议并非对俄国完全不利；正如罗曼诺夫所说，"俄国彻底从长城撤退，但取而代之的是，满洲和蒙古被她的最大敌人正式承认为俄国的势力范围"（第 233 页）。于是，她就有了一道屏障，但同时又有了一个明确的任务，那便是要损害中国。李鸿章把这个协议定性为"瓜分中国"，他是正确的。

稍早于这些事态发展，维特从财政部向华俄道胜银行投资了 300 万卢布，以支持其在华中地区的扩张，并将其完全置于他的部门的监管之下。因此，俄国政府是这一问题的主要合作伙伴，而不是维特在与同事争论时提到的法国资本家；因此，除了外交失败外，政府还遭受了物质损失。就其自身而言，该银行试图收复土地，并通过一项赎回英国贷款的项目来帮助政府，该项目将把满洲铁路全部集中在俄国人手中。中国人似乎倾向于这样一个行动，并准备为此做一些牺牲，也就是说，向英国财团支付溢价。所有与该项目有关的谈判都是完全非正式的，而且是严格保密的；尽管如此，一些谈判的痕迹还是众所周知的。这是徒劳的：英国人不同意赎回。

四

到 1900 年，经过五年的努力，俄国政府已经为远东企业花费了

142,200,000 卢布,而为了完成中东铁路的建设,更大的开支迫在眉睫。它已经是一个大型企业,拥有 1500 公里的铁路线。除了关东的港口、采矿工厂、松花江上的汽船,还有华俄道胜银行在当地的分行。相当多的人口居住在路界区内;总之,满洲有了新的生命。[①] 这一进展可能会遇到美国方面的竞争;美国政府在中国坚持门户开放原则的同时,在 1899 年 9 月 6 日至 18 日的向欧洲五大国提出的照会中,实际上要求它们对中东铁路保持中立。在维特的影响下,俄国外交以一种模棱两可的方式做出了回应,同时在理论上承认了这一令人垂涎的原则;实际上,维特不能放弃俄国在满洲的铁路和海关特权,没有破坏他以前的所有政策,他因此构思出自己的"中立"思想:想要分享这些特权的大国,应该分担修造中东铁路的巨大开支。[②]

出乎意料的是,由于 1900 年的义和团运动,整个形势发生了对俄国有利也不利的变化。就在那时,事实上,由于任命了新的外交部长拉姆斯多尔夫伯爵,维特成为俄国在满洲政策的唯一领导人,而拉姆斯多尔夫伯爵完全听命于他那位有影响力的同僚。

当时的政策采取了有别于其他大国的路线,而且它确实更加和平——如果不是在满洲的话,至少在中国本土是这样,必须记住满洲的铁路对于袭击是不设防的,事实上于 1900 年 6 月 14 日遭到了义和团的进攻;因此,维特将铁路卫兵的人数从 6000 人增加到 11000 人,并于 6 月 26 日向那里派遣了正规军。

至于当时明确地向北京进军,俄国政府并不热心;沙皇本人表示,那些"以基督的圣名掩盖其无耻行径"的传教士,对这个麻烦负有主要责任;甚至在德国驻北京的公使被刺杀之后,库罗帕特金仍准备推迟讨伐,并将注意力放在满洲;拉姆斯多尔夫宣称,俄国不支持与中国进行任何战争,只是想支持中国政府反对叛乱——德皇威廉称这一声明"口是心非"。[③] 俄国政府并不是太着急,拉姆斯多尔夫甚至希望俄国领馆

---

① 更多的细节参见《中东铁路:一个历史的调查(1896—1905)》[*Chinese Eastern Railway: A Historical Survey*(*1896—1905*)],彼得堡,1914 年。

② 维特 1899 年 12 月 14 日写给穆拉维约夫的信先于 1899 年 12 月 18 日的照会。

③ 见《德国外交文件》第 16 卷:1900 年 6 月德国武官与库罗帕特金的对话以及拉姆斯多尔夫发给比洛的电报。

和臣民能比其他外国人更早逃离北京,这将是最好的解决办法。因此,在夺取北京之后,俄国政府建议其他列强的外国军队从首都撤出(1900 年 8 月 12 日笔记),并没有参与其他列强,特别是德国组织的后续处决行动。在 1901 年《北京议定书》结束的外交谈判中,俄国当然也参加了,俄国此时的要求也并不过分夸张:庚子赔款的俄国部分是 1.84 亿卢布,而根据维特的计算,俄国的实际开支是 1 亿 7 千万卢布(1 亿卢布军费开支,7 千万铁路损失)。

在与中国进行官方谈判(为了与其他列强协调一致)的同时,俄国政府还与李鸿章展开了单独的半官方谈判,发起者便是他。李鸿章于 1900 年 6 月 13 至 26 日电报告知维特说他已被召到北京,想向维特请教,他承诺对俄国在蒙古的一些特权,如果俄国至少在原则上放弃对满洲的占领。然而,璞科第建议采取另一种方式:因为中国政府仍然很弱,而李的影响力几乎为零,所以最好与满洲地方当局签订一些协议,从而为随后与北京签订条约铺平道路。[1] 作为这种尝试的结果,阿列克谢耶夫(Alexeiev)上将和曾志(Tseng Chi)将军于 1900 年 11 月 13 日签署了一项协议,规范了俄国军管和中国政府在奉天省的关系。[2] 这是 1900 年 10 月 31 日由维特、库罗帕特金、拉姆斯多尔夫三位部长所接受的关于满洲的更大计划实现的第一步。这些“俄国政府控制满洲的原则”的实质与阿列克谢耶夫的协议是一致的,是由库罗帕特金提出的;维特支持他,只是增加了一些条款,目的是使铁路局在与满洲军事指挥部有关的问题上获得更独立的地位。因此,维特关于库罗帕特金的影响在这里占主导地位的断言并不完全正确;此外,他不倾向于无条件撤出满洲:“只有在与中国政府达成最终协议之后。”

关于这项协定的内容,各有关部长首先认为,兼并满洲是不可取的;但是,该协定必须保持已经接受的“控制原则”;特别是维特,他坚持不寻求对俄国的租让权,而是坚持把外国资本完全排除在俄国的势力范围之外,他还决定对长城以外的所有地区采取同样的做法。这个谈

---

[1]　1900 年 9 月 18 日乌赫托姆斯基给维特以及 1900 年 9 月 20 日璞科弟给维特的电报。

[2]　在马克谟(MacMurray)的《条约和协定》(*Treaties and Agreements*)第 1 卷中,完全歪曲了这个最初由科罗斯托维茨和周冕(Chou-Mien)签订的协议的观点,但与这个文件的中方文本完全一致。

判方案于 1900 年 12 月 13 日由沙皇批准；它的主要困难在于俄国军队没有撤退的情况下，把满洲归还给中国，因为即使在撤退之后，路警也会留在满洲，当然，留在满洲的人数已被维特增加到 16000 人。

但是，该方案中有一项条款需要进一步解释：不向俄国支付赔款，而是允许中国给予中东铁路额外的特权。当然，确定它们的范围是维特的任务，在拉姆斯多尔夫的要求下，他提出了他的协定草案，包括两国政府之间的单独协定和中国政府与中东铁路之间的特别协定两部分。① 罗曼诺夫说，归根结底，维特"想要巩固中东铁路的政治和经济力量，限制中国的主权，并确保俄国在这一地区的经济垄断"（第 291页）。在这种情况下，随着俄国殖民地的进一步扩大，中东铁路将成为在满洲拥有众多特许权的国有企业，如金矿、煤矿开采，木材企业等，覆盖面积将超过 35000 平方公里。

在这一宏伟计划的基础上，尽管从一开始就有所缓和，1901 年 2月 7 日在彼得堡与中国部长开始了谈判。报刊上流传的有关俄国在满洲意图的谣言[《泰晤士报》(Times)刊登了阿列克谢耶夫—曾议定书的歪曲版本]，以及外交交涉引发了起初计划的偏离。维特的草案被修改了三次，直到拉姆斯多尔夫最终在 1901 年 1 月 26 日以一种更平和的方式将它写出来，按照他的解释：出于这种考虑，维特的第二个项目被撤掉，其痕迹模糊的只是保留在拟议协议书的 11 项条款中，这个协议提出了对于中东铁路的一些新的租让权而不是补偿其损失（罗曼诺夫给出了整个文件的十四条条款，第 297—299 页）。根据某些反对意见，协议被中国政府完全拒绝了；中国似乎意识到了日本和美国的态度；日本在彼得堡的部长"友好地警告"不要侵犯中国的主权，而准备牺牲中国主权的海约翰仍然坚持门户开放的原则。②

英国大使也提出了他的意见，拉姆斯多尔夫在彼得堡向外交部长们宣布，不考虑达成这样的协议。这很难让人信服，日本在继续进行军事准备的同时，开始在欧洲寻求反对俄国的结盟，首先是与英国结盟。一个大规模的外交组合似乎是可能的：德国向英国保证，如果俄国和

---

① 书中第 285—290 页中提及 1901 年 1 月 9 日和 11 日签署的两个协定草案的条款和具体内容。
② 俄国部长卡西尼 1901 年 3 月 15 日给拉姆斯多尔夫那封自信的信件中，提到与海约翰国务卿的谈话。

英国支持的日本之间发生冲突，德国将保持中立；此外，人们还提出了一个关于英国和德国之间建立防御同盟的问题——但这一设想并没有实现，因为英国最终还是倾向于一个包括自身和日本的联盟。拉姆斯多尔夫虽然不知道这些谈判的细节，但他能够估计出日本已经代表的危险；在他看来，在任何情况下都有可能与她发生军事冲突，只是要推迟到日本军队的最后重组。因此，他建议开始从满洲撤军，至少部分撤军；他得到了维特的支持，维特几乎准备把俄国在满洲的活动限制在私人企业之内，为了这些企业的安全，他打算与日本就朝鲜问题达成一项友好协议。

当时，俄国政府再次获得了与中国恢复单独谈判的机会，当时李鸿章向在北京的俄国代表暗示，他愿意缔结关于满洲的协定。作为回应，拉姆斯多尔夫起草了一份措辞非常温和的新草案，其中规定了分阶段撤出满洲的行动。李则秘密答应：不增加中国军队的数量，不给外国人在满洲的租让权。[①] 谈判再次中断，因为除了俄国部长在北京谈判的协议外，维特还打算执行他的银行协定。李反对，要求推迟，最后似乎同意了——但突然死了；于是，在俄国外交之前出现了一个全新的局面，俄国失去了中国政府内的主要支持。[②]

这些谈判虽然尚未完成，但对国际关系产生了影响；然而，在不知道具体内容的情况下，日本政府在与兰斯顿（Lansdoune）进行了非正式会谈后，决定与英国就两国结盟的可能性进行正式谈判。相反，俄国政府在这方面过于乐观，错过了同日本达成某种谅解的机会；也就是说，当伊藤博文（Marauis Ito）访问彼得堡时，他在与拉姆斯多尔夫和维特的谈话中暗示，日本可以承认关东被占领，但坚持在满洲实行有利于日本的"关税特权"；中东铁路也将同样中立，这是维特一直反对的。作为答复，拟订了一份俄国的条件草案，并发送给已经离开彼得堡的伊藤；根据这份草案，日本在朝鲜半岛的行动是自由的——在工业和商业领域，而不是政治领域，而俄国要求完全自由的行动，不仅是在满洲，而

---

① 拉姆斯多尔夫 1901 年 8 月 14 日给俄国部长格尔思（Giers）的电报，以及格尔思 1901 年 8 月 14 日给拉姆斯多尔夫的电报。
② 波兹德涅耶夫（Posdneiev）1901 年 10 月 17 日给维特的电报，其中涉及李对协定的认同。

且是在中国北方。① 当然，日本不可能同意，不久之后，东京帝国议会批准了《英日同盟条约》，也许正是因为俄国的态度。

在彼得堡，人们仍然坚持不懈。1901 年 11 月 28 日，庆亲王（Prince Ching）与俄国政府恢复谈判，俄国政府首先要求签订银行协定；谈判进行得相当缓慢，因为有谣言说，反俄联军正在行进中，而且庆亲王已经得到了在北京的一些外交部长的支持。鉴于此，他拒绝在 1902 年 1 月 29 日签订任何银行业协议；第二天，日本驻彼得堡公使宣读了英日条约的文本——这是对俄国外交的最后一击。

现在，除了接受中国提出的关于满洲的总协定之外，什么也没有留下；至于银行协定，它完全撤出了。维特只是成功地提出了一项关于俄国军队撤出满洲的保留意见："只要满洲不发生混乱，其他国家也不采取任何行动。"这个基本条款又花了李鸿章基金的一些钱。② "难怪类似的计划，即使是拉姆斯多尔夫用更温和、和平形式提出的计划，"罗曼诺夫总结道，"也无法掩饰，并被其他大国的共同努力所破坏。"（第 350 页）此外，俄国外交过于依赖李鸿章的"同情"，而他的死是这出戏无法弥补的损失。

五

1902 年 3 月 26 日至 4 月 8 日签订的条约，即使加上维特的条款，也不能使俄国政府满意——正如维特痛苦地指出的那样，条约"在形式上和部分内容上都不太完善"。可是怎么办呢？当时的国际形势对俄国不利，因为英法两国正在恢复邦交，德国的态度也令人怀疑。随着德国和英国之间决定性斗争的临近，这两个大国都对削弱拥有如此数量巨大资源的俄帝国感兴趣。因此，德国政府相当冷淡地接受了拉姆斯多尔夫的俄国与德国合作以制衡英日同盟的观点——由于德国在太平洋地区的弱势，如此解释道。1902 年 7 月 24 日至 26 日，尼古拉在雷瓦尔与威廉见面，谈及远东局势时，显然对日本很恼火，但他自己也没

---

① 书中第 335 页全文收录了拉姆斯多尔夫 1902 年 3 月 18 日那封附有协定草案的信件。

② 璞科第 1902 年 3 月 18 日给维特的电报，其中提及签署协定时的某些细节。

有做更多的事。和往常一样健谈的威廉谈到了"黄祸"，并承诺在必要时保护俄国在欧洲的后方。但威廉只发表了那份声明，回避了任何有关俄国外交期望的官方声明。

与此同时，日本正在狂热备战，并已进入其海军计划的最后一个港口；俄国驻东京大使伊索沃尔斯基（Isvolsky）对这一切视而不见，尽管海军上将阿列克谢耶夫不同意他的乐观态度，警告俄国政府有危险。[①]从俄国自身来说，她首先面临着一个越来越大的内部危机，在满洲以及中东铁路，她并没做好应急准备。即使在战争爆发时，铁路车间和一些隧道还没有完成，运输军队的计划也没制订出来。因为《条约》中口头上的保留权，俄国的确有一个推迟撤离的正式借口；但该条约本身受三个大国的国际性控制，"在英日联盟的条件下，可能成为战争的正式工具"（第367页）。

因此，维特的政策必然是非常谨慎的，他发明了一些特殊的手段来推动俄国资本进入满洲——通过华俄道胜银行的代理人或私人与各省长官签订协议。维特建议争取金、铁、煤、森林特许权，以及所有重要的东西。尽管如此，还是有一些困难：1902年3月4日至7日，中国政府通过采矿条例禁止了这种做法；奇怪的是，俄国的外交和军事代表并不同情这家华俄道胜银行，正如它的一位代理人抱怨的那样，一些"无赖"得到了丰厚的特许权，而这家银行却什么也没有得到；或者举另一个例子，一个军事委员不承认璞科第发送加密电报的"私人权利"。维特的计划收效甚微；这家俄中合资的银行本身只获得了很少的特许权；至于那些在这些交易中的调解人，都需要物质上的支持；鉴于银行的这一资本已通过发行由政府完全认购的20000股股票（＝3750000卢布）来增加。[②]

然而，由于正规的原因，这家俄中合资银行从满洲的采矿业务中解脱出来，成立了"满洲矿业公司"；这家"私人"公司的性质是显而易见的：它的合伙人是罗特什捷英，华俄道胜银行的经理，以及财政部的两名高级官员，资本100万卢布，实际上是从政府那里借来的。[③]在1902

①　阿列克谢耶夫1902年5月12日的电报遭到伊索沃尔斯基1902年5月30日电报的驳斥。
②　璞科第1902年7月2日的华俄道胜银行活动报告。
③　维特1902年7月15日给沙皇的报告。

年,它花了 42.7 万卢比,却不能开采它所拥有的任何矿区。

　　然而,就在那个时候,由维特创建和支持的组织遇到了来自俄国的"不受欢迎的私营企业家"的竞争:有个叫马丘宁(Matiunin)的人,在鸭绿江的朝鲜那边拥有森林租让权,现在想把他的活动扩展到满洲的河的另一侧,并请求拉姆斯多尔夫的支持。

　　这一租让权由来已久。这是俄国商人勃里涅尔(Briener)的财产,1898 年被皇帝的秘书厅(皇帝管辖范围的办事处)买下,这是由别佐伯拉佐夫提议的,他得到了沃隆索佐夫伯爵(Count Vorontsov)的支持,而沃隆索佐夫伯爵在宫廷里很有影响力。别佐伯拉佐夫打算成立一个特别的"东亚公司"来经营这个租让权,其资本为 200,000 卢布,其中一半在秘书厅:正如别佐伯拉佐夫吹嘘的那样,它打算在朝鲜建立一个军事先遣队,防止外国人对她的掠夺;鉴于这些政治目的,请求沙皇的赞助。[①] 这个企业受到了一位作者的批评,他向尼古拉提交了一份匿名备忘录,可能是维特写的。这对财政部是有害的,(为什么要向公司支付一笔"额外费用"呢?)秘书厅没有充分的组织来做这样的事;备忘录的结论是,最好由财政部倡议并指导。

　　1900 年,这个项目开始实施,远东地区的形势变得非常复杂,政府把全部注意力都集中在满洲问题上。别佐伯拉佐夫现在抨击维特的政策,指出维特把满洲的"建设者"和华俄道胜银行看得如此重要,而其中的波兰和犹太投机者,最终只会在中国败坏俄国的名声。因此,他建议:1) 占领满洲部分地区,即人口稀少的地方;2) 中东铁路奉天支线被破坏了一半,取而代之的是修建一条新铁路:从吉林经朝鲜的新浦港到旅顺口;3) 宣布朝鲜独立,否则将使这个国家中立。为了准备这种政策的改变,他建议委派一个有一位国务秘书在内的审议委员会。维特认为这是对他的人身攻击:"他们想要改变我的财务政策;但怎么回事,他们也不知道。"但是,维特在拉姆斯多尔夫的支持下并不打算投降,他破坏了别佐伯拉佐夫的地位,别佐伯拉佐夫仍然无法兑现他的公司的资本,沙皇命令他清算整个公司。别佐伯拉佐夫照着做了,但同时

---

① 　亚历山大大公(Grand Duke Alexander)1898 年 2 月 26 日给沙皇的备忘录。亚历山大大公也参与了这个公司;马丘宁成了租让权虚假的所有者。

向沙皇提交了一份备忘录,其中重申了他对华俄道胜银行的指控,并建议将其活动限制在银行职能范围内,并将业务转让给另一个组织。①

不久轮到别佐伯拉佐夫上场了,那时维特的政策被英日条约从外部抹黑了;其后,日本直接向俄国提出了一项关于朝鲜和满洲的协议,目的是损害俄国的利益。"新方针"的第一个标志是从物质上支持马丘宁在满洲的企业;但与别佐伯拉佐夫的计划相比,这是一个平庸的事情;现在他(别佐伯拉佐夫)被派往远东去调查情况,与此同时,尼古拉下令贷给他200万卢布,用于俄国在满洲的新业务。② 1903年3月26日,由阿列克谢大公(Grand Duke Alexis)主持的三部长会议讨论了这一计划,对整个计划提出了尖锐的批评。由于这个方案可能导致与日本的战争,他们建议将这方面的活动限制在商业活动范围内,并仅在鸭绿江流域。三部长会议虽然避免了满洲租让权全部集中在别佐伯拉佐夫手中,但只是一次短暂的胜利。③

但是,除了别佐伯拉佐夫的干涉,他的对手的政策的确是脆弱的:正如日本外交部后来所解释的那样,这是"完全无法理解的挥之不去的政策"。1902年,维特到远东旅行后,他自己认识到需要铁路警卫占领主要城镇,特别是作为军事中心的吉林;此外,他还制定了中东铁路的军事化计划。④ 库罗帕特金也担心俄国太平洋领地的安全;他也不能肯定这点,如果俄军完全从北满撤出。

与此同时,1903年3月26日,第一阶段的撤退已经完成(军队已经部分撤出奉天省),问题在于:接下来该怎么办? 他们决定修改远东地区的所有政策,并考虑了专家的意见。俄国外交代表——罗津(Rosen,日本)、雷萨尔(Lessar,中国)、巴甫洛夫(Pavlov,朝鲜)——1903年1月11日被召至彼得堡,与拉姆斯多尔夫会面,并于1903年1月25日与四名部长(包括海军部长)进行磋商。这次会议拒绝了库罗帕特金延长占领北满的要求,但决定"不承诺"在没有一些保证的情况下进一步撤离,并且首先要看到在南方已经采取的行动的结果;至于对

① 别佐伯拉佐夫1900年7月23日给沙皇的奏疏。
② 别佐伯拉佐夫1902年1月31日给沙皇的报告。
③ 沙皇1902年5月2日给阿列克谢的电报,以及5月7日部长会议的会议记录。
④ 维特1902年秋向沙皇呈递的自己在远东的旅行记述。

日本,也决定不先行一步,等到日本自己恢复谈判。

所需要的保证条件的草稿已传达给北京的临时代办普兰松(Plason),他最后做了详细的说明,并于 1903 年 4 月 5 日提交给中国政府。4 月 9 日,受中国政府指示的中国驻彼得堡公使回应称,中国已准备好讨论一切问题——"在撤军之后"。与此同时,英国和美国一起抗议"对条约权利的侵犯",而英国和日本也承诺如同以前,也即 1901 年那样支持中国,反对"满洲公约没有提出的任何要求"。此外,日本政府认为将俄国驱逐出满洲的时机已到,准备以某种借口断绝与俄国的关系。根据阿列克谢耶夫的信息,日本打算要求俄国减少满洲的铁路警卫,并向外国人开放当地的贸易中心;万一遭到拒绝,尽管如此,日本工程师还是在军事保护下派往满洲。① 显然,日本在外交和技术上都完成了准备工作。俄国的情况与此不同:直到 1904 年,库罗帕特金还需要一年多的时间来完成铁路工程,或者四个月的时间来派遣援军到满洲,他想要推迟战争。

然而,随着阿列克谢耶夫现在被任命为总督,重心转移到了旅顺口,阿列克谢耶夫、库罗帕特金和别佐伯拉佐夫在那里举行会议,讨论俄国在满洲的下一步政策。阿列克谢耶夫仍然犹豫不决,因为他不明白如何调和新方针向他提出的两个目标:履行 3 月 26 日协议的义务,以及千方百计保护俄国在满洲的利益。彼得堡的人无法向他提供指示,因为那里一片混乱。别佐伯拉佐夫的助手阿巴扎(Abasa)建议恢复与日本关于朝鲜问题的谈判,他知道沙皇本人赞成和平解决朝鲜问题;但当阿巴扎就满洲有关的某个特定问题上试探维特和拉姆斯多尔夫时,两人或多或少都公开承认兼并满洲是必要的。双方的理解是,在这种情况下,应将朝鲜"送"给日本。现在一切都取决于旅顺口会议。

别佐伯拉佐夫并不像他所期待的那么成功;阿列克谢耶夫坚持对中国采取温和的政策:不公开吞并北满洲,不向中国施加过多的保证条件,不把政府资金投资于满洲企业,特别是那些别佐伯拉佐夫视为私

---

① 喀西尼 1903 年 4 月 23 日给拉姆斯多尔夫的电报,以及阿列克谢 1903 年 5 月 11 日给维特的电报,分别附有日本在华盛顿(外交的)和满洲(军事的)活动的秘密情况。

有的企业——这便是他的建议。[①] 在这一消息的鼓舞下,维特与他的两位同事采取了协调一致的行动,最终制定了如下的未来满洲政策:不吞并满洲,但不履行 3 月 26 日字面上的协议;坚持中国方面的一些基本保证,同时承诺逐步撤出满洲。同往常一样,中国把这些要求告知了英国和日本的公使们,但他们建议拒绝这些要求。

但最后,别佐伯拉佐夫在与维特的斗争中取得了成功。1903 年 7 月 30 日,阿列克谢耶夫被任命为远东总督,9 月 30 日,一个由沙皇主持的"远东特别委员会"成立。在整个 1903 年期间,维特在某种程度上努力与别佐伯拉佐夫和解,但他的顺从是有限度的;他宁愿退休;"如果不这样做,他就会和别佐伯拉佐夫一伙站在一起,并和尼古拉的整个政府一样,对战争负全部责任",罗曼诺夫说(第 445 页)。

新方针大概是强硬的,第一个严肃的表现是俄国在 1903 年 9 月 22 日对栗野(Komura)1903 年 7 月 30 日至 8 月 12 日的照会的完全否定的回复,这一照会清楚地表明,日本并不认为她已经失去了满洲。但是,满洲的经济形势在新方针的主持下,仍然不是很好。别佐伯拉佐夫组织的"俄国木材公司"很快就花掉了 200 万卢布;当地的经理巴拉绍夫(Balashov)身无分文,只有价值 70 万卢布的库存木材,却毫无用处。至少,管理层似乎缺乏经验,存在着滥用职权的流言,沙皇为此感到不安。为了挽救局面,别佐伯拉佐夫派他的一名助手沃加克(Vohak)去旅顺口。后者直接意识到企业的政治方面与商业方面毫无关系,这里需要一个负责任的管理者;他试图安排支持别佐伯拉佐夫企业的阿列克谢耶夫,要求获得一些专属租让权,但总督回避了,称他在经济问题上"无能"。[②] 巴拉绍夫对商业的兴趣自然比任何人都大,他制定了一个大胆的计划,以牺牲中国财政部的利益为代价,资助自己濒临倒闭的企业;也就是说,在期待满洲被吞并的同时,他还想把加贝尔(Gabelle)政府的收入据为己有。但这完全是一个梦想,12 月 10 日至 23 日,日本政府再次要求在其与俄国的协议中加入"满洲条款",这时沙皇让步了。

[①] 格林斯基《日俄战争的序幕》述及这次重要会议的细节。参加这次会议的库罗帕特金刚从旅日途中返回。分头到朝鲜和中国的雷萨和巴甫洛夫部长也参加了会议。

[②] 阿列克谢耶夫只在一点上让步了;他承担了 1903 年 10 月俄国军队重新占领奉天的责任,但这是地方军事当局违反他的命令作出的。证据见第 458 页。

因此,阿列克谢耶夫拒绝支持"新经济纲领",别佐伯拉佐夫本人也不支持;他以生病为借口出国了。他的合作者(旺利亚尔利亚尔斯基Vonlarlarsky)试图在"远东俄国经济企业特别会议"上讨论这个项目,但没有任何结果;由已在行进的战争所支配、新任财政部长科科夫佐夫(Kokovtsov)所提出的"最新"的纲领被接受了。他的想法是这样的:华俄道胜银行不能动,因为就在那时通过华俄道胜银行借了一笔战争贷款;然而,其以往的经验表明,它无法从中国政府获得任何垄断权;俄国私人资本不愿在远东地区经营;如果由政府补贴,就应该投入太多的钱;既然如此,他建议用各种特权而不是虚假的关切来支持那里的私人企业,而且不能把外国人排除在外;所有政府的企业都必须清算。他还谨慎地补充说,所有关于满洲未来地位的讨论都还只是假设。[1]

日俄战争后,这个纲领实现了。不仅如此,1907年,时任外交部长伊滋沃利斯基(Isvolsky)反对在远东地区加强俄国军队,从而认识到在这里不可能有积极政策。

满洲有两家或多或少伪装成私人企业的国有企业:"满洲矿业公司"和"俄国木材公司"。这两家企业的破产显而易见;前者最有价值的租让权被日本人夺取,科科夫佐夫决定暂停它,并分配17万卢布进行清算;关于后一企业,其资产是可疑的,而其负债不少于265,952卢布,阿巴扎试图让财政部进行清算;但科科夫佐夫断然拒绝参与。

然而,这两家企业并没有立即清算;有人试图给它们掩盖上外国资本的面具;法国银行家与俄国政府打交道时的常驻代表内斯兰(Neutzlin)受邀合作,但这一计划未能实现;谈判是与比利时资本家开始的,他们实际上对抚顺的煤矿感兴趣,而抚顺的煤矿现在日本占领区。即使在1906年签了一份合同,但条件是,如果日本人不承认满洲矿业公司对抚顺的权利,那这笔交易就无效。而日本人却不承认。就它们而言,中国取消了日本势力范围之外的租让权合同(只有一份)。出于同样的原因,阿巴扎和一些美国人之间关于俄国木材公司的类似交易也没有落实。

清算俄国在满洲最大的企业——中东铁路——首先在财务上可能

---

[1]　科科夫佐夫1904年5月10日的奏折。

不这么容易；1909 年,结算出中东铁路欠俄国政府的债务 550,577,386 卢布。因此,根据 1896 年签署的合同以及从中国政府获得的所有修改条款,做出了继续开发该企业的决定。但在新的情况下这就不可能了；正如科科夫佐夫抱怨的那样,中国正抗议限制这条铁路的施工,导致俄国对它的兴趣化为乌有。因此,对这个企业的清算也变得越来越可取了。这一问题是由俄国驻北京公使馆以其秘书阿尔先耶夫(Arseniev)的名义提出的,他仔细研究了"中东铁路的总体情况和政治权利"。①因此,当中国政府通知科罗斯托维茨(Korostovetz)它打算赎回这条铁路时,俄国政府不能不对这一计划表示欢迎。

然而,这样的计划不属于中国,因为中国没有钱；美国在幕后准备资助有问题的行动。美国驻俄国金融代理人魏连金(Vilenkin)提出由希夫(Shiff)领导的一家大型银行公司操作的建议,希夫提出了他所谓的两条满洲铁路的"国际化"。②这需要日本的同意,但考虑到中国后来的发展情况(皇后之死),她并不倾向于这样做；此外,她在满洲表现出一些侵略意图。

因此,美俄两国在满洲的合作以限制日本的侵占,似乎比以往任何时候都更为恰当。美国驻彼得堡公使柔克义(Rockhill)也向俄国政府提出了类似的建议。就在同一天,1909 年 11 月 8 日,日本大使本野(Motono)采取了反制措施,日本承诺支持俄国的满洲政策,特别是有关中东铁路的政策；承诺被接受了。为什么如此? 为了抵制日本,美国只有一个"满洲铁路商业中立化"的计划,而日本,通过她驻扎在朝鲜的11 个师团,可以在两天内占领符拉迪沃斯托克,并在两周内占领海军省,正如阿穆尔总督翁捷尔别尔格尔(Unterberger)所说。这个选择很自然地有利于日本。③但俄国的外交对这种合作的性质不抱幻想：日本的最终目的是将俄国完全从太平洋上清除出去。

六

现在,当读者了解了罗曼诺夫的书的内容时,似乎也应该对其做一些

---

① 阿尔先耶夫 1908 年 12 月 22 日的奏折,附有沙皇的批注"好极了"。
② 希夫给魏连金的信和魏连金给科科夫佐夫的日期分别是 1908 年 11 月 21 日和 12 月 4 日。
③ 伊滋沃利斯基 1908 年给沙皇的报告,其中涉及两个目标。

评价。该书的主要新颖之处在于对日俄战争的"朝鲜理论"的批判。维特是日俄战争"朝鲜理论"的始作俑者,他认为别佐伯拉佐夫派对战争负有责任,而他要把自身从别佐伯拉佐夫派中分离出来;战争的起因是俄国在朝鲜的行动,而不是在满洲的扩张;占领(辽东港口)政策而不是对满洲的经济渗透(中东铁路)是危险的。该理论首先被官方接受;因此,1906 年,俄国外交部以"1895 年以来在朝鲜事务上与日本的关系"为标题,发表了多种日俄谈判的文件,其中经常涉及满洲问题。

这一为史学家程度不等所接受的观点遭到罗曼诺夫的批评,罗曼诺夫力图证明,正是俄国在满洲的政策及其垄断倾向,遭到了外国列强——英、美、日格外的反对,英、美、日都不急于中国的独立,但只对维护满洲地区的"门户开放"感兴趣;此外,有迹象表明,俄国的野心还要大得多;因此,在满洲扩张确实是一项冒险的政策,而这个政策是由制订俄国扩张计划的维特实施的。

日本最终得到了英美两国的支持,而且在确定这一支持之外,还与英国结成了同盟,从 1902 年起就狂热地备战;这并不意味着她没有更早地准备,但她在 1903 年比以往任何时候都准备得更充分,只有居住在东京的俄国外交官不相信它(尽管俄国武官足以发现它)。在与俄国的最后一次谈判时,日本外交的主要兴趣集中在满洲事务上,当俄国打算屈服——1903 年 12 月 15 日,在谈判的日俄协议中插入一个有关满洲的条款时,而日本却宁愿通过战争永远地斩断这个缠手的结。

事实上,所谓的俄国在朝鲜的危险是什么?罗曼诺夫认为,在最后一个例子中,俄国扩张的两个变体之间:在满洲或朝鲜,并没有太大的区别。维特和别佐伯拉佐夫存在着私人纠纷;对日本来说一样。它也许是这样。但俄国政府在维特的控制下,似乎已经决定了满洲模式;因此,俄国在朝鲜的活动表现平平:政策摇摆不定,资本投入不足;然而,1899 年,日本成功地将俄国的金融影响力挡在了朝鲜之外。后来,别佐伯拉佐夫和他的企业确实在这个国家出现过;但是,除了他们"庞大"的政治计划之外,他们实际上又创造了什么呢?除了在 1903 年就已濒临破产的木材生意。尽管罗曼诺夫持这种观点,但俄国在朝鲜并没有危险。

除此之外,俄国在满洲的侵略政策也有效地挑起了与日本的战争。如果是这样的话,维特的确要对此负责——甚至比库罗帕特金还要负更多的责,库罗帕特金在战争爆发前还一直在位,然而在他去过日本之后,想要避免与其发生冲突。库罗帕特金后来在与维特的争论中,认为占领辽东和战争本身是维特满洲政策的必然结果,这是完全正确的。除了这两位部长之外,还有第三个人也要为这次灾难担责:阿列克谢耶夫总督,他当时就在现场,可以更好地预测危险。按照他的同代人中特别流行的一种看法,他的粗心和自私在这场冲突中起了很大的作用。罗曼诺夫的文件为他的活动提供了另一种解释。他是一个比在东京的俄国公使更敏锐的观察者;当考虑到英日同盟时,他并不是毫无戒心的;他不止一次地向俄国政府通报了日本对战争的准备情况;然而我们承认,也许是出于个人原因,他在一次会议上拒绝支持别佐伯拉佐夫的经济计划。

罗曼诺夫的著作是按马克思主义史家的标准写的。俄国的满洲政策被认为是"资本输出",——这是官方的、帝国的、政策的实质(维特的活动),更具有个人的、尼古拉的、政策的特点(别佐伯拉佐夫的企业);日俄在满洲的冲突被看作是远东帝国主义激烈斗争的一部分,英国和美国也参与了这场斗争。

但是,正如这本书的出版者所指出的,作者的马克思主义观点不够一致;作为那些发展背景的社会力量的斗争并没有在他的作品中呈现出来;相反,个人在俄国政策中的作用被高估了;这种观念是基于"垄断资本主义"在当时俄国发展起来的思想。这种批评部分是正确的;在讨论别佐伯拉佐夫的活动时,个人因素被保留了相当大的空间;但当维特的政策成为决定性因素时,作者并没有偏离正统观念;读者只能看到俄国帝国主义对中国施加的压力越来越大,而这个计划,从维特任命为财政部长那天起直到卸任,一直致力于此。

俄国和中国之间的对立渗透在所有这些事态发展中,它们的进程非常紧张。但对于这些特征可能会产生一些疑问。首先值得怀疑的是俄国政府,尤其是维特,是否像罗曼诺夫那样如此坚持他的观念。例如,当所有大国,特别是德国忙于镇压义和团,或者更确切地说是中国的时候,俄国没有参加持续一年的处置;诚然,俄国想与中国达成一项单独的、当然是对俄国有利的协议,但不是通过恐吓手段。然后,像维特的报告类似的文件,不应该总是从字面上理解,而应该解释为俄国官僚作风的产物,他们喜欢用"科学之光"和"广泛的观点"来装饰官方文件。例如,早在1892年,维特就制定了所谓的俄国在太平洋的扩张计划;这是一个实际的计划,还是新部长的远见卓识? 无论如何,不可否认的是,尽管有同事的抵制和别佐伯拉佐夫的阴谋,维特还是坚持不懈——不是坚持这个大胆的计划,而是组织和支持俄国在满洲的银行、铁路和工业企业;他曾宣称,对他而言,中东铁路比他的政府下的任何项目都更令人担忧。如果我们简单地承认维特是受帝国主义精神所蛊惑,那是不能令人信服的;与此同时,对于维特背后"垄断资本主义"的社会力量的概念并没有给出其他的解释,正如出版者所正确建议的那样,在罗曼诺夫的书中是看不到的。但这种社会力量到底存在吗? 维特为吸引私人资本进入满洲所做的一切努力都是徒劳的。也许,与别佐伯拉佐夫一样,这些企业中有维特个人的利益? 罗曼诺夫的文件中没有任何关于它的暗示,而维特仍然没有受到类似的猜疑。

　　还有,最后一点。本书基于大量来自财政部档案的文件、奏折、备忘录、大使的照会、官方信件和电报。书中对所有材料都做了仔细的考订;作者表明该文件是正本还是副本;如果在档案中发现了初稿,也会对其进行分析;如果某些重要规划存在若干文本,则对它们进行比较和讨论;作者没忘记提及某些文件中哪些内容做了修正,如果没有署名,作者会指出是谁的笔迹;当一份文件的来源可疑时,便会描述其外部特征——纸张、信封。罗曼诺夫引用的所有文件都有确切的日期,俄文写就的是旧日期,外文的标出新旧日期,并且注出了它们所出自的卷宗。因此,这本书所征引的文献不仅丰富,而且准确,揭示了良好的,这似乎不是马克思主义而是传统的俄国史家的史学训练。

　　[《中国社会及政治学报》(*The Chinese Social and Political Science Review*)1933年第2、3期]

古代和现代问题

一

有关历史发展存在两种观点。一种观点认为历史发展是一个从最低的文化阶段演变而来的伟大的整体,如果不是无止境的,至少是无期限的,而且这种观点认为这种发展是连续的;如此说来,人们可以把人类历史看作人类进步史或是进化的过程,而因为进化"更科学",所以人类历史是进化过程这种观点更受人们欢迎;无论这种进化是简单线性的,还是像炮弹的散片[柏格森(Bergson)的比较]那样复杂,这些并不重要。普遍史的观念与历史书写一样古老;希腊罗马时期的作家确实赞同这种观点,尽管对他们而言"进步"是有害的,因为他们认为人类的黄金时代在过去而不是未来;这个传统一直被基督教史家,如圣奥古斯丁(St. Augustine)所证实,在他看来,人类的历史只不过是为上帝的王国所做的准备。到了近代,启蒙运动的哲学家和浪漫主义史学家,先后进一步阐述了进化的概念。当进化论作为实证主义的一种工具,渗透到科学的各个分支时,历史也变成了进化的。

目前,并非所有的史家都赞同历史进化的观点;但众多史家编写的多卷本大型历史百科全书坚持这种观点;只要提到最现代的历史进化论作品就足够了——法国出版的《人类进化史》(*Evolutione de L'humanitie*)以及它在英国的类似著作《文明史》(*History of Civilization*),这些作品足以证明人类历史连续性仍然强大并受到尊重。

为数不多的史家提出另一种观点,这种观点否认普遍史概念,及其所蕴含的历史发展的连续性和永久的进步。他们的立场与书写"普遍史"的传统方式截然相反。他们认为,人类世界属于不同的民族群体,这些民族群体经历互相平行,不存在互相联系的自身的生命周期,这些周期有其固有的阶段——兴起、剧变、萧条、衰退,并最终消亡。历史的真正主题不是虚构的人类,而是同一文化周期的鲜活的人们;与个体一样,人类社会也经历了诞生、繁荣和死亡的阶段。这种观点对史学研究非常有益;它为史家提供了许多比较的例证,使得史家利用从过去得出的结论来构想关于未来的假设。

这种观点在战后的某些国家成为一种理论时尚。但它并不是全新的;这种观点对波利比乌斯(Polybius)这类古代史家来说并不奇怪;十八世纪特立独行的思想家维科也强调了古代和近代史中文化阶段的相似性。

此处没必要多谈这个领域最近耸人听闻的作品(尤其对德国人而言)——斯宾格勒(Spengler)的《西方的没落》(*Der Untergan des Abedlandes*),该书基于某个形而上学的理念,以一种相当武断的方式牺牲了历史事实。斯宾格勒的作品声名鹊起,实际上名不副实。提及俄国思想家丹尼列夫斯基(Danilevsky)可能更有趣,他的著作《欧洲与俄国》(*Europe and Russia*)曾一度在俄国很受欢迎(在他过世之后)。他将自己的理论建立在生物学基础之上,并特别强调欧洲和俄罗斯属于不同"种"的人类。丹尼列夫斯基尽管是一名博物学家,却受到政治偏好的影响;他的目的是反对将俄国划入欧洲,并谴责西方文明。史学与丹尼列夫斯基的生物学观念和斯宾格勒的形而上学思辨毫无关系。然而,在有的现代史学著作中也可以发现类似的观点,而且著名的学者以纯科学的形式对其加以阐发;有趣的是,这些史家的国别不同。德国自信而又严谨的古代史学者爱德华·迈耶(Edward Meyer),或意大利罗马史研究的现代派学者古格列尔莫·费列罗(Gugliemo Ferrero),他们主动比较古代和现代世界,谈及希腊罗马的中世纪、古代资本主义和帝国主义等等。法国的霍默(Homo)教授和俄国的维彼尔(Vipper)教授讨论了罗马和欧洲社会经济问题的相似性;甚至他们著作的标题也会引起人们的好奇:《人的问题》(*Les Problèmes de Jadis et D'aufour D'htes*)(霍默)或《历史的周期》(*Cydesin History*)(维彼尔)。在另一个历史领域,受类似观念的影响,杰出的德国学者兰普雷希特

(Lamprecht)详细阐述了文化类型序列体系,并使之适应德国的历史。

除了兰普雷希特的著作成书于大战之前外,上述著作将古希腊罗马的现代化或许都必须归因于大灾难的结果,这场灾难向我们表明"有文化的人类"是一种幻觉,"现代进步"非常令人质疑。

无论这种兴趣的心理原因是什么,从对事实的应用性来看,这个理论似乎是站得住脚的。在讨论这些事实之前,我们看看这个理论的主要论点,论点主要取材于丹尼列夫斯基原创而又简洁的理论。

首先,这一历史进程的理论拒绝持续进化的观点,相反,它假定了以文化类型为代表的"文化形态"即人类社会的观点,必须将文化类型视为历史的真正主体。史家必须研究的不是人类,而是几种(大约十种)历史类型,这些类型彼此程度不等地独立发展,具体如下:古典、欧洲、近东(或伊斯兰)、远东(或佛教)、斯拉夫、墨西哥和秘鲁(二者都被欧洲的征服而打断);拜占庭和俄罗斯文化或许与其他文化相分离;这种类型也许会更多,但从理论的角度来看并不重要。正如斯宾格勒所指出的那样,每一种类型都有其自身的发展周期,在这个周期中实现了适合它的重要原则;这些类型是个体的,但它们经历的阶段是"相似的",这些阶段就是民族生命的春、夏、秋、冬。丹尼列夫斯基认为,这些阶段是民族统一的形成、主权共同体的建立、文化价值的创造,以及每个完全独立的周期的结果。对于历史研究而言,最有趣的是完成发展的周期;另一方面,我们自然对揭示我们现在处于哪个周期感兴趣;从古代史所呈现的"相似性"来看,现代欧洲已经走过了繁荣期,正接近衰退期。文明的衰落——这是这个理论最偏爱的主题。特别是有关希腊罗马的周期,也许可以拿它与现代欧洲做比较,因为它不仅已经完成,而且是欧洲文明的背景之一,因此它与我们的主题最密切相关。

二

而比较古代和现代世界时,我们首先必须注意到,这些周期的某些相似性很早就得到了承认,特别是在社会发展领域:古罗马社会的社会斗争,产生它的原因(无产阶级的形成),由此产生的结果(恺撒主义的兴起），这些发展是典型的，它们在人类社会中不止被看到一次，在当今社会尤为明显；甚至我们的社会术语，特别是有关阶级斗争的术语，也是从古典时代借用而来。这些相似性都为人所熟知；但对于我们生活的现代方面，如欧美帝国主义的崛起，现代资本主义经济的危机，我们该说些什么呢？是与我们相似的文化周期的必然阶段，还是古代帝国主义相当特殊（军事的），古代资本主义过于原始（投机的）？另一方面，我们的精神文化的危急状态与古代异教的瓦解有一些相似之处。本文的主题是比较公元 1 世纪罗马帝国的状况和 18—20 世纪现代欧洲的特征，其中特别关注过去和现在的殖民扩张、经济发展以及文化危机。

这个比较的材料可以在罗马史的著作中找到，如霍默的《意大利初期和罗马帝国主义的开端》（*L'Italie Primitive et les Débuts de L'imperialisme Roman*）和《罗马帝国》（*L'Empire Roman*），坦尼·弗兰克的《罗马经济史和罗马帝国主义》（*Economic history of Rome and Roman Imperlism*），罗斯托夫采夫（M. I. Rostovzeff）的《罗马帝国社会经济史》（*Social and Economic History of Roman Empire*）；文化史方面的著作如曲蒙（Fratz Cumont）的《罗马偶像崇拜中的东方宗教》（*Les Religions Orientales dans le Paganisme Romain*），也可以用于这个目标。罗马衰落的原因已经在大大小小的作品中讨论过了，旧的［泽克（Seeck）]和新的（费列罗）作品都从不同的角度做了讨论。海特兰（W. E. Heitland）在《罗马的命运》（*Roman Fate*）中对这个讨论做了总结，认为罗马衰落由"毁灭其他国家的根本原因"造成的。通过这个比较，或许可以从罗马和欧洲周期的"相似性"中得出一些结论，即可以提供对欧洲未来的一些预测。

古代世界确实有它自身的帝国主义，但它是否发展到和我们的帝国主义一样的程度？它是否和我们的帝国主义采用同样的方法？二者在质量和数量上相似吗？让我们记住伟大的古代帝国马其顿和迦太基，它们首先把权力扩展到古代世界（当时已知的）的东部，其次扩展到西部，一次是希腊民族的扩张，另一次是闪米特人的扩张。然而这些伟大的国家就像现代的欧洲列强一样，为争夺邻国的统治权而战，在地中海最偏远的地方建立了自己的行省（或殖民地）。

后来，罗马帝国建立了一个真正的世界政权，它统一了东方和西方，代表了历史上前所未有的扩张。罗马帝国确实是一个帝国主义国家，它对自己的使命意识不逊于现代英国，正如维吉尔（Vergil）所言：“记住，罗马人，你必须统治人民。”（Tú regere imperió populós，Románe，meménto）

尽管如此，还可能存在一种反对意见，现代帝国主义不仅仅是由军事征服的观念而是由经济动机所激发；当前爆发战争的地区争夺殖民市场、原材料和资本投资。事实上，罗马起初的征服是军事的：罗马发动的战争只是为了防止危险的邻国，如马其顿王国和迦太基共和国；在某些情况下，军事领袖的野心是罗马军事进攻的原因——西皮奥斯（Sipios）家族的影响力便是如此。但由于罗马自身作为中西方中间地带的有利的商业地位，早期的军事征服被经济帝国主义所取代。正如霍默教授指出的那样，这种局势利润丰厚，不容错过；请记住意大利目前在类似环境下的雄心。

正如同在现代帝国主义中一样，罗马社会中不仅仅是军国主义者而是许多阶层，对扩张主义政策的成功感兴趣。元老院和骑士们支持征服地中海国家（甚至更远）；前者作为新吞并省份的统治者而受益，后者——作为商人和银行家可以在东部企业投资，后来的经济剧变对中产阶级有利，他们受雇于公共和私人企业，甚至无产阶级也分享了新的繁荣，随着罗马建筑物的增多，消费的增长也给他们提供了就业的机会。在现代国家的帝国主义扩张时也可以观察到类似现象；比利时的情况便是如此，殖民地刚果对于整个国家的繁荣而不仅仅是资产阶级具有重要意义。

然而，人们可能会对罗马帝国主义和现代帝国主义的发展之间的相似之处，提出异议；与欧洲的扩张不同，这种扩张是自发的；不仅罗马的普通民众，而且对罗马社会真正负责的领导群体参议员们，不愿通过征服扩大罗马共和国的领土，有时拒绝与新吞并的领土往来，这（不同于现代非洲争夺战）是真的；但最终的结果，也即罗马帝国的建立，并不是罗马元老院没有预见到的偶然事件。正如霍默教授所正确指出的，尽管元老院没有侵略计划,却被迫通过一场又一场的战争,而且,不情愿地证明自己是侵略者;因此,罗马的政策在这种情况下属于防御性战争——一种现代欧洲所熟知的政策;英国在印度或俄国在西伯利亚的情况便是如此,两国都在亚洲作战,并不想在那里扩张;然而,征服印度或西伯利亚是某个扩张计划的实现,还是只是偶然的结果?

因此,尽管有各种裁军会议,现代帝国主义最喜好的方式之一——防御性战争——是古罗马的政策,于是,它与邻国的关系并不总是"真诚的";事实上,罗马人的行为不止一次是奸诈和不人道的(即使在当时看来)。迦太基人不希望第三次布匿战争,这场战争摧毁了作为独立国家的迦太基;但罗马只希望实现老加图(Catos)的建议"必须摧毁迦太基"(Delenda est Carthago)。罗马的外交政策挑起了这场战争,罗马胜利后毫不留情地摧毁了这个敌对的城市。不久之后,作为商业中心的科林斯也遭受了同样的命运。现在,罗马没有商业对手了;它在政治和经济上统治了地中海世界,西方和东方的财富都流到了这里。人们不需要记住现代欧洲发生的类似事件;在最近发生的世界大战中,国际条约只不过被看作废纸一张,敌人摧毁了繁荣的城市或整个省份;他们想要摆脱竞争。

随着布匿战争的开始,罗马跨过了意大利的边界。最初,肥沃的西西里吸引了罗马人;富庶的西班牙是迦太基的一个行省,对罗马人来说是第二个吸引他们的地方。他们的侵略动机和现代殖民扩张的动机一样:寻找谷物,寻找矿物。

公元前 2 世纪,罗马干涉马其顿和希腊事务。结果,两个国家屈从于罗马的影响。那时,小亚细亚的大小国王正在争吵,这是一个平息争端的绝妙机会(debellare superbos),于是,东方最富庶的国家成了罗马的保护国,文明的东方和野蛮的西方的统一完成了。在最后的征服中,可以清楚地观察到罗马帝国主义的经济特征;高卢是"典型的原材料殖民地",而埃及则是欧亚商业通道的战略要地。

罗马帝国的格局就这样完成了;罗马式的和平统治着地中海世界,当时古代世界的政治体系与经济发展相适应;罗马帝国建立了一种民族均衡制,与欧洲国家的现代体系有点类似。但两种体制之间存在着差异。像西班牙、法国、英国这样的殖民大国,拥有复杂程度不等的行政管理制度,这使得它们对海外领土的控制更为容易;罗马则不然,在帝国建立之前还没有官僚机构,更不用说殖民管理机构了。尽管任务艰巨,罗马帝国还是找到了解决办法;在侵占的地区,罗马只设有几个行省(也不希望有更多),如西班牙或地中海的一些岛屿,或"非洲"(即以前的迦太基)。但即使在这些行省中,罗马也没有废除当地的地方政府管理,它只是隶属于一个总督。至于其他被罗马征服或受其政治影响的王国和共和国,同时也不是罗马的行省,它们成了保护国;此外,罗马将一些城市平等地看作同盟国。诚然,这些城市的自由或这些王国的独立是虚构的,但正是由于这种关系,罗马帝国节约了殖民管理的开支,以及如何协调罗马共和国和东方的君主制问题得以解决;现代殖民列强,尤其是在亚洲的殖民列强,至今仍在仿效这种政策(以法兰西共和国和安南帝国的关系为例)。

三

奥古斯都统治下,从罗马共和国到罗马帝国的转变使得罗马世界比现代欧洲更具同质性,特别是现在,欧洲甚至在文化上都缺乏统一。一位后来的罗马诗人说:"你为不同的民族建立了一个共同的国家"(Fécistí patriám divérsis géntibus únam);这种世界主义观念与战后欧洲狭隘的民族主义完全相反。和平的罗马确保了人民的安全,他们曾在内战中饱受苦难,罗马帝国通过改善交通促进了商业往来和工业的崛起。在公元 1—2 世纪期间,帝国经济繁荣到可以看到现代资本主义特征的程度;古代世界的经济生活非常复杂,与奥卡斯(Oikas)体系或卡尔·布埃彻(Karl Buecher)所认为的经济庄园相去甚远;古代经济非常发达,对于从小农经济到银行业的所有经济形式,都很熟悉。

然而,罗马经济实际上从未有过巨大的工业发展或超常的技术进步,它没有使用作为现代工业基础的机械。有一种观点认为,如果罗马达到资本主义的阶段,它只是投机的,而不是生产的:罗马资本主义不是资本主义,就像"戴克里先的社会主义"(Diocletian's Socialism)不是社会主义一样,在现代意义上二者都不是。

诚然,军事征服是罗马繁荣的基础;起初,从敌人手中夺取的战利品大量流入罗马;在纯粹的掠夺之后,由于罗马总督在各行省的勒索,程度不等的非法致富成为可能;这(但不仅如此)促进了骑士手中财富的积累。骑士是罗马唯一的商人,因为元老院禁止议员从事商业活动。职业银行家出现了,他们把钱借给希腊和小亚细亚的城市,赚取高额利润;因此投入流通的货币数量是巨大的。在罗马,还有另一种致富的途径——那就是在各行省征税,因为罗马政府除了对农业以外,没有其他管理部门。事实上,征税给予了农民为致富而滥用权力的各种机会。最后,国有企业也是通过承包商私人手段经营的。的确,由于这种利用公共领域剥削的制度,罗马资本主义采纳了某些投机方式,然而在现代欧洲扩张史中,投机方式并不陌生。就欧洲国家和殖民地之间的关系而言,欧洲的条件相对要好;他们可以在殖民地利用自己的官僚机器,这是有的国家(不是英国)所拥有的。

但是,欧洲国家在获取殖民地之后,至少在一开始,也遇到了类似的困难。西班牙、法国和俄国在美洲,荷兰和英国在印度,它们都强迫通过特许公司,有时借助政府特权来剥削新占领的地区。其结果在罗马和欧洲都相似:各行省和殖民地滥用职权,受雇于这类机构的官员从中牟利。

在帝国统治之下,各行省的情况变得更加有利;一个精心设计的政府建立起来,而行省内的人可能会抱怨皇权当局。那时的"殖民"管理与我们的管理并没有很大的差别,它或许更好,更有能力把不同的民族和部落联合为一个帝国统一体,而不压制它们在本地的自由——这是一个现代先进的国家在他们的殖民地尚未解决的问题。在其他活动中,罗马帝国在殖民地也比现代欧洲国家更成功;毫不夸张地说,现在的北非并没有罗马统治下那么繁荣,法国在那里只能效法罗马的做法。

我们承认,罗马资本主义的起步并不是很有前途,因为它建立在掠夺和投机之上,但它为后来国民经济的所有领域提供了更大发展的可能性:农业、工业和商业。

　　大庄园(latifundia)所有者确实倾向于将其大片土地更多地用于畜牧业而不是农业,因为前者更容易、更便宜;因此,耕地面积越来越减少。但这并不是经济惰性的证据,在畜牧经济高度发达的现代国家,也可以观察到同样的趋势,例如阿根廷。

　　如果种植谷物的地区减少了,其他的种植面积就会增加,橄榄和葡萄的种植就会增多,橄榄油和葡萄酒工业也会随之增多,因为这比种植谷物更有利可图。

　　这样的农业不适合小农,农民的财产也在减少;尽管如此,土地仍然是宝贵的,特别是对那些想尽一切办法从小农手中夺取更多土地的富有的地主来说。大庄园被科学地组织起来置于一个经理(villicus)之下,其中有无数的奴隶和雇工工作。

　　罗马帝国的工业不如农业发达,因为它的增长受到了技术设备缺乏的制约。不过工业可能还取决于当地市场。罗马城人口太多,对食物、衣服、器皿等物品的需求巨大,因此当地工业的一些分支工业发展迅速,雇佣了数百名(甚至更多)工人。罗马帝国的其他大中心城市也有类似的情况。

　　至于商业,它是罗马资本主义的基础。商业使用了连接大西洋与印度洋(如果不是与太平洋)所有陆上和海上的路线;这种远行的商业,本身确实需要一个先进的资本组织。罗马很熟悉这种先进的组织形式,即 societas,或贸易公司,当时与现在一样,贸易公司为资本集聚提供了最好的机会。罗马的商业依靠一支庞大的商业舰队,拥有一支由训练有素的水手组成的军队;在这方面,罗马帝国也许可以和现代的英国相比,后者的舰队统治着整个海洋;罗马不仅是陆地强国,也是海上强国。

　　信贷业务也在罗马广泛开展;然而,银行家(argentarii)扮演着个体交易商的角色,古代世界并不知道银行公司。国家和资本之间的关系不一致。国家干预贸易公司,特别是对税农进行干预并偏袒他们;而对银行家则不然,他只代表私人利益。

　　但一个问题出现了:尽管罗马的经济发展如此迅速,但古代世界和现代世界在一个方面却有很大不同;那时机器很少或根本不用。这种情况对古代资本主义经济发展并不是一个很大的障碍,因为罗马拥有成千上万的奴隶,他们是在公元前2—前1世纪的战争中被俘虏的。当时,市场可以买到奴隶,而通过生育数量会增加,使用奴隶的成本并不高。奴隶实际上成了一种廉价而又驯服的"会出声的工具"(instrumentum vocale),好比机器缺失的替代品。的确,在帝国统治后期,随着奴隶供应的减少,情况发生了不利的变化。为了弥补这一点,由于未知的原因,真正产生的技术发明没有被使用,这一直是古代经济的一个局限。

<h1 style="text-align:center">四</h1>

由于东方和西方以及其财富融合成为一个经济统一体,罗马权力在整个地中海世界的扩张和它的经济繁荣,同时伴随着文化领域的某些显著情况。罗马是野蛮的西方和文明的东方之间的调解者,前者由罗马天才开化,而东方影响了罗马本身。这就是罗马文化融合的根源,它深受东方文化的影响。

罗马不仅吞并外国的领土,侵占他们的财富,而且吸收他们的文化传统,特别是在宗教领域。贺拉斯(Horace)所说的"被征服的希腊也捕获了野蛮的征服者,并把艺术带到了农村一样的拉齐奥"(Graeciá cápta ferúm victórem cepit et ártes intulit ágresti Latió)——可能适合整个希腊化的东方。现代欧洲在非洲和亚洲殖民地开化时,一半是在模仿罗马的传统;但反向的影响呢? 然而在这方面,古代和现代的发展存在一些相似之处。

商业往来在把非洲和亚洲的教义传入罗马的过程中,的确扮演了相当重要的角色;但决不能被夸大。东方的影响是受欢迎的,因为古代的智慧已经为它们做好了准备。

官方宗教和当时的哲学不能滋养他们;一个遭到鄙视,另一个不令人满意。除了偏远行省的农村居民之外,没有人真正相信宗教神话,而奥林匹斯神本身也受到许多异教作家的嘲笑;特别是作为国教的罗马宗教,它从来没有激发过想象和感情。帝国崇拜也没有更成功。哲学没有创造力,学者们在自己的专门领域进行谨慎的研究;尽管如此,人们对知识还是有强烈的需求,特别是对道德知识的需求,道德知识应该是既可靠又广泛的。这是希腊化的东方留给罗马的遗产,当精神生活的来源在基督教时代的开始被证明已经枯竭。东方宗教提出了解决这一问题的方法,其中也包括基督教。

这种情况与 19 世纪,特别是现代的欧洲非常相似。欧洲文化比以往任何时候都更加广泛地渗透到世界各地;大众比以往任何时候都更容易获得教育;精神生活从来没有像第一次世界大战之前那样精致;然而,为什么创造力衰退,人类灵魂的痛苦会发生,而且现在如此明显呢?宗教没有得到太多的信任,但无神论也没有说服力,欧洲社会正在急切地寻求一个新的信仰。类似的理想兴趣在古代帝国时期也有体现。

事实上,政治上的困境(在 3 世纪),如帝国对臣民的压迫,是当时渗透进人类灵魂的顺从精神的部分原因;但是,正如曲蒙正确地指出的那样,这还不足以让东方战胜罗马异教。东方宗教的入侵是出于一种人类精神中固有的兴趣,这种兴趣不仅在当时,而且现在也可以看到。

他们渴望了解世界和人类,他们的起源和命运,另一个渴望是为人类行为找到道德标准;但最重要的是,正如塞缪尔·迪尔(Samuel Dill)在《从尼禄到马可·奥里利乌斯的罗马社会》(*Roman Society from Nero to Marcus Aurelius*)中所说,人类对不朽问题非常感兴趣,这是传统宗教无法解决的,这种兴趣既有心理根源,也有社会根源;那么,把这个问题同现代的政治信条,比如共产主义相比较,便可以想象这个问题有多么严重。

东方的宗教提供了人们所需要的一切——不仅是超然的教义,而且是救赎的希望,两者都通过一种热烈激发情感的形式而被带入;埃及、小亚细亚、叙利亚、波斯的神是那场罗马文化征服的竞争对手,特别是埃及和波斯及其神祇奥斯里斯(Osyris)和密特拉(Mithra)在这场竞争中最为突出:一个通过信仰中的神秘主义,另一个则通过世界上强烈的善恶二元论吸引着心灵。东方不仅输入了某些信仰,也输入了迷信,这满足了那些想要瞥见未来(占星术)或寻找奇迹(魔术)的人们;那个时代的人们,无论他们的等级和教育程度如何,都对这些神秘的科学非常着迷。

到公元 3 世纪,东方宗教完成了对罗马帝国的征服;这里没必要进一步追踪后来的发展——一种信仰战胜其他信仰,基督教的最后胜利。然而,关注基督教本身如何面对摩尼教带来的危险很有意义,摩尼教是一种纯粹的东方教义,自 5 世纪以来在非洲、西班牙、高卢和意大利传播。这种帝国晚期所特有的精神上的分裂,在我们近代也同样存在。

现在和那时一样,许多人渴望来自东方的拯救;他们认为对人类来说,神秘主义可能比欧洲的理性主义更有价值。首先,东方的宗教不仅吸引着学者和哲学家的兴趣,而且也吸引着普通民众的兴趣;欧洲社会显现出一种神智学的情绪,它貌似要融合所有东方的智慧;如是便可以解释托尔斯泰主义的成功,托尔斯泰主义中程度不等地充满了东方思想,而与欧洲的观念格格不入。人们也可以观察到魔法的复兴,巫术便是这类例证。在一个不满和顺从的环境下,这一切尤其可能发生,这种环境影响了战后的心态。

很难预测人类将在哪里找到解决方案;一种是共产主义提供的,它假装同时成为哲学和伦理学;它承诺在一种新的集体主义的基础上重建当今世界。这个问题不是在超自然的层面上解决,而是在一个真正给定的世界里解决,因此,它似乎与东方给罗马提出的解决方案大不相同。然而,人们还不能预见共产主义发展的下一步;难道在俄罗斯的东部就不存在吗?在教会史中,伴随着共产主义倾向的宗教兴奋是很常见的例子,比如一些中世纪的宗教徒或捷克的千禧年主义者,相反,社会运动就像英国和德国的农民起义被宗教动机所迷惑一样。最后,古代世界也有共产主义,但这种思想在衰落的希腊比在罗马帝国更普遍。而且,正如波尔曼(Poehlmann)所展示的那样,这些思想对哲学家和古代的悠久历史有着很大的影响。

五

在之前的介绍中,更多的注意力放在了早期的帝国上,而只是稍微触及了后来的共和国,以便对帝国建立的和平罗马的起源有一些了解。

与现代相比,帝国早期尤为有趣,这里的现代即 18—20 世纪,这个时期欧洲主要列强完成了殖民扩张,商业、工业和金融资本的发展,以及海外国家的欧洲化。顺便说一下,这种欧洲化,在罗马帝国完成的欧洲罗马化中有其辉煌和卓越的对应。而我们现在这种以战后衰退的后果为特征的情况,难道不也与罗马帝国类似吗?

在公元 3 世纪也可以观察到同样的衰退——政治、经济和文化危机时期。最高权力取决于罗马卫队(总督府),他们控制着皇帝的废黜,蛮族侵入帝国内部,土地破坏致使农业生产水平下降,商业必须的交通网络被毁掉,文化的混乱支配着人们的精神。自然本身似乎对人口怀有敌意,人口遭受多次瘟疫的毁灭。杰出的古典学者费列罗和罗斯托夫采夫对混乱原因所做的解释,对现代的情况意义重大。

费列罗认为,由于政府缺乏坚实的基础,帝国遭受了特别大的痛苦;帝国政权是专制与民主两种对立原则的妥协;前者是从东方引进的,另一个政治组织并不熟悉它,而后者是罗马的遗产,传统上对皇室怀有敌意。

罗马的民主制度在独裁统治下结束了,而独裁统治并不是永久的。由于古典时代不知道代议制,君主政体和共和政体之间达成了妥协;帝国早期是由皇帝和元老院统治的“二元结构”,尽管元老院对某些皇帝来说非常严厉,但元老院代表共和传统。更重要的是元老院在行政管理中所扮演的角色,帝国的繁荣也得益于这种管理。

但是这种权力均衡是不稳定的;反叛的士兵在公元 3 世纪很容易地摧毁了它,随之而来的是无政府状态。费列罗将这种情况与代表欧洲传统权威原则的德国、奥地利、俄国等欧洲君主国崩溃的后果进行了比较。

罗斯托夫采夫提出了另一种解释,他强调的是那时罗马人口的蛮族化;这是由于罗马军队招募了蛮族,罗马军队于是变成了一个外来的敌对国家,城市也充满了蛮族成分,蛮族从村庄冲向那里。因此,军队的蛮族化和“群众”的盛行,是罗马衰落的因素。帝国的衰落,不是因为对传统制度的颠覆,也不是因为土地的枯竭(正如一些经济学家所指出的那样),而是因为人类资源本身的退化。现代欧洲也面临着同样的威胁,把赌注押在民众身上的俄国革命就是最好的例子,不管民众多么无知和粗鲁。这个争论需要更多的关注。并不是所有欧洲国家的"群众"都是落后的因素,即使是在法国、德国这样的国家,也在世界大战后发生了上述意义上的蛮族化。与罗马的比较再次说明了这一点。

正如《人口革命》(*La Revolution Démographique*,1934 年)的作者兰德里(A. Landry)所表明的那样,古代世界尤其遭受了人口减少,原因有以下几个:死亡率比现在高,生育力较低,尤其是上层阶级。人口的减少是帝国灭亡的原因,因为它耗尽了人力资源和物质资源。"精英"就这样灭亡了,就像由于世界大战在欧洲所发生的一样。

举个引人注目的例子:法国,她损失了大约三百万男子;在 1920—1934 年间,人口的增长大约只有 100 万,这是人口损失的三分之一。和罗马帝国一样,城市中心的生育率下降尤其明显:巴黎的"净生育率"为 0.55(1928 年),柏林为 0.42(1930 年)。就女孩而言(因为她们直接负责生育),这个数字代表了"大概生育率"(巴黎和柏林分别为 0.683 和 0.505)与死亡率之间的差异。作者认为,如果生育和死亡的条件保持不变——就像现在一样,这将最终(可能是在一两个世纪后)导致人口的灾难性减少。如果一个国家的衰败与人口现象之间真的有联系,那么欧洲目前的情况就已经够不祥的了。

如果人们想继续这个比较,在这些困境之后戴克里先和君士坦丁(Constantin)的改革再次巩固了帝国,这对当前的形势很有启发。

这些改革在专制的基础上建立了最高权力,组织了社会,使个人服从于国家的需要,从而引入了戴克里先的社会主义。这些改革确保了帝国两个多世纪的存在,但没有阻止它在政治和文化上的最终崩溃,以及中世纪野蛮主义的到来。

现代欧洲正在经历一场类似于罗马帝国所经历的危机,它试图用与罗马相同的手段来解决这个问题——通过个人屈从于国家,通过经济生活的管制,通过给臣民强加共同信仰。在共产主义的俄罗斯、法西斯主义的意大利和纳粹主义的德国,尽管它们的"宪法"各不相同,但所有国家都可以看到它们已经建立了专制政权这一点。这个重建的欧洲是否将会屹立不倒,会屹立多久,当然不得而知;但是,从罗马帝国的经验来看,欧洲的前景并非十分光明。

海特兰强调了罗马帝国统治下被排除在公共生活之外的消极影响,他总结道:"改善你的公民,让他们对自己的真正福祉感兴趣,这是唯一能够避免罗马命运的途径。"

通过过去来判断未来(Ex praeterito spes in futurum)。

(《清华学报》1937 年第 12 卷第 1 期)

《苏联经济史》（书评）

里雅什延科（P. I. Liaschenko）的《苏联国民经济史》（*The Economic History of* USSR），卷一《前资本主义经济形态》，卷二《资本主义的发展》，莫斯科，国家出版社，1947年、1948年出版，共663页和738页。俄文本。

这本巨著恰恰补砌上经济学文献中一个大漏洞，即使在苏联这类问题也不曾完善地处理过。此书对外国学者其裨益更非浅鲜，因为一般学习用的 James Mavor 氏之《苏联经济史》（*Economic History of Russia*），其范围涉及虽广，但已不合时代底要求，材料排列方式亦殊不完善。Liaschenko 氏此书首于1927年问世，至今已刊行四版，最近一版更由原来一卷扩充为二卷，内容亦有相当之增订与补充，特别是书中有关俄国资本主义的部分。从斯拉夫民族于东欧地域居住开始直至苏联社会主义十月革命成功，这期间俄罗斯整部的经济史在本书中均网罗无遗。书中列有多数统划表格（但不幸没有附有外国学者需要的地图），巨大的编年对照表，新旧有关文献底汇列，此外在两卷内部附有详尽的索引。作者于列宁格勒任经济史教授，久为世人所熟稔，氏为农业经济及统计学界权威，在本书有关数章里有许多作者首次发表的新颖资料。

I. 经济史是"考虑每一国家，每一时代底特性，说明生产形式与社会关系二者相继发展过程"的科学[见书中页5]。为明了这一发展过程，阶级斗争底理论是极端重要的，作者即蓄意阐明在阶级社会中各种社会关系间存在的敌对的特性，例如在革命前俄国国内存在着的阶级对立性，俄国底经济发展之过程并非仅只是欧洲底经济发展过程之重演,这一点作者解释得很正确,他记得列宁底指示:"要在其相互联系及发展中具体研究俄国国内经济矛盾性之各种表现形式。"Liaschenko 将这一发展过程划分为三个时代,即封建时代(Ⅺ-ⅩⅦ世纪),极权统治下农奴制度时代(ⅩⅧ世纪)以及农奴制度崩解时代(至1861年);原因是原始公社社会及奴隶占有社会在俄罗斯并未获得充分的发展。书中经济上及政治上阶级底划分虽不甚明确,但就全书而言,仍不失为完善。此书主要内容为农奴制度下,特别是在资本主义制度下(此点在第二卷中专有论述俄罗斯底经济上发展情况)。Liaschenko 这一工作不仅只从原始公社社会开始,更上溯远古至于东欧首有人类居住的旧石器及新石器时代。这些工作似乎不太必要;"国民经济"(national economy)只在某种程度的组织形式才有存在之可能,这种组织形式在上述远古时期自不会存在。

这是一部马克思主义者的著作。本书不仅是一般性的经济史,它也是一部俄罗斯历史。作者非常重视在各处,在官方及其他各种文献里(例如近代苏联及其他国家人士底备忘录等)可发现的实际史料。作者在本书15页曾引证马克思在他的书信里所说的一句名言:"如果应用某些历史哲学理论底普遍法则,则永远不能达到这个结论(按即指在不同国家内发生相似的发展过程而言),因此便应考虑到能产生特殊的经济组成过程之地域条件。"在俄国农奴制度底极度发展也就是上述组成过程之一例,这自然影响了俄国底经济。此外在过去俄国曾为一多数民族之帝国也是很重要的一点:这使得许多落后民族经济上的发展加速变快起来。

Liaschenko 处理问题时所触及的范围是广泛的。这不仅是一部纯粹的经济史,同时也代表着经济学的理念,其中也曾讨论到国家(特别是国家的财政)及政党等政治上的上层结构。关于经济发展的过程,尤其是关于农业经济发展的过程方面的研究是本书中最精彩的部分;有关社会关系的论断比较有值得批判的地方,Liaschenko 对于 M. N. Pokrovsky 氏创论的"商业资本"(trading capital)这著名问题的态度就不太明确:他如同其他苏联历史家一样,归罪于这一学派底错误观念,但同时他又过分夸张了在彼得一世底经济政策中商人底地位——事实上并非如此,贵族的地主阶级依然是这时期主要的力量。

在十八世纪时,特别是当女皇凯特琳二世在位时,农奴制度在俄国发展到极端。无疑的,同时不能否认资产阶级底地位也日趋重要,资本主义式的社会关系也同时发展起来,而因此摧毁了封建的体系。依照Liaschenko 底论断,这种发展过程在十九世纪初叶才刚刚发生(见书中 362 页);但在专门的作品及论述内研讨过这一问题的其他经济学家则认为上述过程之发生要早一些。在十八世纪,对于农奴制度的首次抨击便出现了,这足以证实即将到来的农奴制度底崩溃,而 Liaschenko 却注意于说明凯特琳二世时代经济学者们对于前述抨击的讨论。然而他并没有充分照顾到其他方面所做的批评——也就是人民自己在1773—1975 年农民暴动中所表现的反抗行动。这次暴动是一次广大的人民的运动,其中有许多阶级参加进去:除哥萨克及农民外,还有东部俄罗斯底非自由劳动者及当地居民;这是给予农奴制度第一次严重的打击。

然而,不拘如何,农奴制度还能再维持下去,仅只在十九世纪它才开始衰颓,这时它已变为阻止资本主义在俄国发展的主要障碍。在这种情势下甚至农业也无法获得发展。Liaschenko 根据许多资料证明出当时农奴制度已经停滞起来(见书中 522 页);他的统计数字还告诉我们农民人口数目底增长不幸受到这种制度底影响。以工业方面发展而论,在农奴制度下也是绝不可能的:当时已经使用机器及自由劳动力的棉织业兴盛一时,而乌拉尔山区倚赖农奴劳动力的制铁工业却衰微下来。保守的尼古拉一世虽已洞悉当时农奴制度底昭彰罪迹,但农奴制度迟至 1861 年才宣告废止。

II. 虽然这种基本上的变化不是一旦突然爆发的,同时就另一方面讲,资本主义的经济某些形态也早就存在着,但是 1861 年仍然可看作是农奴制度与资产阶级经济间的分界线,而当讨论资本底最初的积累过程时——这在俄国是具有其特殊性格的——Liaschenko 依然把它放在十八世纪里。本书底第二卷事实上是研究俄国资本主义的一部新著,共分下列四个部分,即:工业的资本主义,帝国主义,俄罗斯边疆地域底经济及资本主义底末路。作者思想底主导路线和第一卷里没有什么两样:"社会经济的形态底变化时常是由于革命推翻了旧的生产关系而肯定了新的生产关系所产生的。"(见书中 10 页)——这样作者便将俄国底经济发展情况联系到社会主义的十月革命。在本书这一部分中,Liaschenko 讨论底依据较前大为稳定:前此俄罗斯经济史上的问题已为这类作家在多方面钻研探讨——这类作家为数并不太多——但某些问题依然不曾解决。关于改革后的经济学文献,计有列宁的名著《资本主义在俄国的成长》(1899 年),许多关于农民改革运动的资料,关于农民公社的研究及 Liaschenko 底许多在俄国农业方面的工作。此卷底兴趣并不完全在于作者首次提示的那些丰富资料中所表现的一般观念。

上述四部分每部分都冠以"总论"一章,其中以讨论工业的资本主义部分底总论写得最好。只要把 Mavor 书内对此时期处理之空泛与本书两相比较,我们就会看出作者在这方面研究的进步。在本书中第一部分 Liaschenko 谈到农业经济及其从 1875 年开始的危机,工业在投机期间之发展,及因上述危机崛起的改革运动(从 1881 年开始),其中还特别谈到 1890 年以后工业上二度繁荣的现象。资本主义在"地主及农民在农村内外"都获得了极大的胜利(见书中 92 页);因为无产阶级的劳动者与农村资产阶级同时存在于农村中,便使得农民分裂组成许多的集团,这不啻给予民粹派底农民公社组织幻想以一严重的打击。在工业里也发生了同样的情形:因为外国资本,技术以及工业组织底形式等大量涌入,资本底集中现象比起德国等先进国家还来得厉害些。

书中第二部分讨论 1903—1904 年间的经济危机,Stolypin 底农业革新运动,新兴工业底屹起及银行资本底发轫等这些写得都很精彩。但记述日俄战争及 1905 年革命的那几章则不甚引起读者底兴趣,因为国外的学者已经非常熟知这些事实;至于农民改革这一史实,G. T. Robinson 氏曾根据丰富的史料写出很好的一本书就是 *Rural Russia under the Old Regime*,此书也得到与 Liaschenko 书中相同的结论:这次改革是有利于富农们、农民及贫农们的,因此他们大部都卖掉了他们分配得到的土地而迁移到城市里去(本来在这次改革前,是不许他们与公社断绝关系的)。这是沙皇制度依据资产阶级底愿望所施行的改革农村的最后一着,然而这企图失败了。此后数章里着重在证实在工业中资本主义式的独占原则,为此目的,Liaschenko 提出许多关于 Prodamet(金属组合),Produgol(煤矿组合)及其他在当时活动尚未公开的企业组合等实际材料;就是资产阶级的经济学者也会承认俄国底重工业是依照技术及经济原则逐步在准备国有化(见书中 346 页)。财政方面也有着同样的情况,七个大的银行控制了一半的俄国在工业上的投资。同时俄国的工业和财政又依赖于国外的资本,作者虽未肯切说明这种倚赖究竟发展到什么程度,但他曾说过其程度是相当的可观,然而作者又曾相反地提到:财政适应着俄国资本家底利益。俄国工业于第一次世界大战后的进展完全表明在详细的统计表里(此表共有六页),表中详列有 1900—1913 年间的生产统计数字。

书中第三部分具有非常特殊而新颖的性格。其中讨论边疆地域(包括欧洲及亚洲二部分)于俄国资本主义底体系内所据有之位置,基于处理方法的观点,莫斯科工业区被当作研究的对象。在欧洲的经济史中,类似这种的研究(莫斯科地区资本家的谱系)可以说是非常罕见的,这自大部分都是根据作者底记录。因此俄国的资本主义"是在俄国资产阶级领导下,由帝国内各地区底民族资产阶级创造出来的",其中俄国资产阶级的资本占百分之五十至六十(见书中第 430 页)。

书中第四部分比较短些,内容着重于第一次世界大战及它对俄国资本主义的影响及破坏;这种情形在俄国倒不是首次逢到的——1853—1855 年间克里米亚战争对农奴制度的经济也起不过相似的作用,这是沙皇制度的俄国,其矛盾中附加的一个因素:横暴的独裁政治,旧式的贵族地主制度,资产阶级底脆弱及无产阶级底壮大,这些矛盾使得"黩武的封建的帝国主义制度"再也不能维持下去。除去第一次大战前后俄国与其同盟国间财政上的关系外,在此部分里并没有太多的新的材料,因为在卡内基基金委员会出版的 *Economic and Social History of the World War* 一套书内也载有这类的资料。书中对于一九一七年十月的革命事迹底述叙,其观察是相当简短概括的。因此我们希望作者在未来的第三卷里能将这些史实予以详尽彻底的处理,第三卷的研究对象系以苏联在社会主义制度下的经济为中心。就目前的

形势,作者得到一个结论,就是"十月革命完全肯定了列宁底无产阶级革命底学说之正确性。"(见书中 695 页)

　　Liaschenko 此书虽有若干部分——并且较主要的部分——曾经受到了批判,然而就整体来看,它在苏联依然被公认为一本有价值的著作。书中布局广阔,观念统一,还有很丰富的文献资料,这都是作者博穷典籍和实际经验底表现——总之,这是一本好书,一件惊人的成就。

　　　　　　　　　　　　　　(《社会科学杂志》1950 年第 6 卷第 1 期)

《花剌子模的文明》(书评)

托尔斯托夫(S. P. Tolstov)著,《古代花剌子模》(*Ancient Khorezm*),莫斯科,莫斯科大学出版;《古代花剌子文明寻踪》(*On the Tracks of Ancient Khorezmian Civilization*),莫斯科,苏联社会科学出版社,1948 年出版,共 352 页和 323 页。俄文本。

这本作品含有大量考古学上的材料,它有二个特点:(一)一种新的方法,(二)对中亚社会史的新的看法。近来某些考古学家,如 W. W. Taylor 主张考古学的对象是一种物质化的概念;苏联的考古学界反对这个看法,认为古器物是人工的产物。现代的,尤其是美国的考古学家,常用典型分类法(typological method),只从传统的观点去衡量物质,把同类器物互相比较;苏联的考古学家则不同,他们要从古器物中发现整个社会的现象;不是抽象地研究,而是从这些器物所处的环境中去研究。考古学不仅是研究器物的学问,而且是史学的一个部门——物质文化学,研究器物时必须和史事结合,在解释时还须运用别的社会科学,此即所谓多元法。最后要说明的,苏联的考古学不承认种族,民族、部落是永恒不变的,而着眼在他们的发展,特别注意他们的起源。

托尔斯托夫的作品共有二册,都于一九四八年出版,第一册是《古代花剌子模》(*Khorezm*)。书内提供了在花剌子模发掘的成果,这次发掘是从一九三七年至一九四〇年在邻近咸海(Aral Sea)的地区进行的,考古团发掘的材料被分为下列数项讨论:(一)古代花剌子模的水利工程——作者在这里追溯到纪元前一千年左右,(二)古代花剌子模的民族分布——讨论时从历史发展的观点出发,并且联系了这些民族所代表的各类社会,(三)花刺子模的货币——这是作者发掘而加以诠释的,因为他同时发现了花刺子模的字母。书内所有考古学上的解释无不伴合着史学的分析,研究中亚者特别感到兴趣的几点,为花刺子模骑兵的组织,希腊和柏克特里亚联军侵入的影响等,另列专章讨论。

本文评介的是托尔斯托夫著作的第二册,作者在书内收入了一九四九年至一九四七年考古工作的成果,专门讨论花刺子模文化,从新石器时代开始,直至中世纪中期。托尔斯托夫企图证实中亚与西亚间种族之关系可以追溯至印度欧罗巴民族之前的邃古(八十页),而且作者坚持说,花刺子模文化不是伊朗文化的支流,它本身有高度的价值。虽然花刺子模与基泰人(Hittite)间的关系还值得商讨,作者认为印度欧罗巴民族在纪元前二万年左右进入花刺子模这个意见大约是正确的。他在当地发掘的新石器时代、铜器时代、铁器时代的古物则是崭新的发现;这些器物初次给史前期的中亚指给了一幅图画。

然而这幅画仍是模糊的,直到一个神话性的,花刺子模统治者的祖先——西雅武斯的名字出现时,才比较清晰。纪元前八世纪(水利工程于此时兴建)以后的纪念物的遗迹甚多,于是古花刺子模或康居的历史更清楚了。托尔斯托夫证明这时的花刺子模即中国《汉书》中记载的康国。这段时期前后约一千年,遗留了大量的建筑物和精致的图画(为托丕拉克卡拉之古堡,The castle of Toprak-Kala),从这里可以找出各种居民的迹象:为堡垒围绕,内有牛棚的屋子,有集体居住的大屋的市镇,有贵族住宅的城市。作者认为东方式奴隶制社会就在这时开始,并与原始农民社会混合,但是这个重要的论证还待阐述,这时花刺子模已是中央集权的强国,力能抵御波斯王和希腊征服者的侵犯。但在一世纪时,终于被贵霜帝国制服;这个帝国的社会组织我们也能从托氏发掘的器物中得到一个概念,所有城市丧失了自治权,而整个国家则更趋强盛。外患(如中国)无从侵入,因为边境堡垒密布,并有强悍的戍卒守卫。

阿甫力克(King Aphrig)执政时经济开始衰落,外祸频仍,国内分崩离析。五世纪时,封建制度尚未确立,但已有迹象可寻:阴森森的贵族宫堡,农民被迫为自由而斗争,到处是惨酷的流血的肉战(一九七页)。这种发展有很多实证,不仅贵族的宫堡四周筑有堡垒,甚至农民也都像住在小型的堡垒中以求安全;陶器的质料粗劣,外货稀少,市镇萧条。八世纪时阿剌伯人征服并没有阻止,而更加速了这些情况的进展;这时中亚分为无数封建的小五国,花剌子模也继续衰败,水利工程停滞,货币贬值。

十世纪后,封建制度在中亚各地确立,花剌子模也在土著的"夏"(王也)统治下复兴,其中最伟大的王是墨汉默特二世(1200—1220年),这段时期在文学作品中有生动的反映,但托氏的著作更能使我们了解这突然的动荡;发掘所得的材料显示了那时代的背景:封建式的宫堡改变,它们仍是宏大而富丽,但四周并无堡垒,王室筑成了坚固的堡垒代替它们,城市成为生活的中心,这里建设了宫殿,住宅区和郊区;市民阶层的势力日益生长,工匠成名了,发掘的器物证实他们技艺的高超,花剌子模的统治者把威权扩张到印度和伊朗的疆域,但国内仍有种种动乱(如政治上的矛盾,边境的叛变,宗教运动等),使成吉思汗乘虚而入,获得胜利,蒙古人破坏了花剌子模的繁荣,然而他们不能摧毁其文化;事实上,"金帐"(Golden Horde)的光辉正是吸收了花剌子模文化而开始照耀的。

苏联著名的东方史专家,巴托尔德(V. V. Bartold)对墨汉默特统治下的中亚有特殊的研究——托氏根据全新的材料补充了他的工作。巴托尔德并非考古学家,他的中亚史从阿剌伯征服才开始,托尔斯托夫则深入得多,他运用新方法解决了某些悬案。其中最费解的问题是:为什么过去曾经灌溉、居住的广大区域,现在成了一片荒凉?很多学者委诸自然的原因,但托尔斯夫说:"原因应从社会发展史中去找,从古代社会制度过渡到封建社会制度和同时的蛮族侵入——这是解决问题的关键。"(三二二页)他补充说:"人毁坏的东西,人可以再建。"

托氏的著作不仅对史家、社会科学家有益,而且对地理学家、地质学也有帮助,他提出了一个需要解决的老问题,即阿姆河(Amu Darya)与里海的关系。苏联地质学家以为二者之关系在里海最后一次泛滥,前即在冰河期时代(Glacial Period)前已存在,后本就中断了,但中世纪的史学家和后来基(Khiva)的阿布尔卡齐汗(Abulghazi Khan),在遗下的文献中均未论及此点,却指出一个事实:十五、十六世纪时,花剌子模的灌溉工程遭破坏,于是阿姆河的一条支流——达列亚立克河——西向流入沙里库姆施湖(Sary Kamysh)。

托氏的作品内容充实,几乎无懈可击,甚至这方面的专家也只在少数要点上表示异议。例如斯特罗甫(V. V. Struve)认为拜火教并非如托氏所说起源于古代亚洲的宗教信仰,而是奴隶社会促成的民主性的反映。雅可卜夫斯基(Yakubovsky)以为托氏被花剌子模的文化魅惑了,因而夸大了它对邻国的影响。但二人对整个作品都有高度的评价,研究通史的史学家,会发现本书关于古代花剌子模奴隶制度——其起源、范围、经济上的重要性等,说得太少,在这方面,考古和历史的材料确实不够,总之,农民社会很重要,而作者对自由劳动和强迫劳动的比重并没解释清楚,托氏处理政治史没有像社会史那么完美——时而烦琐,间或疏漏(如关于希腊—拜兑特里亚的叙述)。

以上的评论并没有贬低这部作品的高度的价值,整个地说,本书在其特定的范畴内不仅是新型的,而且是独特的。十一世纪的花剌子模史学家阿尔贝罗尼告诉我们,阿剌伯征服者柯泰白焚毁书籍,将学者驱逐出境,于是花剌子模的古代史和一部分中古史从此湮没。但现在,托氏已将他们复活了,在中亚其他各地同时发生的则是一部侵略史——希腊、阿剌伯和他族的相继侵入;托氏对这方面的社会史和文化史有深湛的研究。精细而广泛的发掘,结合了陆地(汽车)和空中(飞机)的探测是作者成功的主要因素。

现在略谈关于花剌子模探险本身的事情。探险队曾沿汽车公路旅行达一千五百公里,做考古学与人种学两方面的探寻,发现了四百个石碑。战后,又飞行达九千公里,探溯古代城堡与运河,这次他们又找到二百个石碑,并且解决了关于阿姆河旧河床的问题。这些旅行与飞行的故事,作者均于文中述及。

所有这些皆反映于该书中。全书计有图画一百张,有些是整页的,有些是彩色的。此外尚包括七张历史性的地图,及一张大型考古地图,上面注有一切该探险之寻获——陷落地带、运河、宫殿、城堡、石碑等。

(《社会科学杂志》1950 年第 6 卷第 6 期)

图书在版编目(CIP)数据

历史综合法 /(俄罗斯)噶邦福著;马少甫译. ——
上海:上海古籍出版社,2020.12
 (中国近代史学文献丛刊)
 ISBN 978-7-5325-9780-2

Ⅰ.①历… Ⅱ.①噶… ②马… Ⅲ.①历史-研究方
法 Ⅳ.①K061

中国版本图书馆 CIP 数据核字(2020)第 240419 号

中国近代史学文献丛刊

历史综合法

〔俄〕噶邦福/著　马少甫/译

上海古籍出版社出版发行

(上海瑞金二路 272 号　邮政编码 200020)

(1) 网址:www.guji.com.cn

(2) E-mail:guji1@guji.com.cn

(3) 易文网网址:www.ewen.co

浙江新华数码印务有限公司印刷

开本 635×965　1/16　印张 17　插页 6　字数 245,000

2020 年 12 月第 1 版　2020 年 12 月第 1 次印刷

ISBN 978-7-5325-9780-2

K·2915　定价:78.00 元

如有质量问题,请与承印公司联系